房地产项目实战攻略丛书

尾盘滞销盘项目突围攻略

实战型尾盘滞销盘项目操盘最优范本

主编　印滢

中国建筑工业出版社

图书在版编目（CIP）数据

尾盘滞销盘项目突围攻略/印滢主编. —北京：中国建筑工业出版社，2009
（房地产项目实战攻略丛书）
ISBN 978-7-112-10963-0

Ⅰ.尾… Ⅱ.印… Ⅲ.房地产-市场营销学 Ⅳ.F293.35

中国版本图书馆CIP数据核字（2009）第073289号

本书是国内第一部专业探讨尾盘、滞销楼盘突围谋略的著作，书中详细分析了楼盘滞销的因素，并建立了一整套滞销楼盘诊断系统，操盘者只须按图索骥即可分析滞销症结。书中针对各种滞销症结，总结出十一种突围途径，并运用大量案例，深入浅出地探讨各突围途径的策略应用，使全书不但具有借鉴意义，更具有谋略导引价值。

本书既运用了国内沿海地区的案例，也运用了内地特别是西部的案例，使案例更具有实战的普遍借鉴意义。

该书体系严谨，案例丰富，是房地产开发商、房地产经纪公司、营销策划与广告公司的难得读本。尤其在当今房地产业受金融风暴冲击的形势下，对大量逆境中的楼盘突围，具有很高的启迪借鉴价值。

* * *

责任编辑：封 毅
责任设计：赵明霞
责任校对：孟 楠 梁珊珊

房地产项目实战攻略丛书
尾盘滞销盘项目突围攻略
主编 印 滢
*
中国建筑工业出版社出版、发行（北京西郊百万庄）
各地新华书店、建筑书店经销
北京嘉泰利德公司制版
北京云浩印刷有限责任公司印刷
*
开本：787×1092毫米 1/16 印张：23 字数：500千字
2009年7月第一版 2009年7月第一次印刷
印数：1—3000册 定价：**68.00**元
ISBN 978-7-112-10963-0
(18214)

编委会

主　编：　印　滢

编　委：　王成树　石瑞红　金义合　张小波
欧阳帆　熊思堡　胡浩矩　王国军
熊明详　廖志宇　罗　锟　刘尔娴
杨思思　夏联喜　刘　斌　王　飞
陈　炜　刘　杨　张燕杰　刘　睿
夏　雨　陈水娇　戴　强　张　辉
朱冠华

前言

危机四伏的房地产市场

《读者》曾经载过名为《大师的败笔》的一篇文章，其内容是说，一位建筑大师一生杰作无数，在过完65岁寿诞之后，他向外界宣称：等完成封笔之作便归隐林泉。

一言方出，求他设计楼宇者便踏破门槛。

大师自有大师的想法。他一生学富五车，阅历无数，最大的遗憾就是时下人们批评的，把城市空间分割得支离破碎，楼房之间的绝对独立加速了都市人情的冷漠。他自己也深有感触。于是，灵感像火花一样迸射出来，一种崭新的创作理念也日趋成熟——他要打破传统的楼房设计形式，力求让住户之间开辟一条交流和交往的通道，使人们相互之间不再隔离而充满大家庭般的欢乐与温馨。

一位颇具胆识和超前意识的房地产商很赞同他的观点和理念，出巨资请他设计。经过数月苦战，图纸出来了。不但业内人士叫好，媒介与学术界也交口称赞，房地产商更是信心十足，立马投资施工。

令人惊讶的是，大师的全新设计却叫好不叫座。楼盘成交额始终处于低迷状态。

房地产商急了，于是责成公司信息部门去做市场调研。调研结果出来了，原来人们不肯掏钱买房的原因，是嫌这样的设计虽然令人耳目一新，也觉得更舒爽，但邻里之间交往多了，不利于处理相互之间的关系；孩子们在这样的环境里活动空间是大了，但又不好看管；还有，空间一大，人员复杂，防盗之类人人担心的事也多了……

设计大师听到了这个反馈，心中绞痛不已，他退还了所有的设计费，办了退休手续，与老伴儿回乡下隐居去了。临行前，他对众人感慨道：我只识图纸不识人，这是我一生最大的败笔。

如果将此仅看作一则故事的话，每个人都会轻松很多，然而，现实中的地产悲剧也许更加残酷。

坐落在北京昌平县沙河小寨村的玫瑰园，是北京抢手的别墅区。然而就在几年前，著名的房地产经纪商香港利达行却在这里上演过一幕凄凉的悲剧。

香港利达行由地产老前辈邓智仁先生创立于1984年，是香港三大地产代理商之一，与中原物业和美联物业齐名，在香港设利达行分店过百家。但是这一位声名显赫的地产先辈却在这里兵败如山倒，血本无归。

邓智仁先生自己都不得不承认：“我是全北京最失败的人。”

“我在广州待了一年，每天都在反省、检讨，为什么会遭遇这样的失败？”“玫瑰园”故主邓智仁扪心自问：“香港人这么精明，为什么有些香港人在内地房地产市场上会赔钱？”

邓智仁经过反思，总结出了几个失败的原因：

第一，按香港的游戏规则行事，投资不是建立在对当地市场的充分了解之上；

第二，管理上太依赖香港人，本地化不够，导致竞争力下降；

第三，在法律和政策方面把握不准。

从以上邓智仁的自我总结可以看出，邓智仁失败可以大致归结为四个字：水土不服。

然而，即使深谙本土规则的开发商，其失败的案例也是不胜枚举。

某上市公司属下的房地产开发有限公司，是新疆本土房地产开发商三大巨头之一，成功开发了天际大厦、天鸿山庄等著名楼盘，并在上海、深圳等地都有其成功的开发案例，但近年在乌鲁木齐开发的“××名门”却让其元气大伤。

××名门，坐拥乌鲁木齐著名景观体系之一的“蜘蛛山”，并环拥人民公园、红山公园，自然环境得天独厚。并以此为基础，在规划设计、物业管理上绞尽心思，精益求精，楼盘品质得到多方认同，也获得不少美誉。但从2001年正式推广，历时3年，推广费用2000余万元，穷其招数，至2004年6月份，售卖率仅有其三分之一，被业界称为新疆“最失败的楼盘”。

究其原因在于，该项目在推盘过程中，由于对自己的品质过于自信，把价格定位高出同类楼盘的两倍，而忽略市场的承受能力，结果导致滞销。这个案例再一次说明，楼盘品质好，不就代表客户认同、接受，好品质楼盘同样会造成滞销。只有楼盘品质转化为消费者认同的、可信赖的价值，才能决胜于市场。否则，再好的品质，推广不力，消费者不认同，也会折戟于市场。

像这样失败的案例在国内各大中城市里很多。过多失败案例的惨痛教训，不得不让人谈到房地产时，第一个话题是“高利润”，接着的一个话题就是“高风险”。

P1-22 破译楼盘遭遇危机的因素

危盘产生可能是遭受外在环境危机产生，如周期性发展危机、政策性危机、市场性危机、品质性危机、诚信度危机和技术性危机。

危盘产生的内在原因多种多样，从整个开发链条看，从前期的买地不慎、定位失误到后期的销售不力、物业服务差劲都可能导致危盘出现。

尾盘、滞销盘及烂尾楼属于危盘的典型代表，它对整个房地产行业的危害有如毒药，大量沉淀开发商资金，打击开发商信心，并对开发商信誉和形象造成恶劣影响。

Direction

CONTENTS 第二章

P23-42 危盘的全面诊断

危盘的诊断是个系统化工程，它需要重新梳理整个策划全程，分步诊断，方能找出症结所在。

危盘的系统CT扫描只是整个项目解套的第一步，最为关键地是要找出病因，扬长避短，对症下药。

Direction ▸▸

P43-88 滞销盘突围途径镜鉴

滞销盘突围一般可根据CT诊断结果，采用概念突围、品质突围、品牌和信誉突围、形象突围、借壳突围等11种突围术。

滞销盘的突围没有完全可复制的案例，这受困于消费群体、经济状况、文化等多方面的差异，比较稳妥的办法就是多种突围方法组合使用，切实发挥组合拳效应。

目录

Direction

CONTENTS 第四章

P89-132 楼盘阶段滞销策略应对

判断楼盘是否滞销，客户聚减只是表面特征，而内在表现是采用降价、广告、促销等多种拉动策划均响应不足。

楼盘滞销很大原因归咎于产品的设计问题，而设计问题又往往由前期的定位错误产生，同时上市时机不对以及销控失误都会产生滞销盘。

项目前期滞销往往是前期调查不细、拍脑袋定决策的结果，前期滞销必须要重新进行市场定位并结合市场定位迅速更改产品设计，否则会造成一开盘即滞销的严重后果。

项目中期滞销又分为项目售出两三成后滞销、项目售出四五成后滞销、前期开发项目销售成功而后期开发项目滞销等不同阶段的滞销状况。

Direction ▸▸

P133-174 滞销盘项目突围全程实战解读

这是三个真实的滞销盘突围案例，可能它缺乏普遍的复制借鉴价值，但三个案例的突围思路：审视项目滞销背景——寻找可挖掘价值点——无限放大并拓宽优势的诉求点——通过产品和推广不断丰满和支撑诉求点——赢得突围，这一操作模式对操作滞销盘的人士具有启发价值。三个真实的案例也帮我们还原了操作滞销盘的背景，除了感受其中的酸甜苦辣，更可以第三方身份，身临其境，模仿操盘。

目录

Direction

CONTENTS

第六章

P175-220 尾盘项目成功突围模式

尾盘不同于滞销盘，尾盘也不同于瑕疵盘，尾盘产生除了前期的硬件损伤外，定位失误、销售失控也是重要原因。

尾盘解套往往采用营销推广手段，而营销推广往往又采用促销、公关、广告和人员推销四个营销过程中的常见武器。

尾盘清盘没有一副能包治百病的良药，它需要结合尾盘产生的症状对症下药，方可药到病除。常用的良药有降价；二次开盘聚积营销拉动；老带新客户活动；封盘聚客造成稀缺，逼定、促销；更改产品；二、三级联动等多种策略。

Direction

P221-282 住宅尾盘突围精密技术

住宅是一种常见的产品形态，也最容易产生滞销盘，户型问题、产品硬件缺陷往往是其产生的根源。

因户型导致滞销的常见解决措施一般是大户型分拆、小户型重新定义客户群、难点户型巧改户型（如采用复式错层等增加产品品质），以实现快速清盘。

Direction

CONTENTS 第八章

P283-332 商业尾盘的突围攻略

商业物业滞销盘的产生往往与定位不合理、规划不科学及预期不明确三个核心问题有联系。

商业街的滞销盘解套往往采用独具特色的主题推广和引进主力店拉升人气，再配合促销手段，降低商户的入驻成本以达到盘活。

专业市场的滞销盘解套，改进硬件设施、提高经营档次是必做的一步，同时结合租售手段提高商户入驻的预期收益，并减少经营风险，方能减少商户的心理顾虑。

Direction ▸▸

P333-351 烂尾楼复活术实战解密

烂尾楼的产生往往是由于资金链断裂、产品质量缺陷、产权纠纷、债权债务纠纷等多种因素造成。

烂尾楼并非一无是处，它往往处于较好地段，具有一定的升值前景，而且能享受到政策税费多种优惠。

因定位失误造成的烂尾楼别无他法，更改产品设计迎合客户需求是唯一出路。

Direction

第一章
CHAPTER ONE
破译楼盘遭遇危机的因素

破译楼盘遭遇危机的因素

本章使用指南

尽管楼市面临诸多风险，但任何市场背景下，都会同时存在热销楼盘和滞销楼盘。因此对于楼市来说，风险是永存的，机会也是永存的。究其病理，楼盘遭遇危机与人遭遇疾病同出一辙，它可能缘于外感也可能缘于内患，或同时缘于内感外患。气候总是变化无常的，而感冒的病人总是与自身免疫有关。因此，内在风险，才是楼盘遭遇危机的根本。

一、楼市中的七大危机

危盘的产生也并不仅仅是自身原因，楼市本身就危机四伏，繁荣和祥和背后往往隐藏着不安定因素。尤其是在中国政策性较强的市场，如果忽视大的政策理解，往往就为自己的项目埋下了沦为尾盘的可能。笔者总结了危盘产生的七大背景危机。

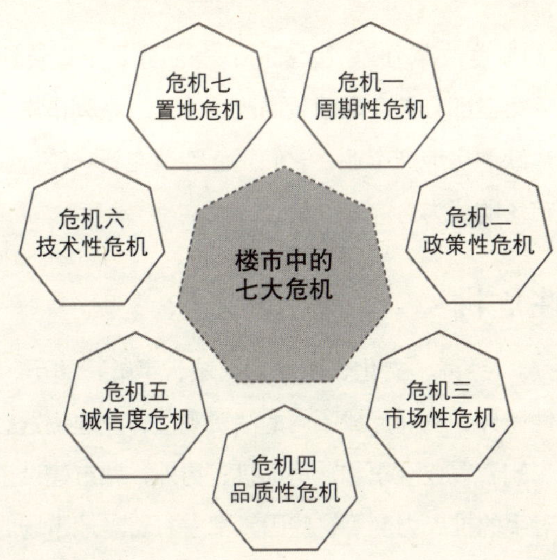

危机一：周期性危机

房地产业和国民经济其他产业一样具有周期性，其变化的基本规律是：繁荣—调整—衰退—复苏—繁荣。房地产市场繁荣时，空置率低、租金/售价提高、开复工面积增加，销售面积、土地出让面积也增加，市场供应不断加大，市场需求增加，房地产企业利润率也提高。随着市场供应不断增加，需求得到阶段性满足，供过于求的状况将产生，空置率将增加，从而导致租金/价格下降，开发面积减少，市场进入调整期。随着开发量的减少，价格的下调，需求将被刺激起来，吸引许多投资者（投机者）及大众消费者入市场，吸纳消化市场供应，房地产市场调整结束，开始进入复苏期。

就国际情况而言，房地产周期为7~10年，日本约为10年，我国内地为6~8年，我国台湾地区为7年。当然，房地产市场的周期性与国民经济的周期有着密切的关系，国民经济的发展决定着房地产市场的大势。国内房地产的市场周期与中国GDP大致一致，但波幅大于GDP，其增长期（或复苏期）略提前于宏观经济的增长期（或复苏期），而衰退期略迟于宏观经济的衰退期。房地产投资者应把握好国民经济的大势，了解房地产市场的周期，从而更好地把握房地产市场的走向。

危机二：政策性危机

所有关于金融、土地、房产等方面的改革或政策，都会或多或少地对房地产市场产生影响，机会与危机也就随之而来。中国的房地产行业处于起始阶段，不断地改革势所必然。

中国房地产行业的制度改革分为三大部分：一部分是土地转让制度的改革，另一部分是住房体制改革，第三部分是金融政策的改革。这一系列措施，一方面影响了土地储备不足或是资金流短缺的房地产企业，它们正面临着在新一轮行业洗牌中被淘汰的危机；另一方面影响了市场购买力。

危机三：市场性危机

由于消费者的民族、经济、文化、职业、区域、年龄、阅历、眼界等的不同，会呈现出明显的消费个性差异，从而形成不同的消费观念；地理位置、人文背景、城市战略和文明化程度等也影响着置业观念和购房动机；另外，城市建设土地的供给量，同类楼盘的供应量，竞争对手的推广力度等这些因素都左右着当地市场的局面。市场的诸多危机也就由此生变。

就购房者动机来说大致有三大类型。一是居住型，认为买房子就是为了居住或使用；二是投资型，认为买房子不但能使用，还能保值、增值；三是投机型，即买房就是为了卖房，这种带有投机心理的购房者，是炒楼的动力之源。这三种类型的不同构成，决定了楼市的复杂多样性，也决定了一个城市的楼市市场特征。如以投资为目的的市场空间由沿海向中部、西部城市逐次递减。不同的投资观下的市场，其营销手段就应有所不同。这就像内地的某些房地产营销商为什么到了西部城市总是行不通他们的法宝是一样。

另外，城市的地理位置、人文背景、城市战略和文明化程度等这些城市引力的不同，也都影响着区域的置业观念。譬如，在以移民为主的边城乌鲁木齐，高价位+高总价的楼盘市场就相对狭窄，因为“移民情结”、“地理位置”等综合的作用，顶级富有者，买房子更看重内地城市，乌鲁木齐的房子只是一个人生过渡时的安居之所；另外，受文明化程度的影响，“白领群体”在乌鲁木齐这个城市的就是一个相对的弱势群体，提供给“白领群体”这一特殊目标群的楼盘，自然就不好卖。而在深圳、上海、北京等地，这种现象就刚好相反。

城市核心竞争力的重要组成部分，即就业机会、商业机会和投资机会，对外地人来此置业也产生巨大影响。

大到一个地域，中到一个城市，小到一个城市的片区，无不如此。

危机四：品质性危机

楼盘的综合品质大致由五大因素构成：一是楼盘环境，二是楼盘文化，三是建筑质量，四是物业管理，五是配套设施。

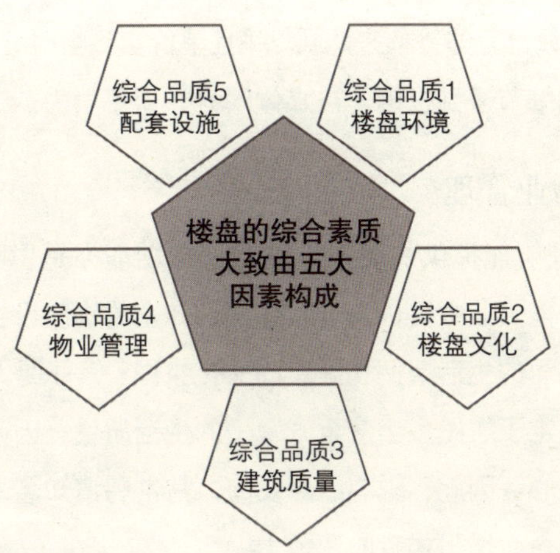

综合品质1：楼盘环境

从普遍的情况来看，城市大环境决定了目标群体的丰富与缺失，而楼盘小环境则以其素质的高低影响到同一消费群体的购房选择。如果项目选址失误，忽视“地段第一要素”的楼市法则，或市政资源不足，或自然资源不足，或人文、治安环境恶劣，会直接影响顾客的选择。此外，楼盘小环境包括小区的人文环境、自然环境、各类配套设施以及与之相关的周边市政环境等，也对顾客产生很大的影响。

综合品质 2：楼盘文化

楼盘的概念与文化建设是软性的质量问题，这些问题多出现在区域形象与楼盘概念的错位，宣传对象与楼盘形象的错位，楼盘概念与实际内涵的错位。有的别墅建在形象很差的平民区，这是区域形象与楼盘概念的错位；有些楼盘往往概念是一套而规划设计是另一套，"形"与"神"错位，即概念与内涵发生错位。这些都会让顾客产生不信任感。

综合品质 3：建筑质量

建筑质量主要包括以下要素：社区规划、工程质量、户型结构、立面风格、建筑材料、消防设施等。其中任何一项都直接影响到消费者的购房信心。越是细节越不容忽视，房子的细节元素，譬如门、窗、马桶、锁具，甚至门把手等，这些与几十万元甚至几百万元的房子相比似乎不起眼，而往往就是这些细节出问题影响购买心理，并且越是高档的楼房越是注重细节。北京的新新家园，就是因为每一个马桶每一个门把手都追求精致与完美，才让人不惜掏出数百万的钞票来购买，并且单价卖到当时北京同类楼盘的最高价。而相反，一些楼盘就因细节遭到投诉，被媒体曝光，得不偿失。

综合品质 4：物业管理

小区内的物业管理所能提供的服务设施和服务功能亦是影响消费者的购房选择。好的物业管理不仅仅是能为业主提供安全、方便、齐全的物质设施，更重要的是能给业主营造独具特色的高品质的生活情调和健康的文化氛围。房子是为了居住，小区是为了生活，物业管理几乎决定了居民多年甚至一辈子的生活质量，因此任何一个购房者都会对小区的物业管理很关心。因此，聪明的开发商，常常聘请知名的物业管理公司托管物业，从而提升楼盘的形象，增强楼盘的竞争力。

主题案例 万科的绝招

北京万科城市花园最初面临土地和规划两方面的纠纷，又有逾期交房、配套不足、工程质量差等一系列问题，致使北京万科城市花园销售跌入低谷、矛盾不断，业主投诉日甚。林少洲上任后，加强物业管理体制，完善配套设施，解决住宅质量问题、积极处理客户投诉、放宽退房条件，短短几个月，万科城市花园的销售业绩便止跌回升出现了转机。其三期项目——桃花园、丹桂花园和云枫阁以个性化的建筑设计和完善的物业管理成为北京住宅市场上的"香饽饽"。

综合品质 5：配套设施

与楼盘相匹配的配套设施，是支持楼盘概念的重要部分，也是社区居民生活的重要补充条件。诸如学校、幼儿园、超市以及健身娱乐等设施是客户关注的重要层面。这在城乡结合部的大型社区表现的尤其突出。如果配套设施不健全，特别是影响到居民生活的方便性，势必影响楼盘的销售。

危机五：诚信度危机

市场上经常发生的诚信危机现象有以下几种：承诺不兑现、合同欺诈、建筑质量问题、物业管理不配套。

有关房地产消费投诉，在近几年的消费投诉中总是排在前几位。而在某城市的一项市场调查中，开发商的诚信问题，是购房者继价格、地段之后的第三大关注的问题。这影响了整个房地产行业的形象。

开发商没有品牌意识、资金保障不力导致承诺不兑现、过度的无序竞争等都是导致市场诚信危机的原因。不管其根源在哪儿，市场诚信问题都会让购房者望楼生畏，购房信心大损，整个市场就会陷入市场危机之中。

危机六：技术性危机

尽管操盘风格多种多样，营销形式五花八门，促销花样层出不穷，但对于楼盘销售影响最重要的几项，包括价格动向、销售策略、宣传推广、概念建设、入市时机、促销方式、广告宣传等。技术节点的处理一定要慎重。

某名盘作为“惟美生活社区”，无论规划设计、施工建设、园林园艺，还是物业管理、配套设施在新疆均属一流。规划设计更是出巨资请国际著名设计单位设计，物管单位则是新疆五星级酒店物管，甚至建设单位也是从内地请来的全国著名建设企业。强势组合，疆内罕见。但自 2001 年 10 月推广，到 2004 年 8 月，三年时间销售率不足 40%。楼盘销售陷入迷局。那么，这种迷局究竟如何产生的呢？

我们可以结合其广告操作思路来深入了解一下。

2001 年 10 月，该盘以“尊贵仰止”的态势进入新疆房地产市场。其思路很明确，以最尊贵的姿态，“嫁”与疆内最高端的市场人群。

然而，到了 2002 年，似乎按捺不住寂寞要下嫁白领。

2002 年 10 月，广告语：城市精英和白领阶层高尚居住领地。

2002年11月，广告语：白领置业浪潮势如汹涌，现在买进正是时候。

名门究竟要嫁名门还是要嫁白领？市场迷茫。

这一广告举措，把本来最高端的市场定位下降到了中端市场。广告风格也明显带有对内地沿海城市楼盘广告的模仿痕迹。这一模仿原意或许不是“降格以求”，而是把内地大城市里的“白领”与新疆的“白领”等同了起来。而新疆的“白领”购买力是无论如何也消化不动这一最高端楼盘的。自己找不到自己的目标对象，最后当然也就不好“嫁”了。

危机七：置地危机

西北某城，政府为了改造荒山，推出荒山绿化方案，即绿化单位可以待绿化成熟后将30%用于房地产开发。政策利好显而易见，开发商争相“圈地”。但后来还是出现了很多问题，水、电、暖、气、道路等配套问题，成熟社区所需要的市政设施等，这些问题直接影响到开发成本和购买动力，不少地块成了开发商的烫手山芋。

这是因为，该城市的周边，被荒山戈壁包围，与内地的城市环境有很大区别，而城东、南、西三侧，自然环境更是恶劣。一下让习惯城市圈地的投资商深陷其中，不能自拔。

除此以外，项目选址失误，市政资源不足，或自然资源不足，或人文、治安环境恶劣，会直接影响顾客的选择。

置地危机还有一种情况，就是购地战略出现问题，致使开发商陷入危机。

一个是顺驰，一个是龙湖。

2003~2004年间，顺驰以“标王”身份一路攻城略地。仅9月4日到12月8日三个月，顺驰以5.97亿元的高价将石家庄一块竞拍起始价为2.04亿元的地块收入囊中；在天津以17.5亿元的价格拿下奥城项目；再加上北京大兴、苏州等地块，顺驰已在各地拿下8块地，每块数额都在上亿元。顺驰这样高速扩张，共进入16个城市，获得土地800万平方米。

2006年顺驰资金链断裂，路劲基建以12.8亿元收购了顺驰55%股权。

时隔2年，金融风暴之下的龙湖地产，一向以高端著称，其价格几乎成了各地房地产市场房价标杆的龙湖地产，在2008年下半年，其属下项目龙湖·睿城、花盛香堤、滟澜山等项目纷纷跌价。跌价幅度6000元至8000元不等，几乎是腰折价。一套500平方米的别墅可以比原来便宜300万元左右。从领涨到跳水，龙湖形象急转直下，引发业主集体退房。消息传来，震惊地产界。

与多家准备上市的地产商一样，2007年龙湖也卷入了大举拿高价地的战争。据可以找到的公开资料统计发现，2007年龙湖在成都、重庆、北京、上海拿下的几幅土地总土地款近105亿元，龙湖的土地储备为1300万平方米。

置地充满诱惑，也暗藏危机！楼盘危机是市场常态，但不管是哪一类危机，它总是与机遇同时共存，这才是操盘者的快乐之源，也是我们探讨这些危机的意义。

二、楼盘遭遇危机的十六种因素

2003年，北京楼盘在供大于求、竞争加剧的情况下，小房型却全线飘红。仅CBD及周边区域就集中了炫特区、易构空间等10多个项目，成为当年最为活跃的房地产板块。

2005年以来，广州市区住房价格一路走高，郊区大盘的销售逐渐发力，华南板块、广园东板块以低房价、大规模、全配套吸引大批广州市民购买，成为交易的主力军。

这说明什么呢？尽管楼市面临诸多风险，但任何市场背景下，都会同时存在热销楼盘和滞销楼盘。因此对楼市来说，风险是永存的，机会也是永存的。究其病理，楼盘遭遇危机与人遭遇疾病同出一辙，它可能缘于外感也可能缘于内患，或同时缘于内感外患。天气总是变化无常的，而感冒的病人总是与自身免疫有关。因此，内在风险，才是楼盘遭遇危机的根本。

那么，对于一个楼盘，在实际操作中，究竟是什么原因导致滞销风险呢？

危机一：细分危机

——迷失方向，不知谁是真正的买家

项目有了定位，虽然圈定了目标群。但还是要知道“牛奶最好是用来喂牛的，而人奶才是最适合孩子的。”

能买得起CBD住宅的人很多，但愿意购买潘石屹的“SOHO”的，肯定只是其中很小一部分。问题就在于，潘石屹把这群人找了出来，并且还给他们划了一个精神符号，这才有“SOHO”的热卖。

“文化”是很多楼盘所追逐的，它能给楼盘带来附加值，但不是每一个“文化楼盘”都能成功。而乌鲁木齐龙庭·华清园的成功在于，它没有把“文化”当作哗众取宠的卖点，而是出于对社区生活方式的考虑，建设一个可以让你怀念学生时光的“学院型文化社区”，它抓住了一群人对“特定生活方式”热望，它在2008年的逆市中一枝独秀。

很多滞销楼盘就是犯了目标客户定位不清的毛病。笔者经常会在定位报告中，看到很模式化地将群体分为几类:大中企业、普通员工、行政事业、单位职员、机关中层、管理人员、企业白领、机关领导、企业高管、私企业主、商界领袖、文化精英、外籍人士、投资群体等等，这种看起来细分的方法，其实混乱不堪，好像相同的职业或相同的收入就应该有相同的爱好与选择。

危机二：定位危机

——不知要切哪一块蛋糕，结果哪一块都吃不上

一般来讲，地块没什么好坏。关键是在什么样的地块种什么种子，这样才能发芽生长。远郊的第五园，利用特定的空间资源，创造了经典的“现代徽派风格建筑”，同样创造营销经典。再远郊的“万科17英里”，把距离当作了卖点，把海景当作奢侈品卖给了奢望的人。

相反案例是，原本要投入海外市场的深圳“达利花园”，无论从外观造型，区内的整体规划以及室内装修设计，都称得上是一流的产品，它也是深圳最早欧陆风格的高尚住宅，但“达利花园”自1994年投入市场以来，却出现了该产品“叫好不叫座”的被动局面，究其原因就是开发商划错了它的利益圈。

要建房首先要划定好自己的利益圈，即找出属于自己的市场机会，这就是市场定位。市场定位失误，突出表现有以下几类：

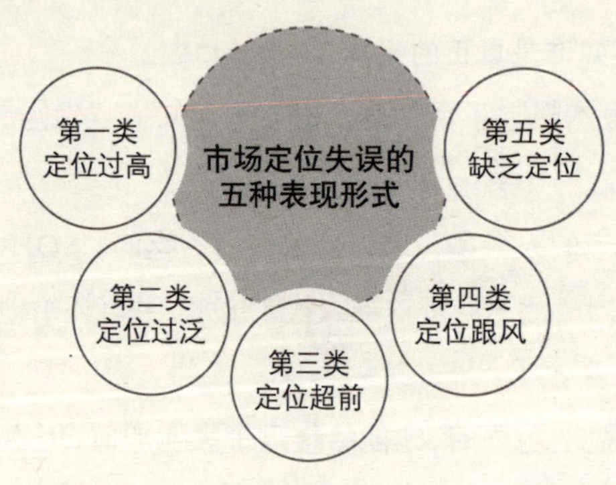

第一类：定位过高

就深圳达利花园开发商原来的设想，该产品主要是要投入海外市场，但这个相对较偏远的地方未能引起香港人的足够重视，潜在的内销市场，却因其定位档次过高而使一些买家却步。

第二类：定位过泛

每个购买群体的需求差异都很大，所以，任何一个销售个案都不可能达到满足所有购买者需要的目标。但有些开发商为了“抗风险”，往往采取“大小通吃型”的定位，结果事与愿违。

第三类：定位超前

在地产业日趋竞争激烈、相似产品不断涌向市场的情况下，开发商为了更大程度地抢占市场，都在努力琢磨新的卖点，于是近年来出现了许多新产品概念，但有些开发商忽视了市场的消费水准，一味强调新概念，把一些尚缺乏消费基础的超前定位搬了出来，同样缺乏竞争力。

第四类：定位跟风

比如一哄而起的高层公寓楼、写字楼，一哄而起的别墅群、豪宅等，不管市场消化能力如何，盲目追逐暴利，最终导致严重滞销。2004 年北方某市的高层住宅畅销，但是随后大量的跟风产品上市，全市 90% 的滞销产品是高层住宅。

第五类：缺乏定位

房子建好了或封顶了，该卖的时候，才去找专家找营销公司:“这类房子应该卖给谁？”还不知道把房子卖给谁就把房子建起来了，这种房子很有可能谁住都不合适。

危机三：公关危机

——没有危机的市场是不可能的，关键是如何应对

广州某临江豪宅由于在销售阶段打出“骑自行车与摩托车者免进”的告示，引发了广州一些媒体的议论与批评，该开发商没有正视此问题存在的危机性，不但不与新闻媒体与公众进行积极的沟通，把问题的发生制止在萌芽阶段，反而却把批评它的媒体告上法庭。此举触犯了众怒，诸多媒体群起而攻之，一时间该楼盘恶名远扬，客户也对其避而远之，该楼盘的销售自此陷入停顿状态。此事件可以列为当年广州房地产企业危机公关处理失败的经典案例。

从房地产开发的特点来看，房地产开发周期较长，是一件系统性非常强的工作。在开发过程中，任何一环脱节，都会对最终产品造成影响，甚至对开发商声誉、产品的声誉造成影响。而且房地产开发中还有众多技术的、自然的、政策的、市场的、不确定的风险在其中，突发事件，甚至危机事件难以完全预测或避免。

就连以"精细化"著称的万科，在北京的一个楼盘也曾因产品问题被指"一地鸡毛"。而万科通过"质量整改、媒体沟通、业主沟通"等公关手段而转危为安。

作为公共关系诸多项目中的一种，危机公关在企业的日常运作显示出了其强大的力量。危机公关管理可分为危机预防和危机处理两类，前者是在危机发生前的未雨绸缪，一般企业都比较重视。而对于后者，即危机发生后如何处理应付，企业往往心理准备和措施准备都远远不足。

危机四：概念危机

——缺乏个性，聊无生机

人的需求包括两个层面，物质需求和精神需求。这种需求决定了住宅产品的物质功用和精神功用。物质层面的竞争很容易趋同，精神层面的功用却充满想象。楼盘的概念就是首先满足人们对精神层面的需求，它创造一种生活价值观或创造一种生活格调。楼市也因楼盘的概念变得丰富多彩，充满生机。

概念是灵魂，有明确的概念，才有明确的建筑形态，才有明确的生活主张。建筑是"形"，概念是"神"。楼盘立项之始就应该创意概念，然后由概念引发，形成包括产品、服务、配套、文化于一体的个性化小区，使楼盘成为一有灵魂的有机整体。对于一个楼盘只有形神兼备才具有强势竞争力。

楼盘概念对统一营销推广、增加楼盘附加值起到重要作用。这种作用通过传递居住模式与业主生活之间的通感，表达楼盘特质与业主身份的统一性而实现。楼盘概念是规划设计、地域特性、人文背景以及服务模式等共同构成的楼盘特质，具有不可复制性。

但一些开发商或经营商，出于"新奇的感觉"盲目跟风，不管市场状态如何，先生造一个再说，于是生态环保、世界花园、SOHO、水景、健康运动、CBD、欧陆风情、LOFT 等概念泛滥成灾，概念变成炒作的噱头。

某市曾有一个水景住宅，推广一年无人买单，经考察才知道，楼盘所处区位根本就无水景存在，所谓的水景住宅，只是在社区砌了一个几十平方米的水池。这是一个典型的跟风作品，项目的概念与实际相差甚远，消费者自然不会买账。

危机五：品质危机

——楼盘的综合品质好坏，往往不在于硬件，而在于是否与概念形神统一

有了明确的概念，产品就会有明确的风格、配套、服务、文化，及其综合形成的产品个性。概念是产品的基因，没有基因繁衍的物种，肯定是一个怪胎。很多滞销楼盘，产品品质看起来是没问题的，其实建造是很费力的，也是很认真的，但最后还是出力不讨好。其原因就是产品成了“四不像”。

高度竞争化的市场，其硬件品质往往不差上下，水泥强度等级和钢筋配比不说，就配套设施，也大多趋同，如会所、幼儿园等简单配套都会有。关键在于这些配套，是否与概念统一。大多因产品问题而滞销的楼盘，都是与楼盘概念不匹配造成的，而非真正的质量问题。

至于建筑质量低劣、粗制滥造的产品，本书暂无涉及，因为它缺乏探讨的意义。

OPERATION PROMPT 操盘提示

项目综合素质与营销主题要保持统一

项目自身的综合质素与营销主题定位要有统一性，有什么样的项目就应该有与之相对应的营销推广主题。如果营销推广主题失偏，那将是“牛头不对马嘴”，使得项目的本来面目被掩盖，消费者是不会认可也不会接受的。

危机六：形象危机

——没有衣服就没有爱情

有什么样的衣服，就会产生什么样的爱情。对于任何产品，都必须有包装，适合而有个性的包装，使得产品更加具有内涵、品味，使一件普通的产品突然具有一种文化特质。包装既是产品与消费者之间产生通感介质，也是通往产品内涵的文化隧道。

相反，一个粗糙的发卡或者一个不恰当的眼影会破坏你的整个形象。包装如果粗劣，会大大降低楼盘品质在市场上的印象。不仅如此，过于粗劣的包装，会直接打击购买者的欲望。

包装和产品建设一样重要，要做到形神统一。不过，一般理解包装，会被认为是项目的VI系统，但容易忽略一个重要的包装细节：销售员的整体形象！她包括言谈、举止、气质、衣着。尤其是期房，景观园艺实现稍后，而且这些又都是静态的，对于楼盘的人格化表达，尚欠完整。而销售人员，恰恰是惟一能够动态展示楼盘个性，也是最能展示楼盘个性的元素。销售员可以通过自己的言谈举止，展现楼盘的理念(MI)、形象(VI)、行为(BI)等个性特质。因此，销售员就扮演着更为重要的角色。

主题案例　某住宅楼盘的房交会推广形象不同步

有一个普通住宅楼盘，在房交会上展示时，占了一块很大的场地，然后在场地搭起几十厘米高的展台，并进行了很奢华的装修，还让几个妖艳的女士站在场地入口的台阶处作礼仪。抬高展台本身就与人流产生了距离，奢华的装修和妖艳的礼仪更是拉大了产品与目标群的距离，一对想买套新房的新人，在会场转了几圈，硬是没敢走上台阶。不说大家也能想到结果，该楼盘在这次房交会上成交额为零，不单如此，人们更闹不明白这个楼盘究竟是豪宅还是普宅。

主题案例　某别墅项目整体包装与楼盘性质格格不入

某市有一个别墅楼盘，楼盘周围是普通居民区，既然是选了一个不相称的地方建别墅，开发商就应通过政府部门改善周边形象，或通过自己的努力去改善周边形象，但它没有这样做，而且项目自身的包装也是草率了事，结果顾客进了这个区域，怎么也不能把周围环境与别墅联系起来。结果是三年都没卖出几套房子。

危机七：时机危机

——瞻前顾后，步人后尘，或惜售待价，失去客源

常有这种现象，当市场火爆、价格大涨的时候，开发商手里没地没房，当市场低迷、价格回落的时候，他恰巧赶上。这看起来有点不可思议，但在房地产业经常见到这种现象。

2004年某市价格回落的时候，许多开发商收紧口袋，有的慌忙退地，搁置项目。2006年下半年，市场突然逆转，突围面积大幅回落，价格暴涨，很多开发商此时后悔没有房子能卖。于是慌不择食，大量置地，房子建好到了2008年，又遭遇金融风暴。结果又开始慌忙抛房、抛地……如此往复。

每当此时，总是能听到开发商感叹：这个项目如果是两年前进入市场就好了。如果说这类开发商命运不济，不如说此类开发商把自己当作了门市商贩，因而导致一再错失时机。

错失时机主要因为四个方面没做好：

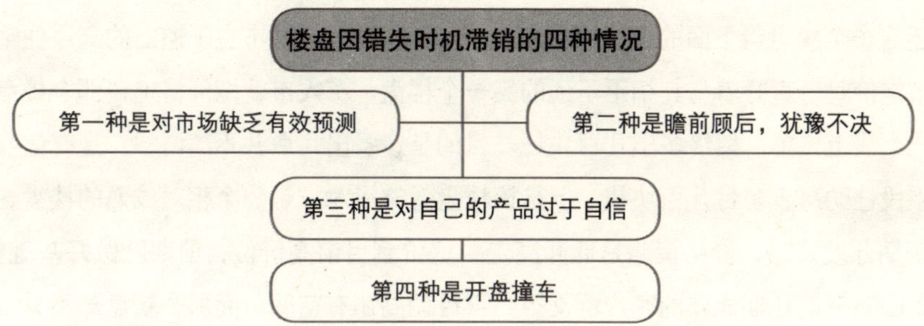

第一种：对市场缺乏有效预测

跟在别人后面，待别人掘取第一桶金后，在后面拣贫矿，自然很难出人头地。

第二种：瞻前顾后，犹豫不决

某楼盘在前期进入市场时，运作得相当成功，市场热情高涨，但开始销售的时候，开发商总是在大户与散户的选择上举棋不定。这种患得患失的行为，最终是大户没抓住，又失去了散户，遭到市场的遗弃。

第三种：对自己的产品过于自信

抱有“皇帝的女儿不愁嫁”的心理，惜价而售，从而错过市场机会。某楼盘在推盘过程中，由于对自己的品质过于自信，而忽略市场的承受能力，把价格定位高出同类楼盘的两倍，最后造成滞销。

第四种：开盘撞车

房地产项目的开盘日期的选择也要仔细推演，看看别人的楼盘是何时开盘，楼盘是在其前还是在其后，前后应该有多长时间差，是淡季还是旺季，是否有利于项目推广的社会事件等。机会成熟，“该出手时就出手”，将产品在最佳的机会点推出，在最短时间内把人气推向高潮。

危机八：价格危机

——贪婪与怯懦，都会违背市场基本法则

有一个别墅楼盘，开发商却打出普宅的价格。本想这样低价竞争能引起争购，快速回笼资金。但一推出来就陷入尴尬境地，想买别墅的人不愿买，想买普宅的人又难以承受高总价，结果成为前几年西北最大的滞销别墅。

还有一个楼盘与上面的例子相反。这个位于乌鲁木齐城市主干道上的高层住宅，新盘入市定价时一直盯着与其相距不远的另一个楼盘。一入市就把价格定在那个楼盘的稍高的一个线上，单价始终多出几百块钱。目的是，多出几百并不离谱，二是有信心通过推广手段让购房者多付几百块钱。但是该楼盘忽略了对方是一个相对成熟的楼盘，采用的是分期开发策略，价格策略是低开高走，房价到目前高价位，前期已做好基础铺垫。而且，因为有前几期成熟的客户群支撑，再行调高还有空间。而那个新盘却不具备这个优势。结果，一入市就被对方看出破绽，对方连连拉升价格，将新盘顶入死胡同。当新盘发现客户难以接受时，只好下调价格，结果更大的麻烦来了，原来的预订的客户退订，后面的客户看前面的退房，心生疑虑，不敢介入。结果，好端端的楼盘成了死盘。

价格过高会遭遇危机，价格过低也会遭遇危机。价格危机，不只是价格过高没人买，价格过低也会造成滞销。同时，价格策略运作的不好，也会遭遇危机。

危机九：价值危机

——价值和价值认同是两个截然不同的概念，价值认同需要引导

有人在河滩上捡了一块玉石，首先拿到地摊上去卖，要价 100 元，结果几天无人问津。后来有人把它拿到玉石专卖店里去卖，标价 5000 元，结果很快出手。

考察有些滞销楼盘，发现楼盘品质不错，定价也合理，但还是滞销了。为什么？这里面有个价值认同的问题。

首先，要清楚，消费者不是行业专家，他们需要价值引导。

换言之，合适的楼盘售价取决于市场对楼盘价值的认同。即买家认为值与不值的问题。因为很少有买家去核算楼盘的成本造价，却鉴定配筋与水泥强度等级，但他会认真地思考是否值得为这套住宅买单。

当年北京的新新家园在推盘时，为了克服竞争压力，主动拉高目标群定位，争取金字塔顶的购买群，并抬升销售价格。然后一方面通过宣传提升楼盘的市场形象，一方面对小区进行细部改造，如将坐便器和门把手更换成市场上最好的，把原来的草坪铲掉重新作园艺建设等，增强客户的价值认同感。事实上，当客户进门时触摸到市场上最好的门把手，到洗手间看到最好的坐便器时，对整个楼盘的价值就有产生的联想并认同了楼盘价值。

同样的案例，某开发商，在楼盘发售前，站在自己的楼上，所能看到的建筑物全部是一些灰土土的陈旧建筑，与这个项目极不协调，于是他下令手下将所能看到的建筑外墙全部免费粉刷一遍，从而使该区域焕然一新，原本一处普通居民区成了一处充满生机的优秀居民区。楼盘不但身价高企，并且很快抢购一空。

因此，价值认同是左右楼盘销售的重要风险。在推广中，如何提升市场对楼盘的价值认同比单存调整楼盘价格更重要。而价值认同的重要原因，在于扩大楼盘的附加值，即包装价值和精神价值。

危机十：房源危机

——房源的混乱就像中国股市里的“大小非”解禁

在任何时候，房源都应是最高机密。房源销控是营销策略中的重要一环。合理的房源控制，会造成房源紧俏的市场印象，促进销售。相反，如果缺乏控制，就会造成房源泛滥，给购房者传递还有很多选择空间的印象，从而降低销售速度，损失利润，甚至“烂尾”。

在现在的要求房源信息公开的情况下，控制房源的手段也有很多，如开发节奏控制、预售房许可证审批节奏的控制、现场预定节奏的控制等等。

北京有一个楼盘，由经纪公司代理销售，代理公司为了自己能快速拿来佣金，他们把好销的房子卖了，拿了提成一走了之，把烂摊子甩给了开发商。好楼层卖掉了，好朝向、好景观、好户型没有了，接下来的全是“烂尾房”。这些房子做推广，成本高，难消化，沉淀大量利润，结果让开发商大伤脑筋。

危机十一：传播危机

——犹如文人斗笔，让消费者不知所云

有了清晰明确的概念和鲜明的产品特征，还要有明确而清晰的广告主题。“一路海风吹回家”、“运动就在家门口”等简明扼要的推广主题，为楼盘销售起到很好的推动作用。如果营销推广主题失偏，就会导致项目与市场缺乏充分有效的沟通，使各种广告宣传和营销行为“无果而终”，从而在很大程度上浪费开发商的营销预算并延误营销周期。

有几个滞销楼盘广告主题让人莫明其妙。一个商铺的广告语是“三百块钱去买菜，三万元钱来买铺”；一个别墅楼盘的广告语是“一幢别墅，引领生活”；有一幢二十余层高的塔楼广告语是“国际商务的旗舰，尊贵者居住的港湾”……

营销推广主题直接影响项目的宣传推广，这是因为营销推广主题，关系到项目概念是否能够得到充分表达，产品特征能否得到彰显，主题创意与其他楼盘有无明显差异等，这种独特的东西将使消费者能够正确理解概念，从而产生亲和、愉悦或者价值认同，而欣然接受。

一旦推广，就像导弹发射，推广中要穷其全力，整合各种资源，制定合适媒体计划和推广渠道进行推广。

推广无新意，就如一潭死水，激不起市场兴趣。

有一种情形是，卖家认为随便做几期广告或发一些传单、做几次促销就能把楼卖出去，销售程序散乱，没有节奏，没有策略，在竞争对手面前像是仓促应战，结果被逼得进退维谷。市场瞬息万变，推广工作必须随机应变，否则容易陷入被动局面。

在卖方市场时期，在广告方面的投入不多就能把产品销出，但随着竞争加剧，同类产品的大量涌现，推广就必须有足够而适量的广告作保障。否则会让市场营销人员感到力不从心。

但物极必反，在各家楼盘广告投放大肆增加的情况下，广告效应就会下降。如果硬拼广告量、见报率，其损耗很大。如果实力稍差一些，其广告很有可能被淹没。所以，推广的渠道、手段就显得非常重要。

推广过程不单是一个广告的过程，它将调动各种资源，如政府、媒体、社会团体、各种渠道等，利用各种适合的手段，进行传播信息。

在推广过程中，还有广告效应下降的问题。如果媒体单一，形式单一，广告宣传过度，会给以人楼盘卖不动的印象，也会势得其反。

危机十二：促销危机

——人们常常忘记促销的真实含义

常规意义的促销，就是价格优惠或附赠。

2008 年 6 月，在金融风暴等因素冲击下，断尾自救的开发商，连忙擎起促销大旗。北京一家开发商推出“买房送车”举措，“380 辆桥车等你开回家”，是京城开发商“送车”规模最大的一次促销活动。其他开发商也使出浑身解数吸引购房者，一时间促销手段让人眼花缭乱，从正常的折扣促销到赠送价值数十万元大礼包的，如月亮河城堡公寓二期；也有一次性付款打折的，如金隅 · 万科城打 9.3 折，东亚上北中心的折扣最多可打到 8.379 折，相当于房价下降 1700 元 / 平方米。至于买房送房、买房送宝马，买房送车送房的诱人促销，再到后来的低胸广告后再推裸秀促销更是全国开花。然而，满城促销，依然没有改变楼市惨淡的现状。最为糟糕的，是促销力度最大的龙湖一别墅，一平米 6000 元左右的降价，却引来了退房潮。

事实上，促进销售，折价与附赠并不是万能的，当它违背了人们的消费预期时，还会适得其反。

人们常常忘记促销的真实含义：是促进销售，而非折价或附赠。涨价运用的好，反而是很好的促销手段。

危机十三：服务危机

——认为服务是附加的成本，而不认为服务是附加的价值，是开发商常犯的错误

服务是万科的最后一道防线！房产老大对服务的定义如此，可见服务的重要作用。

前几年在上海发生一件事，有媒体组织一个有 130 位成员的温州购房团，面对组团前来的 130 位成员，一些上海房产接待人员由于服务意识太差，因为 100 多块钱的租车费用，让看房团等待一个多小时，并且销售员还对看房团出言不逊。让看房团十分失望，导致了购房团集体罢看事件。温州购房团踏上归途时留下一句话：买房看的是服务。

在售楼的任何一个环节，都存在服务问题，售楼现场的休闲区，社区参观车，样板间的鞋套，以及售房过程中的各项工作的效率等等。

服务注重的是细节。售前销售人员解说态度是否做到“通情达理”，售中各个程序设置是否考虑客户的方便性；售后的各种服务是否让客户产生归宿与认同感；全过程是否做到体贴入微等，这些细节都关系到服务的质量。

房地产行业的服务，是营销的一部分，并且贯穿售前、售中、售后全程。

楼盘销售越来越不只是销售人员的事。售前、售中、售后服务越来越重要。服务的优劣直接影响购买者对未来生活的联想，从而影响购买者信心。据笔者调查，有 15%

左右的购房意向者，对售楼过程的服务不满意而打消在此购房的念头。

OPERATION PROMPT 操盘提示

房地产售后服务是房地产营销不可分割的一部分

大部分开发商认为，房地产售后服务不属于房地产营销的范畴，将房地产售后服务与房地产营销割裂开来，这样就使得房地产营销到房地产售出后就人为终止了。从国外大型房地产企业的营销经验来看，售后服务其实是房地产营销的延续和拓展。优质的售后服务，不仅可以直接促进项目的后期销售，而且还可以借助已有的消费群，加大对外宣传力度，增强社会影响力，提高市场竞争力。

危机十四：信誉危机

——得道多助，失道寡助。因为楼盘搬不动挪不走，口碑更为重要

有调研数据显示，购房者对开发商的品牌关注度，已位居地段、价格之后的第三位。开发商的信誉就会直接影响楼盘的销售。

2001年年底，南海黄岐镇一个名气尚可的小区，某一天突然爆出一个特大新闻：住户们披麻戴孝，集体在售楼部门前静坐；十几条条幅从楼顶一挂到底，“里面是个大陷阱，未来业主请小心受骗上当”之类标语随处可见。

一个当年曾荣获生态小区荣誉奖的楼盘——嘉仕花园，也上演了一幕业主维权的正剧。事情的起因也是因为开发商和代理商欺骗业主，隐瞒政府规划，在小区中心三年前即规划定局的规划路上大建流水瀑布和花园、泳池，并以此作为卖点，号称“加勒比湾”风情，蒙骗得许多不知情买家到该盘做了业主。但是政府规划到期即要实现，一夜之间，嘉仕花园小区中心的瀑布泳池花园就被筑路机械摧毁，变成一条水泥路面的马路！在这以后的日子里，原来以为尽享闹中有静生活的业主们，不但不能享受到当初激发他们购买欲望的瀑布流泉，红花绿树，反而要日日夜夜承受主干道的车闹人喧。面对如此巨大的变数与反差，众业主当然咽不下被愚弄被欺骗的恶气，于是，全楼垂挂“还我花园”、“开发商欺骗业主”等内容的条幅与开发商抗争。

黑店里的馍馍再香也没人敢吃，客户遇到这种阵势谁还敢买？

危机十五：攻防危机

——拿刀乱砍，不知对手是谁

西北某市曾上演了一场经济适用房与商品房的销售大战，商品房广告称：经济适用房“是建在火山口上”，而经济适用房广告则指商品房开发商“心狠手辣”。好端端的一个楼市，变成双方互相攻讦的闹剧，最后还要政府出面调停。而购房者，在这一场闹剧中也被搅晕了，手里拿着钱迟迟不敢买房。

这实际上就暴露了本地的房地产商市场适应能力差，视市场出现的不同事物或新事物为洪水猛兽。

其实市场往往共赢多于竞争，圈好自己的地，认真耕耘不是不可行。北京星河湾，潜心建设四年才出炉，并且一举成功，即是一例。

有些开发商更是雄心勃勃，言必出“颠覆市场”、“住宅的革命”……其实，是自己忘了，自己的利益圈在哪里，自己的市场策略是什么。到头来，只能自娱自乐。

危机十六：执行危机

——销售人员整体素质差，自信心不足，责任心不够，现场解决问题的能力差，都会影响楼盘销售

我们经常会见到这样一种现象，项目不差，销售政策也不错，推广力度也不弱，但现场成交率却极差。如果销售总结会时，销售人员会提出很多客观原因，例如：项目地段不如别人的好，价格比别人的高，户型不如别人，客户还在观望期，客户提出许多意见需要满足等。这实际上暴露出销售一线执行力差的问题。

推广工作的最终目的就是促成销售，而销售一线的执行力强弱，直接影响销售政策的执行和推广的效果。政策是框架，推广可以把人吸引到谈判桌前，而能否成交，最后的一环就靠销售人员的执行能力。销售人员的执行力表现在以下四个方面：

第一：销售人员能否吃透上面的销售政策

这是基本功。客户在现场会问一些关于销售政策的任何细节，而销售人员能否准确解答则会影响客户对政策的正确理解，更重要的是，打消对公司政策的疑虑，从而增强信心。

第二：销售人员能否演绎好销售政策

这是对销售人员机动性的考验。一个合格的销售人员，会在公司政策允许的范围内做到游刃有余。相对于现场销售的琐碎细节，政策任何时候都是框架性的。

第三：销售人员能否做到对客户心理动向的诱导或选择主动权的把握

在说服客户时能否把握主动权，就需要跟客户斗智斗勇。面对客户提出的要求，是步步退让还是步步为赢，这需要销售人员与客户打一场心理战。任何教科书都难以穷其说教，但有一点是其核心，销售人员必须对项目为信心，一个销售人员若对所销售的项目没有信心，是销售工作的第一大忌。

第四：销售人员能否无条件完成销售

最后也是终极目的，在现有的市场状态下，在现有的政策、推广条件下，在现有的项目环境下，完成销售。无条件地完成销售，这就是一个合格销售人员要做的事情。

销售队伍的管理失控(如不遵守作业规则,各自为战,相互抢单等)也会制约销售。

另外，销售队伍对自己的开发商不够忠诚，也会制约销售。

第二章

CHAPTER TWO

危盘的全面诊断

危盘的全面诊断

本章使用指南

全方位诊断模式在实战中被业界称为楼盘CT诊断，这是一个任何人都可以实施的诊断方案。在这个方案中，各环节相对独立又相互作用，作业期间，不断激发突围的灵感。我们要确定一个原则：诊断过程不在于找出多少毛病，而在于从不断激发的灵感中把握机会，从而制定突围策略。

操作环节一：危盘诊断的四大原则

尾盘滞销楼盘的诊断过程，是一个科学细致的调查分析的过程，任何投机的、主观的、直觉的判断，都有可能导致危机的再一次发生。

全面诊断方案以实战为准则，科学周密地设计出破译症结密码的程序，操作人员按照设定的程序，层层深入，即可分析出滞销楼盘症结。

原则一："从市场来到市场去"

"市场→楼盘→市场"是楼盘营销的基础模式，也是滞销楼盘突围的基础模式。其原则是以市场的眼光来审视楼盘，检查出楼盘的滞销症结，同时以创造性的视角发掘楼盘的优势卖点，再以新的姿态进入市场。

这就是说楼盘的诊断不以诊断为目的，而是以市场的实际反应为诊断要素，以寻找市场机会为出发点，在充分尊重市场的基础上，诊断出楼盘及市场运作的缺陷，同时创造性地发掘优势卖点，寻求楼盘的突围途径。

充分尊重市场是诊断楼盘的前提，如果带有任何投机心理，其诊断就会成为一种主观臆断。它不但不能解决问题，相反还可能使滞销楼盘在市场上越陷越深。

原则二：宽容"楼盘原罪"

所谓"楼盘原罪"，即同一城市房地产建设水平和居住原则水平下，所造成的楼盘综合素质问题。需要说明的是，"楼盘原罪"属于市场审视的范畴，不等于建筑的质量问题，建筑质量缺陷，就不属原罪问题。

人至察则无徒，同样，也没有哪一个楼盘是完美的。所以原谅"楼盘原罪"则更接近市场，更有利于解决实际问题，同时避免"鸡蛋里面挑骨头"，从而喋喋不休。

东北有一个楼盘，就被一位大师诊断得体无完肤，从社区规划、户型设计、装饰材料到物业管理，无一是处。开发商花大笔诊断费得出的结果，要么大肆改造，要么一

"炮"了之。试问哪家开发商经得起这种折腾？

如果运用市场手段就能解决的问题，就不要进行伤筋动骨的手术。有很多长期卖不出去的房子，其实就是卖错人了，找错对象了。特别对于一种房型，除非一些质量问题，一般来说，它都不是无可救药的，主要是你如何发现它准确的市场定位，通过这些调整是可以把很多问题的方向扭转的。

原则三：诊断标准本土化

这是由不同的建设水平、不同的居住原则、不同的人文背景、不同的购买力，以及不同的自然环境所决定的。也只有诊断标准本土化才能发现其接近市场实质的东西。不能以上海的眼光来衡量乌鲁木齐，也不能以深圳的眼光来衡量北京，不能以大连的眼光来评价西安。反之亦然。譬如：北京、上海、深圳等发达城市里的一个十分有活力的消费群体"白领"，在中西部等发展滞后的城市，其构成却十分薄弱，购买力也十分弱，因此，做市场时就应该十分重视这一点。长沙就曾有一个楼盘"专为白领打造"，结果把自己打入了冷宫。

乌鲁木齐一个大型高档楼盘，卖了两年多销售量不到四成，而这个楼盘综合品质在新疆堪称最优，社会公认。为什么叫好不叫座？无数专业人士前来诊断，却不得其解。大多数人认为新疆独特的地域特征，和南北疆的自然人文交通环境，以及政治经济因素等，决定了乌鲁木齐比内地任何城市都具有引力，即对南北疆高端购房群体具有很强的吸引力，形成了"黑洞效应"。凭全疆众多的高端群体，消化一个1000多户的楼盘应该不存在压力，但事实却事与愿违。

症结究竟何在？恐怕没有深入本土市场，很难发现。乌鲁木齐的"黑洞效应"实际上是一种假象，至少不会好于内地的省会城市，而"漏洞效应"却很明显。新疆是一个多民族聚集的区域，其中内地移民约占整个人口的2/3，他们是主要的消费群体。而几千年的中原文化给这一群体心灵上烙下了深深的"移民情结"，他们一旦有了资本，就有了"回家"的强烈愿望，新疆的居所，只是一个"暂栖地"。因此，越是高档的住宅对他们就越没有吸引力。

原则四：机会藏在危机中

车到山前必有路，是对楼盘诊断动机的最为形象的描述。机会往往潜藏于被众人看作是劣势的地方，有时危机就是危险中的机会。绝地逢生的案例，在楼市中屡见不鲜，这里面很多都是由劣势转化为优势而起死回生的。

每一次危机的出现同样隐藏机会来临的征兆。如SARS对一些地产企业的商机有负面的影响，但是对另一些企业却是宣传企业形象、提升品牌价值的好机会。

广州城建集团在非典时期策划实施了主要针对公务员和医务人员的特惠促销联展活动——“城建地产1000万元礼金表敬意活动”。由于目标明确，措施到位，此次活动不仅取得了良好的社会效益，提升城建集团的品牌价值，同时也取得不错的销售成果，可谓一举两得。

操作环节二：危机诊断CT方案

本方案包括基础信息的调研，营销层面的诊断，购买行为的分析，对楼盘的反应等，共计十一个调研层面。该诊断模式同时也对楼盘经纪代理公司回避风险和业务谈判，起到重要作用。

层面一：楼盘基础层面的诊断

（1）获取楼盘基础资料

基础资料包括区位图、效果图、规划图、户型图、占地面积、开发面积、容积率、绿地面积、园林设计、建筑风格、装修标准、周围环境、交通通信、购物储蓄、医疗教育等生活环境。

（2）各楼栋、户型当前销售状况

各楼栋、户型当前销售状况诊断表

楼号	单户面积	厅室	起价	均价	单户总价	套数	售套	团单	余套	售率
A1										
A2										
……										
合计										

核心提示：一个楼盘，应该符合一个主题概念，因此，其购买阶层具有趋同性。所以楼盘的使用功能也不应过于庞杂，大盘综合体除外。户型结构与户型大小等户型种

类不应过多，户型总款也不应有太大差距。否则都会对销售产生制约。

1）检查户型的种类。根据户型越纯越优的原则评价。

2）检查单户总房款。根据单户总房款越接近越优的原则评价。

3）重点关注售率最高和最低的房型，找出关键因素。

4）检查楼栋之间的销售差距，找出关键因素。

（3）楼盘的综合素质

楼盘综合素质诊断表

诊断题目	诊断要点	利好或危害程度（☆/★）
环境资源	有无可利用的环境资源/现有资源利用效果如何/有无可以创造性发掘的环境资源/市民对该处地脉有何评说	
人文资源	城市人文对目标群的影响/有无可利用的人文资源/现有资源利用效果/人文环境对该项目的影响/周围居民构成对该项目的影响/市政规划对人文环境的改造	
市政资源	市政规划对该区域的影响如何/道路、交通、通信、水、电、暖、气等配套如何/医院、学校、市场、银行、超市等资源状况	
规划设计	是否符合楼盘的整体概念/规划设计风格在市场上有无独创性/是否符合区域的人文背景要求，比如民族习俗等/是否符合当地自然环境对采光、朝向、通风等的要求/户型结构是否符合主力客户群体需求	
社区配套	能否支撑楼盘定位/有无生活创新的诱导作用/能否满足社区基本生活需求/与同类楼盘相比配套水平如何	
物业管理	管理模式是否支撑楼盘形象/物业管理能否满足社区基本生活需求/与同类楼盘相比物管水平如何	
其他优势		

核心提示：拥有哪些尚未挖掘的人文地理资源？与其他楼盘相比在以上哪些占据优势？社区综合素质有无“改变居住理念”的作用？

层面二：开发商综合实力与市场信誉诊断

开发商综合实力与市场信誉诊断表

诊断课题	诊断题目	诊断要点	利好或危害程度（☆/★）
开发商实力诊断	企业简况	企业性质/企业法人/企业资质	一般了解
	企业资产	企业资产总额/资产负债率	一般了解
	银行信用级别		
	社会资源	企业背景/社会关系	
	项目建设资金		
	项目融资渠道		
	已开发项目	项目名称/总面积/市场形象	
	企业人力资源	公司架构/公司人员素质/学历构成/从业人数/	
	建设周期与工程进度	工程进度是否按市场承诺进行，工程进度与同类楼盘相比状态（滞后/同步/超前）	
	工程外围形象		
商家信誉度诊断	商业信誉	商业合作态度/有无不良记录/融资能力	
	市场信誉	品牌知名度/业主口碑/准业主口牌/业内评价	
	社会荣誉	政府及团体机构的评价	
	其他		
合作单位	规划设计单位	资质/业绩/代表项目/市场信誉	
	建设单位	资质/业绩/代表项目/市场信誉	
	物业管理单位	资质/业绩/代表项目/市场信誉	
	合作开发/融资单位	合作形式/决策影响力/有无开发与营销经验/企业背景	
	销售代理单位	资质/业绩/代表项目/市场信誉	
	其他		

核心提示：房地产开发需要大量资金和综合资源，因此对开发商实力的诊断至关重要。同时，房产这种特殊商品，社会信誉度直接影响购买信心，因此对其信誉考察必不可少。尤其对于楼盘代理的商家来说，更要注意开发商的实力与信誉。

（1）开发商的实力影响购买信心；

（2）品牌是楼盘附加值的重要组成部分，好的品牌可以增加楼盘价值 10~30 个百分点；

（3）楼盘外围形象直接反映企业的综合素质与综合实力；

（4）合作单位的层次直接折射开发商的层次；

（5）以上各项均对楼盘产生重要影响。

层面三：市场细分诊断

（1）市场细分的度

市场细分诊断表

诊断题目	诊断要点	利好或危害程度（☆/★）
市场细分	市场的细分程度/市场定位的准确性/有无市场空白机会/细分下的同质化竞争状态	
目标细分	有无明确的市场目标/目标群体的消费个性/目标群体在该区域或该城市中的成熟度/目标群体市场购买力/这一细分群体便于销售人员准确寻找吗/针对细分的客户有谈判策略吗	
目标个性与项目个性	目标定位与市场定位是否存在反差/目标客户对该项目定位是否认可/目标客户能否接受相对独立的市场分割	
细分与环境	细分市场和细分群体，是否考虑到区域概念、人文环境和自然环境	
反抵制方案	针对不同购买群体或社会层面的客户有不同的说服方案吗/设计了一对一的反抵制方案吗	
其他		

（2）市场细分的机会与风险

市场细分机会与风险诊断表

市场机会	有无市场空白点/市场能量的释放机会/再次入市机会	利好或危害程度（☆/★）
竞争机会	竞争楼盘在建设、推广中出现重大失误/竞争楼盘对市场行为的培育成熟度/竞争楼盘提供的陪衬效果/有无借树开花的契机等	
政策机会	有无利好的政策与法规出台/政府或社会对该项目的重视与支持程度等	
其他机会		
市场风险	宏观经济发展阶段/城市经济状况/国内楼市发展周期/城市地产发展状态/购买阻力分析（恩格尔指数·消费构成的影响/人文背景的影响等）	
竞争风险	竞争楼盘的上市量/竞争楼盘影响力/竞争楼盘租售价位/竞争楼盘的推广与推广策略/潜在项目的影响等	
政策风险	政策对房地产市场的干预/金融政策对房地产市场的干预/城市拆迁安置的影响等	
其他风险		

（3）潜在客户挖掘与团购空间调查

在客户挖掘与团购空间调查表

诊断题目	诊断要点	利好或危害程度（☆/★）
潜在客户	有明确的目标客户群可以挖掘吗/这一目标客户群符合楼盘的市场定位吗/潜在客户是否便于业务人员直接寻找	
团单客户	团购对本楼盘重要吗/有明确的团单方案吗	
利用老客户	公司在此之前开发的楼盘的已成交客户总量/合理利用老客户这一销售渠道了吗/如何运用老客户争取新客户/利用老客户所做的促销效果如何/老客户对外口碑是正面的还是反面的/原因如何/如果是负面的能改变吗/积极地引导过老客户的口碑吗	
客户要求	客户有承诺之外的要求吗/这种要求具有普遍性吗/如果满足客户要求成交希望大吗/销售负责人对促进成交有何建议	
其他		

核心提示：进行市场细分，是楼盘定位前要做的第一件事，相当于一场战役的战前分析并制定出战略目标。细分要注意两方因素，一是项目所在的区域背景因素，即项目所在的区域是一个什么样的概念：是平民区还是富人区，是商务区还是住宅区，是民族区还是非民族区等。这些都是在项目决策前不可忽视的因素。

1）细分的目标群有与楼盘相称的购买力才是有效的细分；

2）空白市场的抢占是市场细分的首选目标；

3）细分的市场必须与区域人文与自然环境相对称；

4）细分要适度，因盘而异，因市场有效购买力的容量而异；

5）功能复杂的大盘可以功能细分；

6）功能单一的大盘可以组团细分。

层面四：楼盘概念的设计与建设

楼盘概念设计与建设诊断表

诊断题目	诊断要点	利好或危害程度（☆/★）
楼盘概念的设计/主题定位	楼盘概念/楼盘概念的排他性/主题是否符合当地人文因素/是否符合环境因素/是否流于俗套或空泛/能否给人以生活方式的美好想像/是否便于市场理解、传播与记忆	
楼盘概念的建设	概念在宣传中的诠释与演绎/市场对楼盘概念的认知程度/售楼处的设计风格对楼盘形象的维护/消费者对楼盘概念的认知障碍/施工现场包装	

续表

诊断题目	诊断要点	利好或危害程度（☆/★）
规划与设计风格的支持	规划与设计理念、风格是否符合楼盘的概念或主题要求/大门/主干道风格是否符合概念要求/社区（市场）规划缺陷/户型设计（商铺分割）缺陷/材料运用缺陷判断	
VI系统的延展应用	楼盘识别系统对概念的维护与诠释/在市场中的差异性等	
配套设施的支持	硬件配套是否支撑楼盘概念或主题/环境建设是否符合概念或主题要求/管理配套是否符合主题要求等	
市场印象	市场对楼盘概念的认识、理解与评价/业主评价	
其他	可供深度挖掘的概念优势	

核心提示：

（1）楼盘概念是楼盘的灵魂，价值在于创造精神愉悦；

（2）楼盘概念要符合区域人文与环境特质；

（3）楼盘概念要先于楼盘建设而存在；

（4）好的楼盘概念可以增加楼盘附加值，反之则损伤楼盘价值；

（5）新的楼盘概念是楼盘已经具有的潜质；

（6）楼盘概念能打通人与楼之间的沟通隧道，具有极强的亲和力；

（7）楼盘概念可以引导居住理念；

（8）概念的建设是一个系统的工程。

层面五：推广策略及行为调查

推广策略及行为调查诊断表

诊断题目	诊断要点	利好或危害程度（☆/★）
推广策略	预计推广周期/楼盘推广的时机/推广策略的可操作性/推广策略的目标针对性/推广渠道的合理性	
促销策略	有明确的促销方案吗/已实施的促销行为市场反馈效果如何/促销有明确的目标针对性吗/促销策略于竞争对手的针对性/促销行为产生负作用了吗/在促销活动前积累了足够的客户信息吗	
公关策略	公关绩效/公关对销售的意义/公关对楼盘形象与品牌的维护、建设的意义/公关有无负作用/做好危机公关的准备了吗	
传播策略	传播渠道的目标针对性/传播是否有效到达客户群体/是否接受当前传播形式/传播所带来的效果及社会效应如何/媒介选择的目标针对性/媒介选择的费用节约性/媒介组合的合理性/传播费用与销售额的比例	

续表

诊断题目	诊断要点	利好或危害程度（☆/★）
新闻统筹	新闻的运用力度/新闻对楼盘推广和概念建设的作用分析/新闻的渗透力和对市场的诱导力/新闻统筹是否增加了楼盘的价值感	
品牌策略	注重企业品牌的号召力吗/楼盘品牌的建设/楼盘品牌的号召力等	
其他		

核心提示：推广过程是有节律的；推广应"形神兼顾"，"形"为方式，"神"为概念；广告要"软硬兼施"，"软"为软文、新闻、专题，"硬"即硬广告；最好的广告是新闻；新闻应主要以增加市场对楼盘的价值认同感为重心；房地产的促销活动前必须有足够的准客户储备，活动的最大目在于促成观望迟疑的客户埋单（它不同于普通商品促销）；危机公关往往是最好的宣传机会；推广全程都不要忘记品牌。

层面六：价格策略与价值诊断

价格策略与价值诊断表

诊断题目	诊断要点	利好或危害程度（☆/★）
单位总价	单位总价的差异/单位总价与目标客户购买力的对称性/单位总价是否造成客户群的不统一	
价格策略	价格运用方案/价格调整技巧/价格对市场的诱导力/付款方式	
价格水平	价格与周围项目租售水平比较/价格与同类楼盘的比较/楼盘附加值对价格定位的支持/价格与近三年同类项目比较/定价的基础是成本加利润还是以市场为导向	
散单价/团单价	两者之间的差异是公开的吗/目标客户能认可吗/团单损害了散单吗	
关系户		
高层管理人员价格谈判空间	高层管理人员有无价格谈判空间/谈判自由度是百分之几	
业务人员的价格谈判空间	业务人员有无价格自由度	
价格自由度合理性	高层、中层、下级销售人员对价格自由度是否满意/有何希望	
市场对楼盘价值的认同度	目标群认为物有所值吗/目标群认为物超所值吗/目标群认为该楼盘在三年内会升值还是会贬值/业主对所购的房型满意吗/业主对这个小区有何评价/业主对他们的邻居有何评价/业主对楼盘的名称感到满意吗/业主对楼盘概念有记忆吗/他们如何描述楼盘概念/业主对楼盘概念有何评价与理解/业主对楼盘的前期宣传有何评价/他们最近会考虑转让或退房吗/重新回顾其他层面的诊断	
	目标群或业主对项目所在区域的看法如何/他们认为这一区域的远景如何	

核心提示：

（1）单位总价之差不得大于 40%；

（2）价格调整应以保值和增值为原则，以不损害先期客户为底线，抛售除外；

（3）价格应以市场对产品的“价值认同感”为标准，不能以成本加利润为标准；

（4）价值认同感永远是价格策略的核心，也是推广的技术核心；

（5）付款方式可以削弱价格高造成的障碍；

（6）销售人员应统一执行定价，管理人员可以拥有适度的价格自由度；

（7）团单与散单可以有价格差，但以保证两者不冲突为原则；

（8）团单与散单的价格差大小，视其对销售所产生影响的大小；

（9）最后一点，也是最重要的一点，房地产客户最在乎总价而不是单价。

层面七：销售周期性调查

销售周期性调查表

诊断题目	诊断要点	利好或危害程度（☆/★）
销售周期	销售周期的设定是否遵循了客户先期储备原则/销售周期的节奏（时间与高潮）设计是否合理/预计的销售计划与销售现状的对应程度/销售周期与推广策略的对应关系/与工程进度的对应关系	
销售率与销售周期	已实现的销售率/销售额/与预期有无差距/差距有多大/差距的原因	
季/月/周成交量	销量曲线图波动大吗/受季节性影响大吗/受政策影响大吗/受广告宣传的影响大吗/曲线表达了什么基本信息	
其他		

核心提示：从市场的反应来看，房产与其他产品，特别是即时消费品不一样，对于促销活动等行为，房产客户的反应要比一般产品的客户反应慢。他们不会因为街头路演或赠品派送而产生即时购买行为，达到促销效果。因此，在一个政策或促销活动出台前，必须要根据先期的客户储备情况而定，或做好先期的客户储备。

所谓的客户先期储备原则，即在开盘、促销活动之前，应有一定量的客户储备。这些客户是对价格或附加实惠十分敏感的群体。这样，促销活动才能达到理想效果。

层面八：销售及其管理调查

销售及其管理调查表

诊断题目	诊断要点	利好或危害程度（☆/★）
销售现场	卖场的包装/主题渲染/气氛营造等。 销售现场功能分区/接待、咨询、洽谈、签约流程/休息区礼仪与服务/现场卫生状况等	
销售模式	现采用哪种销售形式/该销售形式与营销策略的对应关系	
销售控制	上市楼号/批次/顺序/价格调控办法/其他调控办法	
销售任务	销售人员人均销售任务/人均年月完成套数	
销售管理	管理模式/队伍构成/人员素质/提成/激励方案/管理呈现的问题等	
销售人员心理状态	对楼盘的优劣认识情况/对客户群的理解/对销售前景的看法/对企业发展的看法/销售人员对任何咨询问题的解答和解决能力/其他机动应对能力	
日常客户管理	客户信息拥有量/销售人员最多拥有量/目前没有成交的原因/客户所提出的谈判条件	
公司关系客户信息	信息是否分配专人负责/目前没有成交的原因/客户所提出的谈判条件/满足客户的要求有何障碍	
团单客户的信息	信息是否分配专人负责/有无指定高层领导负责/目前没有成交的原因/客户所提出的谈判条件/满足客户的要求有何障碍	
其他		

核心提示：以下三个方面是必要研判的内容：

（1）销售现场的包装主题是否与概念统一，并极大地丰富了概念内涵；

（2）销售现场气氛营造是否正面影响购买者的判断，或对购买者有强烈的诱导力；

（3）销售人员的积极主动性对实际销售影响不可低估。

层面九：推广效果诊断

推广效果诊断表

诊断题目	诊断要点	利好或危害程度（☆/★）
关于推广	在推广之前所有的销售准备工作都作好了吗？ 有明确的广告主题吗/广告主题是否符合楼盘的概念/广告主题是符做到了简明扼要便于记忆便于传播/广告主题符合口语习惯吗	

续表

诊断题目	诊断要点	利好或危害程度（☆/★）
广告策略	广告内容是否符合阶段推广策略/投放量是否与设计的销售周期同步并做到有密有疏/是否与销售主管达成共识/广告诉求形式是否符合目标身份/广告思维对目标具有诱导作用吗/广告采用哪些诉求形式/这些形式能被目标群愉快地接受吗	
新闻策略	用新闻的手法操作广告了吗/新闻价值足够吗/新闻事件的策划有积极的社会意义吗/新闻是否一眼就能看出是广告/新闻标题能很快引起目标群的关注	
媒介策略	选择的媒介是否对应楼盘的市场定位/是否针对楼盘的市场细分群体/ 有无浪费的或过于重复的媒介	
促销策略	促销活动设计是有针对性的吗/促销前有足够的目标客户积淀吗/促销售政策的制定兼顾了目标群的要求和已成交客户的反应了吗/促销售活动的设计在市场上有新意吗	
广告/宣传品市场印象	目标群看到广告了吗/看到次数与广告次数之比如何/他们对广告的印象如何/他们明白广告在说什么吗/他们对广告的评价如何	
社会印象	社会对广告有何评价/他们明白广告在说什么吗/社会对整个推广行为有何评价	
实际效果	前面所做的推广工作达到预期目的了吗/推广费用与实际销售额的比值是多少	
其他		

核心提示：

（1）营销推广主题定位直接影响项目的宣传推广；

（2）消费者是否能够正确理解广告内容并欣然接受；

（3）广告风格特征明显，符合楼盘个性；

（4）广告语言要亲和、简明、并具有诱导性；

（5）房地产促销售不同于一般商品的促销售，房地产促销售活动必须有足够的目标客户积淀才有意义；

（6）所有的促销活动不能在市场或社会上引起不良反应，有意炒作也要把握分寸；

（7）好钢用在刀刃上，合理地分配推广费用。要做到：开盘必须热，旺销售必须稳，收盘必须快。

层面十：本案客户行为的调查

客户行为调查表

调查课题	诊断项目	主要诊断及应对策略提示	利好或危害程度（☆/★）
市场评价	楼盘消化总量/销售率	结果分析	
	最受欢迎的楼宇	消化量/销售率/市场评价	
	最受欢迎的户型	消化量/销售率/市场评价	
	最不受欢迎的楼宇	消化量/销售率/市场评价	
	最不受欢迎的户型	消化量/销售率/市场评价	
购买行为	置业目的调查	使用功能的服从率/使用功能的改变率/改变后的主要使用功能	
	置业者背景	从业情况/收入状况/文化背景/家庭结构/从业区域/原住区域	
	对户型结构的改造	扩大情况/增减情况/改变情况	
	业主购买理由		
	业主反馈意见		
客户印象	客户对开发商的印象描述		
	客户对经营商的印象描述		
	客户对物业管理单位的印象描述		
	客户对销售行为的印象描述		
	客户对楼盘广告的印象描述		
	客户对楼盘的形象描述		
	客户所理解的楼盘概念		
	客户对楼盘所处区域的印象描述		
	客户对价格的接受程度		
	客户购买时的最大心理障碍		
	客户最期望得到的附加条件		
	其他		
客户影响销售调查	极积影响调查	你会介绍朋友来购买该小区的住宅吗/如果给你一定的回报你会介绍朋友来吗/如果改进小区的设施与服务你会介绍朋友来吗/你会阻止你身边的人来购买小区的住宅吗	
	消极影响调查	同上	
	营销建议调查	你对小区的销售行为有什么建议或意见吗	
	其他		

核心提示：本项调查结果也是突围方案的终极立足点，它的结果直接代表市场声音，这

也是一切以消费者为出发点的解决方案所必须进行的一环。也许我们的突围答案就潜藏在客户的声音里。

层面十一：敌对行为的调查

敌对行为调查表

调查课题	序号	主要诊断及应对策略提示	利好或危害程度（☆/★）
敌对方负面说辞	1		
	2		
	3		
	……		
敌对方正面说辞	1		
	2		
	3		
	……		
敌对方攻击举措	1		
	2		
	3		
	……		
敌对方失误与缺陷	1		
	2		
	3		
	……		

核心提示：敌人是指点迷津的高手。知已知彼，百战不殆。这里把所有来自竞争对手和来自市场、社会的“负面”行为，全部作为“敌对行为”作深入的调研。了解他们对本盘的不利说辞，攻守行为，探出他们对本盘市场行为的欢迎之处和警惕之处。了解本盘在敌对方的软肋和优势，了解敌对方楼盘的软肋和优势，摸清敌对方最希望我们做什么和最不希望我们做什么。在突围方案中避实击虚，或借势造势。

操作环节三：分析楼盘特点，寻找市场对接点

已经进入危盘阶段，不可避免地出现如下特点：如可挑选性不大，所处楼层较高、朝向、位置较差，经过前期的销售，公众对楼盘已有一定的认识。除尾盘或滞销盘自身的特点之外，我们还要对客户进行分析：如客户来源（是哪些人群可以接受尾盘或滞销盘）、客户心理（客户为什么买尾盘或滞销盘？觉得可以买到便宜货，相对容易接受楼盘本身的缺点）。

操作环节四：寻找危盘的优势

万物有所长，有所短。如项目处于尾盘或滞销盘期时，销售要在项目的优势上做文章，转项目的优势为销售力。虽然，项目存在着各种自身条件的不足，但是尾盘或滞销盘却具有两大特点；一是绝对的现楼。买家可以直接看到现房，实地品评房屋质量、社区环境，生活配套是否便利等，不存在像期房那样的担忧。二是在物业管理设施及各方面的磨合上可以省时省力。经过前期的入住，实际生活中的物业管理问题、开发商与配套部门之间是否具有良好的合作关系、楼房质量等问题都可以提早知道。

操作环节五：有效对接楼盘与客户

1. 策略调整的原因

在实际销售过程中，随着销售环境的变化，策略也应适时发生变化。为顺利实现目标，针对阶段的问题，进行总结，对后阶段的销售策略进行调整。策略调整原因主要归结于如下四种：销售受阻或与目标有较大差距；重大政策调整及影响；项目情况变更；市场环境的重大变化，如竞争项目突然增多。

2. 销售诊断：按策划总纲角度审视销售全过程

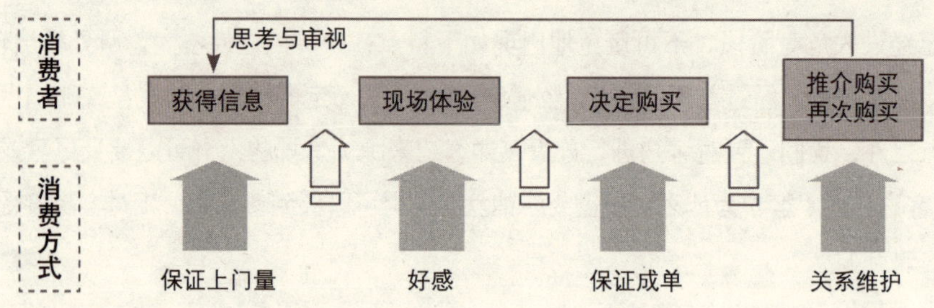

（1）分析与改变思路形成

根据楼盘所处的地段和市场需求，分析能否改变楼盘本身功能或改变单元面积。

（2）根据楼盘本身知名度做出不同的广告宣传

1）知名度高且美誉度也高的楼盘，要利用“顺势”和“借势”宣传。“顺势”即与前期销售的广告宣传保持一致，保持高姿态。“借势”即借助邻近楼盘在售之势，制作更吸引公众的广告。

2）知名度高但美誉度差的楼盘，要采取“逆势”和“避势”宣传。“逆势”即要舍得放弃以前的宣传主题，重新包装。“避势”即避开临近对手的攻势，宣传特价优势。

操作环节六：改善产品的劣势

针对项目的户型、采光等不足，做出一定的修改，如将过大的户型改成适中的中、小户型；通过一定的措施，解决产品的采光方面的不足。另外，转变消费者对滞销楼的看法，加强正确信息的传播和改善信息传播渠道。

总之，如何使结局写得精彩，怎样使危盘销售顺畅，会有很多的方略，但只要认真地抓好了产品的品质要素和科学的操盘技巧，危盘的销售同样会成为热市。

操作环节七：寻找新的宣传推广途径

项目尾盘或滞销盘时的产品数量不多，决定了项目的推广费用不会太高，宣传推广上就会受到制约。因此，可以采用下列的一些推广措施：

（1）配合各种节日或庆典进行明升暗降的折让活动如购房送物业管理费、送车库、送精装修、送房屋装修设计方案、送家电等，形式可以多样。

（2）采用低成本运作行销模式，为项目带来一定批次的看房客，带动销售和人气。

（3）可以在主流媒体上进行分类广告宣传，在二手房信息上发表尾盘或滞销盘信息。

（4）链式营销，以老带新。

（5）以租待售，体验式消费。

操作环节八：寻找新的销售途径

目前，楼盘的销售主要是靠项目的营销中心或售楼部售出的，但是，尾盘或滞销盘期的房量不多，而项目的销售也基本步入销售疲软期，看房客户的数量相对较少，所以，必须寻找新的销售途径。

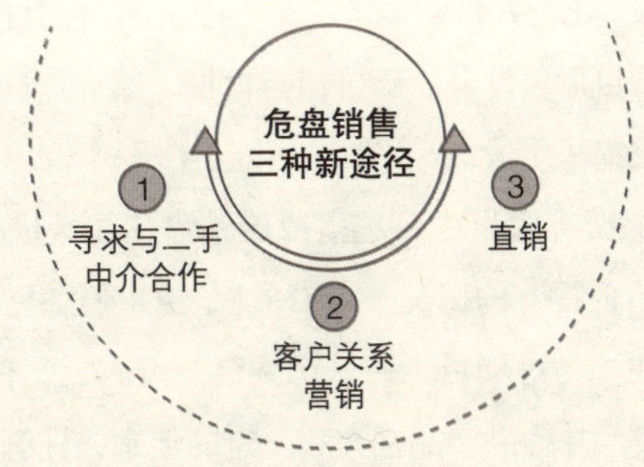

新途径一：寻求与二手中介合作

有很多的楼盘在销售初期会在项目附近和主要客户群的聚集地，如市中心再多设一个售楼中心，增加来房量，从基数上达到项目销售的突破。另外，目前有一种趋势，就是二手房市场的触角已经触及到了现楼销售，也就是说，处于尾盘期或滞销的项目可以直接与二手房中介合作，进行委托销售，以高于一定成本价全盘脱手也不失为上策。

新途径二：客户关系营销

尾盘或滞销盘另一种非常有效的促销手段是客户关系营销。前期销售已经积累了大量客户，这些客户都是良好口碑的载体，他们会对自己的亲戚朋友、同学同事夸赞自己的房子，会陈述自己购买房子的种种理由，甚至邀请亲友到自己的房子去看看。市场调研发现，消费者在回答“对哪一种信息来源最信任”这个问题时，通常的比例最高不是报纸、电视、路牌广告，也不是售楼人员的销售说辞，而是“亲友告之”。这构成了客户关系营销发挥作用的基础。

客户关系营销的方式之一就是鼓励老客户带新客户。一个老客户介绍他的亲友来购房，不但他的亲友能获得一定优惠，他本人也将获得一定的奖励，从1000元现金到免一年物业管理费，或者是送家电、送旅游机票直到特殊大奖，分成几个等级，介绍的客户越多，获得的奖励越高，以此鼓励老客户多多推荐新客户。

客户关系营销的方式大大节省了开发商的广告费支出，是一种成本小、收益大的营销手段。

新途径三：直销

在尾盘或滞销盘阶段，花费大量营销费用是不经济的，而且前期的市场认知已形成，因此不宜把希望寄托在项目形象提升、新价值点挖掘、新客户群形成等复杂的营销目标上，最有效的往往是直效销售手段。

我们要认识到，在消费者心目中，尾盘或滞销盘往往是价格高、位置不好的剩余单位，而实际上，在城市价值提升的情况下，它往往是更超值和更稀缺的产品，这一阶段，我们希望消费者重新关注和考虑项目，并认识到这一点。因此有必要适当地聚集客户，以某种形式吸引他们聚集，并辅以产品推介和一定的促销，让客户相互促进并重新了解和考虑置业的可能性。

第三章
CHAPTER THREE
滞销盘突围
途径镜鉴

滞销盘突围途径镜鉴

本章使用指南

上一章的内容是危盘的 CT 诊断方案，它是对楼盘自身的最好“体检”。可是当我们发现了问题，该如何操作呢？尤其是处于市场寒冬中的滞销盘如何消化呢？本章从使用需求、投资需求、身份需求三大需求点出发，提出了十一种滞销盘的突围模式，并案例与理论结合，系统化、层次化地总结了其操作要点，力求对症下药，给读者提供最具实战价值的选择方案。

一、从三大根本需求寻找突围途径

老子云：天下大事必做于细，天下难事必做于易。在楼盘营销策划的经历中，操盘的策划理念就是，把复杂的事谋划得简单，把简单的事谋划得丰富。只有这样才易于操作，结果也容易撑控。如何将复杂的谋划得简单，把简单的谋划得丰富呢？

从购房需求的根本来思考这一问题，一切都会变得清晰明了，这一根本就是：使用需求、投资需求和身份需求。根据不同的楼盘和不同的群体，分析如何满足这一群体最重要的或全部的需求，然后分析如何去做，突围的目的就达到了。这就是把复杂的东西做的简单。而在做的时候，如何把握分寸，注重细节，有条件理有节奏的实施，并且让每一个突围动作都做得饱满、有感性，这就是要把简单的东西做丰富。

通过前两章的分析，已经清楚了楼盘滞销从理论属性上大致可归为以下几种因素，我们可以根据诊断的结果，结合三大根本需求，进行筛选应用。

突围途径及策略

突围途径	策略
1. 品质突围	以楼盘概念和市场定位为基础，完善社区规划、设计，使利润最大化； 增加或强化适用的社区配套和社区服务； 通过园艺等，弥补楼盘明显的缺陷，或丰富社区人文情调； 通过装修等手段，对滞销户型的缺陷； 对楼盘进行形象包装，使其耳目一新； 通过文化包装提升社区生活品位； 改善购房者关注的细节，提升楼盘与人的第一感觉； 使用简单有效的手段，如通过政府等职等部门的协调，或通过通道的改造和对周围建筑物的粉刷等，改造楼盘周围环境，使区域形象接近目标群体对居住区域的心理预期； ……
2. 市场细分突围	重新进行项目定位，使项目具有明确的市场基础； 重新细分市场，使目标清晰明确，使销售操作具有指向性； 发掘楼盘能够支持的市场空白点，瞄准新的目标群，重新定位，另辟蹊径； 将滞销部分与整体楼盘分割出来，重新定位，单独推广等； 通过功能细分，找准特定购买群，弥补设计不足； ……

续表

突围途径	策略
3. 概念突围	对滞销户型重新定位、包装，并给户型以新的生活居住概念； 重新进行概念设计，使其符合楼盘要素，并贴近目标群的审美要求； 补充或丰富概念元素，提升楼盘外延价值； 运用专题、宣传品等各种手段，丰富楼盘的内涵，增强概念的亲和力； 运用居住文化丰富楼盘概念； 改变案名，重新定位，重新推广； 对楼盘重新进行系统包装，即 VI 系统建设，使内外形象符合楼盘概念和目标群体的定位，与目标群体具有亲和力； 对售楼中心进行精心设计包装，创造一个既热烈又温馨的氛围，并注重现场对客户判断的引导； ……
4. 时机突围	回避不利时机，规避风险； 利用有利时机，伺机而动，如政策法规出台、城市改造、市政规划、道路建设、重大节日等； 发现竞争楼盘推广出现重大失误，提供可乘之机； 楼市出现有利转机，目标市场培育成熟等； 区域地块升温； 其他利好消息； ……
5. 广告新闻化突围	重新制定推广策略和媒体计划； 重新审视目标群体，使广告风格符合受众价值观和审美要求； 重新检查媒体受众与市场目标群体的关系，找到经济有效的媒介形式； 重新创意广告主题，使其符合概念，并具有亲和力； 对楼盘宣传品全面翻新，重新推广； 改变广告风格； 传统的广告手段效用下降，运用新闻手法重新激活市场； ……
6. 价格突围	运用调整价格的方式作为促销手段，或增强市信心，强占市场风头，或回笼资金迅速逃盘； 调整价格可以通过涨价增加市场信心；也可以改变付款方式，改变首付形式，降低购房门槛；帮客户做投资；或通过减免附加费用，明升暗降，让购房者感受到实惠；或直接降价；或运用优惠政策对客户进行情感诱导等； ……
7. 价值突围	运用“价值归一规律”，分析楼盘升值潜力； 充分利用地段的不可复制性分析楼盘升值潜力； 充分运用城市土地的稀有性分析楼盘升值潜力； 运用租金水平分析楼盘投资价值； 发掘新卖点，强化楼盘的远景描述； 运用以上因素分析投资价值； 通过细部整改，提升楼盘形象，以形象带动价值感； 利用品牌效应带动价值感； 强化楼盘的文化建设，以楼盘文化增强楼盘的价值感； 运用社区业主中的名人效应或名人代言人的形式增强楼盘的价值感； 增加附加服务，提高楼盘附加值； 引进品牌物业公司，改善社区综合服务； 重新调整楼盘、目标群、概念之间的对应关系，使其物有所值或物超所值； 以目标群的群体社会层次增加楼盘的价值感； 重审楼盘概念，强化概念的精神诱导功能，达到目标群体与楼盘的精神依恋； ……

续表

突围途径	策略
8. 公关突围	通过新闻公关、政府公关、技术权威公关等各种可利用的手段化解危机； 通过善意的姿态化解危机； 制造市场和社会关注焦点，增强楼盘美誉度； 运用名人效应增强楼盘美誉度和知名度，以及可信度； ……
9. 信誉与品牌突围	借用公司前期开发的优秀项目的影响； 重塑企业形象，增强购买信心； 以企业品牌，提升楼盘品牌； 以规划、设计、建筑、材料、装饰、装修、物业管理等围绕物业建设的品牌机构或公司效应，带动社区品牌建设； 引进品牌教育机构、老幼托管、社区智能设施、社区会所文化、社区服务等提社区升品牌形象； 以社区文化建设提升社区品牌； 争取参选政府、行业、团体等组织的楼盘与企业的评比活动；树立全员营销和全程营销的思想意识，对售前、售中、售后的每一个细节都进行周密设计，对来访来电话的每一个问题都预先设计规范的说辞，特别是在售楼中心，既要营造一个热烈的氛围，又要创造一个宾至如归的环境； ……
10. 形象突围	借用公司前期开发的优秀项目的影响； 重塑企业形象，增强购买信心； 以企业品牌，提升楼盘品牌； 以规划、设计、建筑、材料、装饰、装修、物业管理等围绕物业建设的品牌机构或公司效应，带动社区品牌建设； 引进品牌教育机构、老幼托管、社区智能设施、社区会所文化、社区服务等增值服务提升品牌形象； 以社区文化建设提升社区品牌； 争取参选政府、行业、团体等组织的楼盘与企业的评比活动；树立全员营销和全程营销的思想意识，对售前、售中、售后的每一个细节都进行周密设计，对来访来电话的每一个问题都预先设计规范的说辞，特别是在售楼中心，既要营造一个热烈的氛围，又要创造一个宾至如归的环境； ……
11. 借壳突围	寻求有实力有经验的商家合作开发； 与国内外知名品牌房地产公司合作开发； 引进知名品牌物管公司； 运用区域概念，与同区域优秀楼盘联袂推广或借势推广； 利用城市发展规划、城市建设等带动的区域概念突围； ……

以上归类，是将楼盘滞销因素分割开来，突围途径的选择只是一种简单的对应选择。事实上，楼盘遭遇危机，往往是多个因素相互作用相互杂合的。因此，在实际操盘中，有利用单一途径就可实现突围的，但更多的时候是整合突围的行为。就像多兵种、多途径、多战术在统一战略下的协同作战。

总之，兵无常势，水无常形，能因敌变化而取胜者，谓之神。另外，在寻找突围途径时，也不可把事情过于神秘化、复杂化，故弄玄虚，只有化繁为简才是策划师应追寻的最高境界。

作为开发商，你会经常遇到所谓的策划师拿着充满神奇想象的策划案来寻求合作，一旦合作你会发现这所有的东西你都无从下手，或者操作效果远不是策划案中说的那回事。有一些销售障碍本来是很容易解决的，也有的策划案本来是为了解决一个很小的问题，策划师也总是拿出来一个很庞杂的方案来，以显示其功力，这样一来则把事情搞得越来越复杂。而作者在多年从事房地产的营销及策划中，总结出一条化繁为简的策划之道，在总体思路下进行动态策划，根据市场随机应变，不断地解决新问题。

二、品质突围

品质是楼盘的市场之根本。不战而屈人之兵，善之善者也。孙子兵法中的这句名言蕴藏的重要信息是：通过完善自身是制敌的重要战略。对于楼盘，要想使市场认可，首先要考虑的就是让产品自身有足够的竞争力。

对楼品质的衡量标准不以单纯的“建筑物质量”为指标，而是以“是否与市场定位相对应的品质”为标准，以期满足业主对楼品精神与物质的双重需求。品质突围的思路包括三个方面：

品质突围的三个方向

1. 改造基础环境，完善配套服务，拉高楼盘综合素质，满足迎合目标客户的需求
2. 充分利用已存在的优势资源，通过规划设计和宣传等，赋予楼盘建筑之外的价值
3. 考虑调整市场姿态，降低客户群目标，回到楼盘市场的客观层面来

实战案例01 Combat case

深圳 JHW 花园的品质突围策略

JHW 花园有非常好的先天条件，天然的海景环境优势。这也是项目开发、策划，包括可行性研究所有的出发点。一个项目如果具备了非常优秀而且稀缺的资源，这个项目就有了成功的资本。

一、深圳 JHW 花园地段环境先天不足

海景优势，在深圳市除了华侨城一带比较好，接下来就属 JHW 花园了。但 JHW 花园的环境缺陷同其优势一样也十分明显。

缺点一：项目对面片区的人文环境不好

JHW 花园对面就是香港市场，那边经常有嗜杀的消息，嗜杀地区给人的印象就是黄、赌、毒的概念。开发高尚高档的楼盘，很重要的就是区位的趋向，即片区的人文概念。

缺点二：噪声污染

金海 JHW 花园楼盘旁边有两条路，稍好一点的车都能开到 120 公里 / 小时，速度比较快，这就带来比较大的噪声。另外一个噪声源是市政施工。

缺点三：邻里环境不协调

这个项目 48000 平方米实际上是被农村包围，周边的农民房可以说是脏、乱、差。

面对这样的情况，JD 公司在开发楼盘的时候有一个明确的定位，即精品豪宅。JD 公司认为这个项目的海景优势最重要的，是项目的根本点，也是它的出发点。项目具备的海景优势是其他项目不具备的优势，是独自具备的资源。开发一个楼盘必须挖尽地块所具备的先天资源，在这个资源的基础上再给它描眉化妆。豪宅基本的价值基础就是资源的稀缺性，钻石为什么贵？是因为这个市场钻石少。

二、以海洋文化为主题的两大策略

基于以上分析，JD 公司就开始整个项目的研究，从以海洋文化为主题的开发设计和

营销组合为两大策略，最大地发挥项目优势，克服项目不足。

策略一：以海洋文化为主题进行项目开发与设计

当项目以海洋文化，以稀缺的海景作为开发资源的时候，整个项目的思想就从这里开始导入，JHW 花园的设计主题，开发主题就是海洋文化，JD 公司要把这个项目建成海的城市。JHW 花园的海洋文化围绕着五个小点展开。

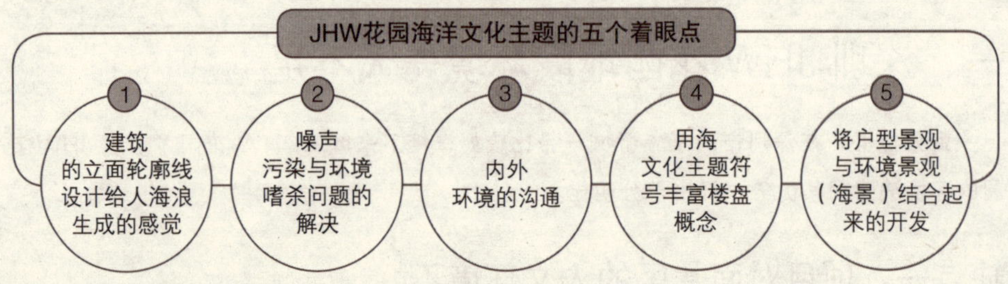

1）建筑的立面轮廓线设计给人海浪生成的感觉

JHW 花园的立面，让大家可以看后有高低起伏感，能产生一种海浪的联想。后来被证明该项目成为深圳市的旅游景观。

2）噪声污染与环境嗜杀问题的解决

为了解决好这个问题，JD 公司首先是将整个项目进行抬高设计。即把整个环境平台架起来，架到 4 ~ 5 米的高度，架高以后，使整个住宅部分都在较高的平台上，架空设计同时方便了地下车库的设计。同时从小区的整体环境来看，架空也起到了阻挡噪声的功能。另外，由于架空抬高了以后，整个花园从某种意义上来讲同周边的农民也保持了距离，起到了隔离的作用。

3）内外环境的沟通

架空工程，实际上是两层架空，一层是沿海地面的架空，就是把这个平台隔起来，另外是在小区里面的平台上又架空了一层，这个架空主要是营造一种大的环境，目的是要突破高层住宅的视野极限，同时延伸和扩大整个小区的花园面积。在架空以后，整个架空层里面都做了一些环境的处理。在 JD 公司架空顶层的顶部，用了一些海元素的符号。在架空的大平台上视线可以穿越两条道路，整个小区的景观及花园平台的景观能够和前面红树林的景观连在一起。

4）用海文化主题符号丰富楼盘概念

在架高后的环境平台上，花园的环境是以海文化作为主题来设计的。小区首先是有个水体——泳池。这是一个非常标准的沙滩泳池，泳池很浅，浪冲下来，儿童可以在上面玩。同时海文化分布在花园的每一个地方，有一些动物的雕塑，有一些特别建筑符号，这些符号都在体现着海文化，甚至包括道路都能够和这个海文化贴合在一起。整体花园浑然一体，给人感觉非常好。

5）将户型景观与环境景观（海景）结合起来的开发

JHW 花园卖给客户的是价值，但价值的趋向和价值点体现在什么地方？它不再是以往户型的结构，户型的面积，室内装修，小区唯美的环境，而是 JD 公司把楼盘的整个景观和户型的景观结合起来开发。

JHW 花园基本设计指导思想是花园全环境，环境全海景。由于 JD 公司把环境抬高，所有住户都可以看到全面的海景，这样落实了以海景为出发点的想法。在花园的每一个角落，都留下了 JD 公司对环境设计的基本理念的印迹。

策略二：围绕海景主题进行营销组织

整个 JHW 花园营销的思想是突出 JHW 花园的三层景观，小区景观和花园景观的相连；小区景观和红树林景观；小区景观与海景的相连。JHW 花园的营销组织包括两方面。

1）通道组织

JD 公司把海景作为整个项目的推广点。在推广的时候，JD 公司把样板房直接做在 10 楼，保证客户到样板房后能够看到在未来的家里能够看到的所有景观。

2）施工组织

JHW 花园采用环境和主体同步施工。JD 公司主要推广的是 JHW 的景观，为了确保客户买房时能够看到各种真实的景观，在施工的过程中，小区的环境同时也在构建，当客户买房子的时候，他看到的就是小区将来的景观，可以很清楚地感受到未来情形。还有一点也很重要，为了尽快展示建筑的外立面，JD 公司采用了外立面的双向施工，这样就可以在销售的过程使客户看到建筑的整体外立面。

三、市场细分突围

品质是相对的，有时甚至是一种认识的错觉。因为品质往往与消费者的心理预期有很大关系。另外，户型结构的“缺陷”，其实很难判定，它在很大程度决定于客户选择的个性取向。这时候细分市场就很重要。还有一点，市场细分更多来源于开发商或营销商“价值最大化”思维。

市场细分突围其形式包括：重新定位目标消费群，拓展或缩小目标消费群，对项目重新进行市场分割，或变换延伸项目功能等。

1. 重新定位目标客户群

对楼盘的优势和劣势认知不足，出现定位过高或过低的偏差，致使低端客户群“敬而远之”，高端客户群又看不上；或出现楼盘特质与目标群体社会特征不相称，这时就需找出项目的真正需求对象。

2. 拓展目标消费群

细分市场是必须，但细分要有一个度，这个度由项目的规模大小，项目的兼容性，市场的需求量，购买力，购买意图等来确定。有时不一定是目标群越细分越好。如一些超大盘其实是一个微缩社会群体，居住人群的过分同质化和居住模式的单一性，显然是不合适的。

3. 缩小目标消费群

因为任何特质的产品只能吸引其特定的消费人群。再一点就是可以最大限度地节约推广费用。只有分清哪块是我的蛋糕，才能知道如何去切，操作起来才能有针对性，才会知道如何广而告之。

4. 重新进行市场分割并与项目功能转换

对于一些功能杂合的楼盘，就必须考虑将其功能进行分割，从而进行市场分割。如在城市中心经常出现的商业、商务、住宅一体化的楼盘，经济房、豪宅、多层、高层掺到一块的楼盘。这类楼盘有的是在推广中由于表述障碍而影响销售，有的是牵涉到物业管理及居住的安全私密等一些心理层面的因素而影响销售。也有一些楼盘，总有几栋楼或某种特殊房型怎么都卖不动。这种被市场自然筛选的产品，就要考虑是否进行功能转换或目标群体上重新进行分割。

主题案例 **欧陆经典之“刀把房”**

北京欧陆经典曾经红极一时，但其中有一种户型，开盘几个月一套都没有卖出去。这是三房两厅的房子，其中有一房多出一个拐角即俗称的“刀把房”，很多客户认为布局不合理，造成使用面积的浪费，就不买，销售人员也没有信心。时任项目总经理的林少洲经过研究后，决定把这块“刀把”通过装修引导，把它当成儿童书房，给他一个单独的一个布置，让孩子摆一个小书桌在这里学习。就按照这么一个定义，然后让他的策划部门、市场部门重新定位为双书房房型。儿童书房这么一个概念一经推广，立即吸引了许多客户都带孩子来，一看不错除了大人有一个自己的书房，孩子也可以有一个书房，父母认为这种布置很好，这种套型的房子很快就卖完了。

通过对产品的简单调整和重新定位，让一种滞销的房型变成了一种热销的房型，林少洲的经验是：如果产品不能调整，我们就调整市场，这就是细分产品的办法。

四、概念突围

人们对创新生活的追求永无止境，因此，概念就会魅力无穷。通过以上案例，可以发现一个共同特征，就是在细分市场后，还要创造一个极具亲和力的概念来。概念突围，它应该是细分市场后的一种再升华。

1. 楼盘概念盛行的背景

概念是在房地产营销中备受争议的，甚至有楼盘概念时代过时的说法。

其实楼盘概念在房地产营销中一直功不可没。如 SOHO 概念、生态概念、观景概念、运动概念等，打造了不少成功楼盘。

因为信息、技术、材料等都是可以共享的资源，所以楼盘竞争到了极致，就是建筑之外的工夫了。同一地段，品质相差无几的楼盘，在市场上却总有个输赢。那就看谁赋予楼盘更多的附加值。其附加值便是楼盘的文化，实际上就是楼盘带给居住者功能之外的生活空间和精神获得。这符合价值最大化的规则。

2. 楼盘概念盛行就是把消费者买楼的观念引导至买生活的观念

这是房地产发展中积极的产物。一种楼盘代表一种生活方式，这在生活多元化的今天是很有道理的。而凝聚这种生活内涵的楼盘概念必将更成熟地发扬光大。

3. 楼盘概念的建设不等于楼盘概念的炒作

炒作总带有虚假的、华而不实的成分，或过于空泛让人不知所云，因此遭到市场的鄙视。而概念建设，其实是楼盘的文化建设，是基于楼盘的特殊环境，独到规划、设计、园林园艺或房型结构等，精心设计出的楼盘概念，并经过符合概念要求的项目软硬件的再建设。这是一种具体化的概念，它不但符合项目特质，并能与人产生极强的亲和力和对生活模式产生美好的想像，极大地满足精神层面的需求，这是市场欢迎的楼盘概念。在楼盘具备某种特质时，或能够创造某种特质时，设计一个具象的概念，在推广中会产生积极的效果。

4. 楼盘概念的塑造技巧

赋予楼盘某种生活文化，属于绝对的慢工细活。它实际上考验的是操盘者的心理素质，因为他是在与市场较量心智。楼盘文化的塑造，可以通过许多表面的工作来完成，但它的作用必须是深层的，因为它的终极目的在于对购房者的心理诱导，不排除对消费者的心理暗示，这是一种微妙的行为，它是典型的谋略而非技巧。

OPERATION PROMPT
操盘提示

楼盘概念设计主要的五个要素

在进行楼盘概念的创意设计时，要注意五个要素：

1. 符合楼盘特质；
2. 与目标客户群产生亲和力；
3. 给人以美好的生活空间的想像；
4. 便于传播；
5. 概念突围的对象肯定是高层次产品。

“第三代楼盘”的突围困境

随着“第三代楼盘”概念的提出，许多楼盘竞相争当第三代楼盘的代表，YSMY便是其中之一。

一、项目简介

YSMY位于福强路以北，大型福利房住宅区益田村对面。占地13000平方米，总建筑面积28500平方米，小区由5栋（3栋10层，1栋11层，1栋12层）住宅组成，由益田房地产开发公司投资兴建。

YSMY5栋住宅底层全部架空，架空层高4.5米（另一个“第三代楼盘”概念的项目金地翠园架空层只有3.5米高）。架空层全部做绿化，以提高小区绿化率，达到100%绿化的目的。小区无中央会所，面积800平方米，并设能容178个单位的地下停车库，实现彻底的人车分流。

YSMY是石厦片区大户型住宅项目的典型代表。可售总户数160户，所有单位面积均在120平方米以上（只有两户118.78平方米）。

二、户型设计

前期销售均价达8600～9000元/平方米，比内部认购时已上调10%左右，开发商也坦承如此价格在深圳同类楼盘中属较高水平。

户型档案

3房2厅～4房2厅	118.78～161.48平方米
复式4房3厅～7房3厅	215.04～313.3平方米
复跃式结合的错层式结构	其中以153～165平方米之间的四房两厅结构为其主力户型，约为99户，占总数的60%以上，空中别墅及错层式的超大户型约为28户，占总数的18%左右

三、项目滞销原由

YSMY预计8月22日准时入伙。自5月28日公开发售以来，其销售率达1/3左右，买家基本为收入较高的二次置业者，也有部分事业成功的年轻人购买120平方米左右的较小户型，基本为深圳市内人士，市外及港人所占比例较小。YSMY 作为本区高层市场定位楼盘的典型代表，虽堪称“第三代楼盘”的精品，然而由于多种主客观原因的存在，对其销售形成较大的压力。

1. 主观方面

（1）市场定位偏高

YSMY 定位高档，户型偏大，且在建设过程中力求精致，选材用料均十分昂贵，同时为创造自身独特卖点，引入一些超前的设计理念。这就使得整个小区建设成本投入加大，开发商虽采取让利原则，然而价格依然高企，抬高了消费者的入市门槛。

（2）绿化未到位

作为以绿色概念为重要卖点的楼盘，YSMY 在主体建筑已成现楼的情况下，绿化却迟迟未能到位，难以充分、有效地利用其优势吸引客户的注意力。而同区的金地翠园在这一点上就做得相对较好。

（3）营销推广不积极

在营销推广方面做得相对不够积极。YSMY 与金地翠园同称“第三代楼盘”，而且 YSMY 比金地翠园规模要大，但其广告投入恐怕还不及后者多。

2. 客观方面

（1）大市场环境不容乐观，消费者整体购买力下降，有效需求不足。

（2）大户型住宅难销已是毋庸置疑的事实，目标客户层面过于狭窄，必然使 YSMY 销售受阻。

（3）周边物业及可替代产品对 YSMY 形成的竞争压力较大。石厦片区大户型住宅较多，且一般价格较 YSMY 便宜，这样就有可能分流一部分本就有限的客户资源。

从以上情况可以看出，YSMY 在推广过程中制约因素较多，这就使其销售可能要经历一个较长的过程。

五、时机突围

孙子兵法讲，兵之五事，一曰道，二曰天，三曰地，四曰将，五曰法。在基础工作准备好后，重要的一点就是要择机而动。顺应潮流，这样才可事半功倍。

把握时机，变被动为主动，是楼盘突围常用的行之有效的策略。营销策划者要始终以一个战略家的眼光看待市场，要及时地捕捉来自地球上任何一个方向飘过来的气息，然后伺机而动。

当竞争个案遇到销售困难，或者市场发生变化时，乘机出击，凭借自己优势战胜对方，抢占市场。但很多开发商在利益趋势下，一味开发大面积的套型，直接针对金字塔顶端的客户群体。这种做法往往会造成市场上大户型的产品供大于求，造成滞销，而消费者对于中小户型的需求仍然很旺盛。这时候，如果有开发商及时调整产品结构，推出以中小面积为主力套型的产品，针对数量众多的中等收入人群，往往会出奇制胜。运用三十六计中的“趁火打劫”当是楼盘寻机突围的很好策略。

1. 要善于寻找“火”源

商场如战场，谁能准确的掌握市场和竞争对手的情况，谁就有机会占领市场。

2. 要抓住战机“打劫”

楼市变化万千，在变化中许多原有的优势就有可能丧失。如上面所说的例子，如果很多开发商都一拥而上，都去开发中小面积的产品，导致该类市场过量的时候，你原来的产品优势就丧失了。所以要看准“火”源，分析“火”势，抓住商机，抢先一步。

实战案例03 Combat case HY花园的反季节销售时机突围

宏大房产在乌鲁木齐南湖中路征得一块4万平方米的土地，在这块土地上开发了1000余户的经济适用房，取名为HY花园。开盘两月销售却寥寥无几。

一、症状分析

1. 地块接近市郊，市政设施、交通等十分滞后，只有一趟公交车，300米范围内尚无站点。

2. 周围无景观、建筑绿化等支持，虽然紧靠贯穿乌鲁木齐市南北的主干道高速公路，但依然显得“荒凉”。

3. 现场没有进行任何包装，售楼处仅是以前拆迁时保留的一间平房，冰雪覆盖的场地更显得荒凉萧条。

二、调研线索汇总

企划中心的人员一边建议进行现场包装，一边进行诊断前调研。大致得到以下一些有利或不利的因素。

1. 有利因素

（1）该地块土地成本极低，极具价格优势。

（2）南湖中路附近是市政府重点规划区域，市政府准备迁至该处。

2. 不利因素

（1）该地块距六道湾煤矿一号井仅1500米，并有传言地下矿井已延伸至小区附近。

（2）另有几家开发商也在此处征得土地，该区有大面积开发的迹象，其他楼盘位置相对优于HY花园。

（3）该市经济适用房投放量过大，年底已有市场趋淡的迹象。

（4）市区总开发面积达500万平方米以上，竞争将进一步恶化，价格战将不可避免。

鉴于以上情况分析，MM企划中心提出HY花园的销售应采取快放快收的战术，以超低价位突然入市，在春节后的市场空档打响第一炮。

三、“快放快收”及“低价格入市”

根据市场情况，价格大战及市场低迷的状态将不可避免；关于地下为煤井的谣言若进一步扩散，不利影响将更为严重；其他楼盘一旦开盘，HY花园就不再有任何优势；趁楼市尚处于冬眠状态，突然打响第一炮，可让竞争对手措手不及；如果时间滞后，所有楼盘混战，传播、促销等效用势必降低，所以被动挨打不如主动突袭。

在“低价销售策略”确立后，项目策划人员立即开始考虑另外一个问题，低价位销售虽然不同于降价销售，但若操作不当，有可能造成“大甩卖”的感觉，为低价销售“找一种说法”就显得十分必要。

借《全国人大代表呼吁降低房价》报道，宏大房产整版广告《让经济适用房更经济》在全市各大媒体出现了，广告以此篇报道为背景，以价格为主要诉求点，完成了低价与说法的完美统一。广告打出后，宏大房产的销售出现了空前火爆的局面，每天接到的咨询电话达600多个，以至有些市民因打不进去而打到MM房产企划中心，要求代其订房。宏大销售部两周内都曲曲弯弯地排了几条长队，两周订房达600余套。这在乌鲁木齐的房产市场上可谓史无前例。

在这里需要补充说明的是，HY花园虽然以低价销售，但其价格与国内楼盘比并不是最低的，当时经济适用房最低价850元/平方米，HY花园为980元/平方米，这是考虑最低的价格可能会产生负面效应，最后采用了比最低的价格稍高一码的价位销售，也算是一种心理攻略。

六、广告新闻化突围

最好的广告就是新闻。广告新闻化是解决广告效力下降的最好途径之一。房地产新闻策划的素材来源于楼盘、开发商、市场、社会的方方面面，是对各种资源的整合利用和创造利用。策划的目的就在于“点石成金”或“起死回生”。新闻策划包括两大类，资源创造性策划和社会公关性策划。广告新闻化操作的十三个实操技巧。

广告新闻化操作的十三个实操技巧

技巧1：要有新闻视角	技巧2：突出楼盘差异性
技巧3：标题要“循循善诱”，不能像广告语	技巧4：以新闻的手法撰写，以新闻的形式发布
技巧5：内容要言之有物，不能天马行空	技巧6：语言要亲和，具有情感渗透力
技巧7：注重细节，以情感人	技巧8：新闻需要策划
技巧9：结合销售策略，重点在于解决问题	技巧10：一篇稿子要有一个明确的主题
技巧11：排版要图文并茂	技巧12：不要攻击同行
技巧13：说话要有对象，语言要注意环境	

1. 要有新闻视角

写作要善于抓住社会热点话题、敏感话题，顺便抖出楼盘信息。如SARS肆虐时期，就会把近郊住宅以健康的名义紧急突围，或以健康的名义推出“后SARS”概念楼盘。因为，时值当时，健康取代了价格、位置、面积、交通等传统的标准。于是就有《小户型：SARS阴影下的危机与奇迹》、《关于低密度住宅的尖峰对话》、《解读健康住宅》等商业新闻出现。北京奥林匹克花园一期、北京金地格林小镇、厦门浪琴湾、珠海五洲花城澳洲园、长沙香舍花都、沈阳河畔新城、浙江金华南国名城等都《以“健康住宅”的名义紧急突围》。而小户型因其空间与人群密度等原因，成为SARS的受害者，但北京炫特区则反其道而行之，就是在《小户型：SARS阴影下的危机与奇迹》中，一褒一贬地创造了“非典型奇迹”。

2. 突出楼盘差异性

没差异也要找差异，这是对商业新闻写作者的硬性要求。因为如果没有差异性，也就没有新闻价值，没有差异也就没有了楼盘的个性，没有差异性也就没有自己的突出卖点，所以，楼盘也就丧失了自己的优势。

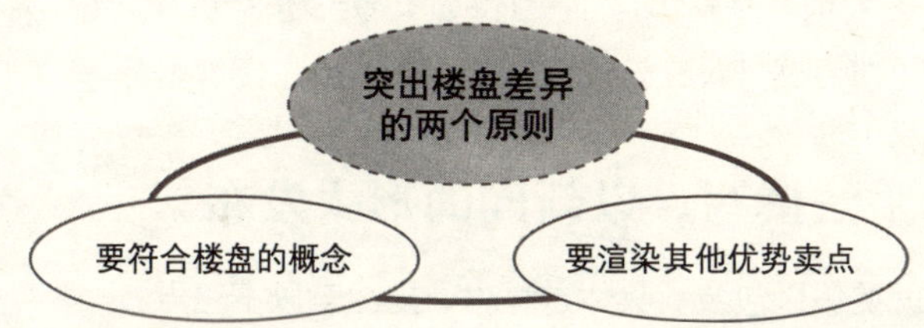

首先，要符合楼盘的概念

每一个楼盘都是有其个性的，统一的个性就是楼盘的概念，它可以极大地升华楼盘的形象，增加其附加值。这也就是一般楼盘为什么要大力炒作其概念的原因。

其二，要渲染其优势卖点

由于楼盘的区位、规划、设计、建筑、居住人群、人文环境与自然环境等的不同，差异性总是能找到的。当然商业新闻的差异性必须是优势差异，而优势差异往往是潜藏的。

如某楼盘所处位置偏远，周围形象差，规划设计本身也没有太多优势，策划人员还发现了与其他楼盘有着重要差异的点：每套房子都拥有足够大的私家花园，私家花园是免费赠送。不过，新闻就此去写，也没新意，因为同类楼盘也有私家花园，并且位置等综合优势比它好，那就需要再深度挖掘。别人的私家花园没这么大，别人的房子也没这么便宜，这才是真正的具有差异性的优势。但如果用广告去说，大家都拥有私家花园，你很难占便宜，如果突出价格优势对别墅来说更是大忌。这时候就要转换一下思路，如果把花园所占的面积折算成地价，再与房子出售价一比较，优势尽现，于是有了一篇让购房者激动兴奋的理由——《买 25 万，送 30 万》。

宣传的过程，总是在与同类楼盘斗法，在说自己产品的同时，还要让别人无话可说，无法模仿。这就是差异性的重要意义。

3. 标题要“循循善诱”，不能像广告语

商业新闻的标题具有其特殊性，它既不同于广告语，也有区别于新闻标题。广告标题可以夸张、抽象、酷玄，但新闻不能这样，因此商业新闻也不能这样。所以给商业新闻拟一个新闻标题，是要挖空心思的，要有“语不惊人死不休”的精神。

新闻标题可以平铺直叙，把一个事件的核心点明即可，因为大家关心的就是事件本身。而商业新闻则要吸引人首先关注标题，继而关注楼盘本身。

4. 以新闻的手法撰写，以新闻的形式发布

广告无痕，就要假以包装。具体过程中，要注意以下三点：

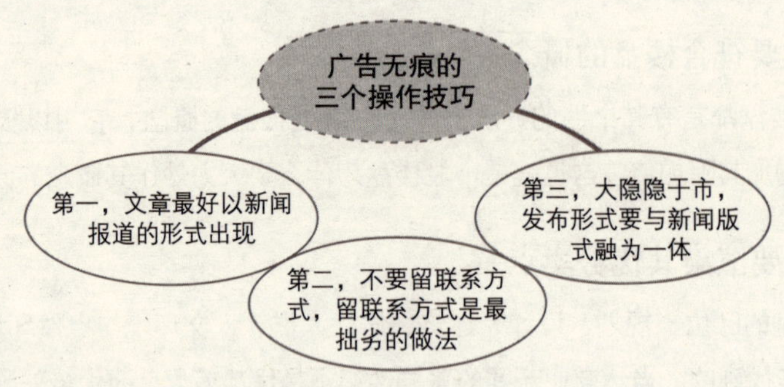

第一，文章最好以新闻报道的形式出现

以记者的视点、结合企业发生的重要事件和楼盘的差异卖点去撰写，要善于运用新闻惯用词汇，把楼盘信息要巧妙地融合进去。处理楼盘信息要“轻挑细捻”“漫不经心”。一定要避开“王婆卖瓜”之嫌。

第二，不要留联系方式，留联系方式是最拙劣的做法

再好的文章，只要你一上联系方式，傻瓜都会知道这是诱饵。不要怕别人联系不上。

首先，地址可以写进文章里，即使不写进去，有楼盘名称，如果文章吸引了他，在一个城里找一个楼盘绝对不是障碍。

其次，宣传是立体的，你有其他广告配合，还怕别人找不到？

再次，软文是潜移默化的，重在精神诱导，争取稳定客户，不争取当大的咨询量或到访量。

第三，大隐隐于市，发布形式要与新闻版式融为一体

不能放在广告版，最好是与企业所处行业有关的专刊、专版、专栏。发布版面，千万不要有意拉框来保护自己的地盘。还有一些细节必须注意，其字体、字号、行间距、排版风格都要与媒体统一起来。

5. 内容要言之有物，不能天马行空

写商业新闻不能凑版面，切忌腹中空空，东拼西凑。事实上，任意一个单一的话题都足以支撑你预定的版面，有没有内容完全在于写作者对行业有没有专业的深入的认识。

内容不在多少，版面不拘大小，关键是要把主题表达明白，信息表达到位就行。

6. 语言要亲和，具有情感渗透力

文章最大的功效在于影响人的情感。让人对一个楼盘的情感，这是文章情感渗透力，这也是任何一种广告所追求的最高境界。

如何使文章具有情感渗透力呢？大象无形，大道无常，当然是仁者见仁，智者见智，所以写作者要悟其上乘心法。不过，有以下两点基本要求。

第一，语言一定要平和，平和才亲和，亲和就具有渗透力

切忌一厢情愿自得其乐和不厌其烦的陈腐说教以及很专业、很晦涩的专业阐述。

第二，文章要轻松活泼，有具备新颖性、可读性、趣味性、知识性

商业新闻在写作上并不拘泥于形式，但是任何商业新闻如果没有吸引读者的阅读欲望，不能捕捉到读者猎奇、求知、愉悦的心态，就很难勾起读者的兴趣。再则，还必须分析目标消费群的消费心理、生活情趣，投其所好。

7. 注重细节，以情感人

有位报媒人说得好，写稿子就像谈恋爱，靠细节打动人。细节代表真实，细节具有故事性，细节也最有个性，因此细节也最能感染人。

其实生活就是在每一个细节中度过，这是人们注重细节的根源所在。买房子就是买生活，因此细节对于人的精神诱导作用巨大。

8. 新闻需要策划

水泥混凝土建筑物，并不是一个爱出新闻的地方。因此大量的新闻需要策划而生。有新闻点大肆利用，没新闻点从中整合，再无新闻就策划新闻。这是对写作者的要求。这是新闻策划的原则之一，也是新闻撰写的原则之一。

9. 结合销售策略，重点在于解决问题

好的新闻必然是与整体销售策略协调一致的。第一要与楼盘的整体概念保持一致，别人是教育概念，你重点去谈景观；别人是豪宅你偏偏去给别人算经济账……这些都是失策的。当然也有反其道而行之的，那也是明修栈道，暗渡陈仓。

在推广过程中，要与市场策略一致，什么时间推什么，要步骤一致。另外，还是搞清楼盘的市场定位，投放载体、投放频率、投放方式等。

很多时候，商业新闻都是受命于危难之际的，因此解决问题总是第一位的。广告说不清楚的新闻要说清楚，广告不能说的新闻要去说，广告不能做的新闻要去做，甚至被广告影响的形象，还要靠新闻来弥补。

10. 一篇稿子要有一个明确的主题

一篇文章要有一个明确的主题，分标题最好不要超过四个，但都必须服务于主题。若遇到必须表达的生硬的楼盘信息，可以用相关链接、楼盘资料、知识窗等形式表现。

开发商总是想在有限的版面里表达更多的信息，因为版面对于开发商来说就是钱，他必须占满才对得起付出的广告费。而对于写作者来说，你的对象是读者，大杂烩一锅，你肯定对不起读者，对不起读者，读者就会反感，就会没耐心，就会迁怒于楼盘和开发商，实际上你就更对不起开发商。

11. 排版要图文并茂

满满的一篇文字是没人愿意看的，除非是中央政府工作报告。所以，图文结合，版式美观活泼，阅读者也就会感觉轻松。图片最好是与文章相关的实景图片，数据图表等。图不要太多，能反映问题、表达主题信息就行。配图的另一个好处就是，可以精简文字，减少文字垃圾。

12. 不要攻击同行

诋毁竞争对手及楼盘在写作者的大忌。第一，攻击别人容易让人产生反感；第二，攻击别人有可能招来反攻；第三，因为市场总是在与同行共同经营，维护市场是共赢的关系；最后，对于写作者，你的服务对象应该是整个市场。

新闻要透露的是自己的真正优势，要展示的是自己的风采，为了增加真实性，可以让其他楼盘来做陪衬，让行业作陪，让区域作陪，但其中最闪亮的就是我们。所以，度与技巧是需要写作者好好领悟的。

13. 说话要有对象，语言要注意环境

对不同的人说不同的话，在不同的场合用不同的风格，这是最基本的要求。但把握这一点，首先，要求要明白楼盘的市场定位，明白目标群是谁，即你的说话对象是谁，不明白这一点就有可能是在喃喃自语或对牛弹琴。经济适用房讲究的是厚道、节俭，人物代表越普通越好；别墅讲究的是富足、优雅与浪漫，人物代表越出色越好；公寓讲究的是活力、现代与时尚，人物代表越前卫越好。每一个楼盘的目标群都有其微妙的差异，写作者要仔细揣摸。

不同报刊有自己的背景和特色，而不同版面内容侧重点不同，这样，最终商业新闻的风格也一定不同。在不同的媒体投放要选择不同的撰写方法与版式风格，在财经类报纸要注重分析、探讨，在市民报上要注重故事性；在主流媒体可以考虑用比较庄重、正式的方法撰写，非主流媒体可以考虑用比较轻松、有趣甚至诙谐的方法来撰写。总之，不能与投放媒体的整体风格格格不入，让人感觉不伦不类。

OPERATION PROMPT 操盘提示

真人秀走入香格里拉

12 名陌生男女别墅共处 70 天，监视器 24 小时聚焦私密空间，最后胜出者将获得赞助商提供的 50 万的商品房一套，一时间中国版“室内真人秀”吸引了国内电视观众的眼球，而最大受益者是赞助该活动的开发商，一个名不见经传的楼盘，一时间家喻户晓。这是广东某楼盘为推盘而策划的一个经典镜鉴。

从广东电视台的《生存大挑战》到全国 20 多家电视台联手打造的《走入香格里拉》，近几年，国内电视台不断引进国外“真人秀”这种电视形式。2002 年，被认为是中国第一档“室内真人秀”节目的《完美假期》出炉，该节目以“陌生男女共处一室”为噱头，吸引了众多关注目光。

经过《完美假期》制作组严格挑选，12 名互不相识，不同职业、年龄、收入、学历的男女志愿者共同生活在一个豪华别墅里，每天 24 小时被 60 台监视器全程拍摄，度过 70 天的“完美假期”。节目期间，选手和外界完全失去联系，也没有任何娱乐设施，只能发挥各自的潜力来创造愉快的精神生活。每周一次到密室中向观众或家人讲述自己的感受为自己拉取观众选票。

当剩下 3 名选手时，他们共同生活一周，最后的胜出者就获得赞助商提供的 50 万元的商品房一套。全程在赞助楼盘里拍摄，人们在“关注当前社会人情的一个活生生的标本”的同时，也清清楚楚地了解了这个楼盘，并对该楼盘的生活产生极大兴趣。如此策划可谓做得滴水不漏，一举多得。

七、价格突围

降价是常用的促销形式，但不一定是最好的形式，涨价也可以是一种突围形式。而不降不涨也可以促销，此所谓：兵者，诡道也。

1. 价格突围要打组合拳

一般来讲，楼盘在遇到危机时，人们习惯采取降价突围，即三十六计走为上，卖掉就解套。

然而，以较低价位并降低入主门坎等手段吸引消费者，毕竟是不得已而为之的行为。这种行为的后果只能有两种，要么成功解套要么彻底死掉，因为房地产商品的特殊性，通常出现消费者买涨不买跌的情况，遇到这种情况，逆市拉升也许是一种更为聪明的办法。

运用价格促销，需要花样繁多，搭配组合圈。如搭车赠送，购房得到额外回报让利消费者，采取灵活付款方式、减轻首付压力也是市场上常见的方式。还有一种就是用情感把以上行为包装起来，人们感动于企业的社会责任或人性化善举时，中其“圈套”。

2. 价格突围的最高境界是明修栈道，暗渡陈仓

楼市中的价格促销，和普通商品的价格促销有很大的区别，普通商品的价格促销可以吸引很多即时性的购买者，而楼市中的价格促销主要是消化前期已经被掌握的准客户群。这种客户群一般是因为价格因素或其希望的优惠条件尚未被满足，或与其他楼盘进行比较中正在迟疑观望，通过促销满足或接近这类客户群心理期望，以达到成交的目的。

其次，价格促销才是为了与竞争对手争夺客户，往往是在别人推出促销方案而影响了自己楼盘的销售，所进行的一种应激行为。因此，前一种是主动促销行为，而后一种是被动促销行为，但不管是哪一种促销行为，都必须在意向客户蓄积一定量时才有意义。通过前期宣传等各种渠道争取意向客户，这就是“聚水”，然后促销这就是“放水”。

3. 潘石屹把涨价当作楼盘的促销法宝

潘石屹认为，他的房子不光是让买家住的，同时还是用来投资赚钱的。因此涨价就是对市场信心的保证。潘石屹常采取低开高走的价格策略，他善于通过强势宣传、排队抢号、限量发售、批条子、停止发售等手段聚水，等水聚到一定量开始放水，在聚放之间拉升价位。在开盘前，通常用大量的宣传、长时间的预订来蓄水。然后在开盘时，利用抢号排队的长龙营造火爆销售的场景。有时为了吊足购房者的胃口，还运用限量发售的形式。当房子卖得火热的时候，还必须由他批条子才能买到房子，造成走后门才能买上房子的印象。有时干脆停售，通过一动一静，把热劲保持到楼盘尾期，把价格也调整到最高。这样，涨价就成了潘石屹售房的最佳促销手段。

4. 北京亲亲家园的逆市操盘手法

在北京京津运河旁边的亲亲家园，在最初的时候，因为周围的楼盘竞争十分激烈，加上自己的楼盘并无太多优势，当时的定价却略高于其他楼盘，以每平方米 8000 元左右的价格发售，结果是门庭冷落。后来该项目的负责人经过认真分析后，决定大幅调高

售价，并对市场重新定位，目标瞄准北京市身份显赫的特殊群体，同时对楼盘的配套设施、物业管理甚至包括门窗把手等每一个细节都针对这一特殊群体进行设置或改进，最后这个楼盘不仅很快成为当时的热销楼盘引起抢购，并且价格迅速攀升至每平方米12000元。该负责人的经验是楼盘不好卖，是因为在市场上自己的楼盘与其他楼盘处在一个竞争平台上，楼盘要有好市场必须跳出这个平台，站在更高的台阶上，把不好卖的楼盘价格拉高，用新的利润做更好的宣传，更好的楼盘。亲亲家园涨价促销的策略可总结为如下三条：

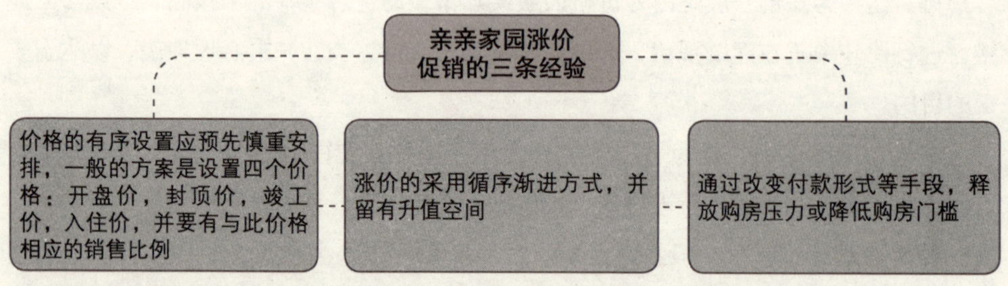

5. 康馨花园的“10% ~ 20% ~ 70%”销售法

深圳康馨花园推出客户首付10%房款入住，70%办理贷款，其余两成房款由开发销售商免息贷款一年。客户首付10%房款，充分运用了楼价分解销售的原理，让客户以自己能承受的心理价位购买住房，10多万的总房款，首付10%是什么概念？就是付一万多元可以购买康馨花园，这就无限量地扩大了市场的购买群体。

6. 中汇花园的“先租后售”销售法

从资金回笼的观点看，卖楼比租楼要快好多。但是房市低迷，开发商不得已而先租后售。地处上海吴兴路淮海路的中汇花园，是市区上乘的外销住宅楼，租楼的势头相当强劲，租出去的面积已占全部面积的20%以上，前来租楼的均是欧洲各国驻沪机构的一些高级雇员。沪上颇具名气的外销住宅楼玉货城，从开盘开始即明智地把租楼放在比售楼更重要的位置上，该楼盘的租楼势头相当好，尤其是20层以上的高层房屋，十分抢手。

先租后赁的三大好处

1 分解了购房者首期款的压力

2 有了不满意即退房的保障

3 带动了人气

有些时候，目标群并没有购房款的压力，针对这一群体，把购房居住引导为投资是一种不错的价格运作手段，近年常被经销商运用，且屡试不爽。

7. 三地广场的“7 年退款”的销售法

三地广场推出回报销售方案，即以 1880 美元 / 平方米销楼，开发商承诺 7 年后把全部房款一次退回。购房者从第一天起即拥有产权，又可把该房以不低于每平方米每天 1 美元的租金出租，7 年后可得租金 2555 美元。租金与还本相加为 4435 美元，受益率自然相当可观。

8. 上海银座的“6 年 108% 包租回报”销售法

上海银座推出 6 年 108% 包租回报的营销策略，引来不少投资者。该楼盘以 13000 元 / 平方米计，投资者两年内只要付清 50% 即 6500 元 / 平方米，就可拥有 13000 元 / 平方米的办公楼；开发商提供其余 50% 款项的 3 年免息贷款，即每年还贷额为 2166.66 元 / 平方米。同时开发商为业主提供包租服务，包租收入为 2340 元 / 平方米，两者相抵，净收入为 173.34 元 / 平方米，第四年起不需再还贷款，每年可净得 2340 元 / 平方米的投资回报。据悉该楼盘最小的分隔单元仅 20 余平方米，十几万元就可参与投资回报计划，不仅适合企业自用，也适全中小型投资者。

9. 信罗大厦的“保赢销售法”

上海信隆房产公司以特别权证的形式实施保赢销售全新方案，首期将对购买浦东信罗大厦的 10 位客户发放。此次推出的保赢销售方案为：对购买信罗大厦的 10 位客户发放保赢权证，在签订合同后，客户可在 1 年内选择双重增值机会。在合同期 1 年到期前 20 天内，凭此权证重新确认是否购房。如购房者，可按当年合同价成交，如需退房，可享受无条件退房要求，并获得比银行年利息高 5% 的回报，客户在入住期间不收任何租金。信罗这一特别权证的发放，不仅将房产投资和居住功能组合进房产销售中，同时也在真正意义上保护了购房者的利益。

在市场紧迫时，三十六计走为上，当即立断，降价销售当然是最快捷的逃盘方式。

10. 以退为进的积极项目拯救

惠州的住宅小区东湖新村即将建成完工，就遭遇宏观调控，400多套房子如果仓促上市可能面临全军覆没的危险，所以，目标只有一个，那就是快速推货。但是，最快的推货手段是降价，在这个关口降价，不仅会导致利润削减，还可能导致有价无市，怎么办?

开发商果断采用了以退为进的策略：

首先，他们暂时中断了正在进行中的销售工作，把主要精力放在小区的配套和绿化、美化上，并透过电视、报纸发布消息：开发商暂时停止了东湖新村商信楼的对外发售，正全力以赴完善小区环境建设和功能建设，希望将来正式推出时消费者能直接住进一个令人满意的现代化小区。

两个月以后，东湖新村的绿化已经搞好，可视监视报警系统已经安装到每家每户，水电都已通达，一切都落实好了，公司便以1700元/平方米的低价开始对外发售，电视、报纸、宣传单张等媒体同时起动，一时间轰动了当地房地产市场：1700元的低价！比其他同类楼盘整整便宜了500元。一阵骚动了之后，便陆陆续续有买家上门来买房，僵局一举打破。

11. 以情动人的“幸福钥匙计划”

新疆伊宁市中心有一个建筑面积22万平方米的商住综合项目（铜锣湾不夜城）。由于拆迁、工期、资金等方面的原因，市场信誉存在严重危机。笔者承担本项目策划任务后，把建设企业、楼盘形象作为重要的突破口，先后策划了“爱心救助乃斯曼”，“红旗幼儿园捐款助教”等感动社会的事件，改变社会对企业的印象，还策划了“中哈论坛代表盛赞铜锣湾不夜城”等新闻，一改楼盘形象。在时机成熟后，即时推出“幸福钥匙计划”。

“幸福钥匙计划”针对客户买房前三年既要交首期款，又要装修、买家具，还要交按揭款，压力大的难题，本着体恤客户，帮助客户度过前几年的“购房压力期”，跟踪扶持业主入住该社区，让业主安稳地过上幸福生活。此方案一经推出即引起热烈的市场反应，虽然房价创造当地住宅的最高，但仍在开盘后仅两个月时间售罄近600套住宅。“幸福钥匙计划”的核心内容包括三个方面：

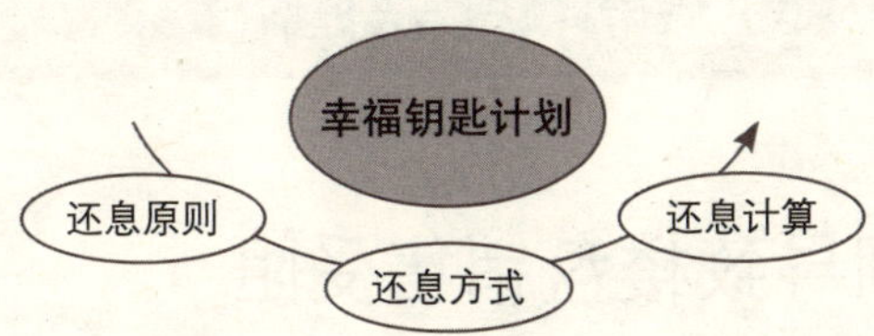

还息原则：对首付30%房款者，还息三年；对首付50%房款者，还息五年；对一次性付款者，还息五年。

还息方式：三至五年息，首付三成一次性返还三年利息，首付五成或以上一次性返还五年利息。

还息计算：无论是差额按揭还是等额按揭形式，无论贷款年限长短，均以按揭10年计算，然后取10年利息的平均值。

八、价值突围

实现利润最大化才是最好的选择。因此，价值诱导才是最高境界。

有一种说法是，没有卖不出去的房子，只有卖不出去的价格。这话不完全正确，因为它不符合商业追求利润的原则，所以应该改为“世界上没有卖不出的房子，只有卖不出的价值”。

价值突围在实际运用时，常有三种情况：

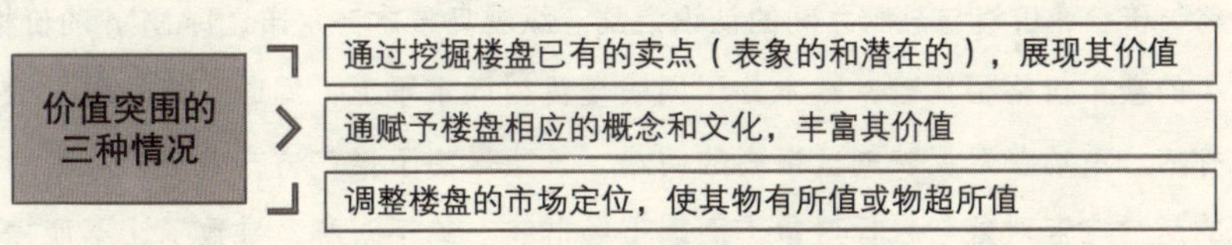

第一种就如发现一块看似普通的石头，其实是蕴藏宝石的石矿；第二种就像把宝石从石矿里剔出来，再经过打磨加工成独具品位的艺术品。而第三种则是将其产品摆在它应有的展架上，使其展示应有的价值。

在突围运用时，可以抬高定位，也可以降低定位。原则就是，其价值能被市场认同。

实战案例 04 Combat case TAMM价值突围方案

一、价值模糊导致楼盘销售受阻

由于TAMM楼盘体量大，存在使用功能和户型结构的显著差异，因此目标群体的构成也不在一个层面上。譬如，塔楼与板楼的差异，1号、2号楼与其他楼宇功能上的差异，顶层复式与平层住宅的差异等。

但在前期推广中并没有细分这种市场，只是笼统的一个定位。这种定位在推广中逐渐暴露出许多弊病：

1. 定位模糊

定位模糊导致概念模糊，概念模糊导致目标对象和广告诉求模糊。考察其推广过程，可以看到广告对象几经转换，从顶级豪宅到白领公寓，从景观住宅到观景住宅，甚至发展到纯粹生活区与商务公寓的冲突。从住宅总款这一层面看，总房款在60万～250万不等，总款相差悬殊，而60万左右的群体与200多万的购房群体绝对不是同一群体。

另外，从购房行为方面来看，商务群体与居住群体也是悬殊很大的，而推广中并没有认真对待这些问题。这些都是由于市场细分模糊而导致的现象。

2. 价值模糊

价格与价值，价格与总款之间的认识混乱。纵观乌鲁木齐房市，TAMM的价格水平，与前几年的楼市价格相比较，基本处于同质楼盘相同水平上；同时，其品质与价格之间也是对称的。市场普遍反映的价格高的问题，其实是由于推广方式造成的。其中表现最为突出的是，广告对象与目标对象（高端市场群体）的不对称，导致了让不能接受这一价格的人（中低收入群体），变成了价格高的传播者，从而影响了真正目标群的判断。也因此，我们坚持认为，TAMM的定价问题并不是制约销售的重要元素。

3. 其他

这中间有定位模糊、价值模糊导致的一系列推广失误；市场本身的原因等。在此不再赘述。

二、全局解决方案

1. 细分功能

在现有楼盘概念的基础上，将现状楼盘按功能分别定位。即按楼宇功能、楼宇特点和户型结构，细分为四大不同板块。

楼盘功能定位
四大板块

板块一：1号、2号楼商务楼，定位为商务公寓。案名：MM・国际商务中心

板块二：3号、8号楼塔楼住宅，保持现有功能与定位

板块三：9号、14号楼板楼住宅，保持现有功能

板块四：1号~14号楼顶层复式住宅，定位为顶级豪宅。案名：MM・阳光豪苑

2. 推广统筹

在全案推广中，塔楼住宅和板楼住宅，统一推广步骤和策略；商务公寓稍后推广，在市场中单独操作；顶层复式住宅，在整盘达到60%的销量时，适时推出，单独操作。

（1）推广格调

1）名门・阳光豪苑：张扬与浪漫结合的富贵情调

2）名门国际商务中心：适度理性的投资格调

3）塔楼板楼住宅：小资情调

以上三种推广，以不同的形象包装上市。

（2）推广策略

塔楼板楼住宅：情景推广，文化促销。

名门・阳光豪苑：互动交流，直接沟通。

名门国际商务中心：引入投资策略。

依据以上三种细分，分别依各案制定营销策略，在此简略。

三、TAMM 住宅部分新闻专题策划——社区改变生活

以访谈的形式做系列报道，其中部分访谈以记者主动采访为线索，部分以 TAMM 组织的各种会谈为采访线索。系列报道以 TAMM “创造新的居住模式”为主要内容，辅以 TAMM 对城市社区建设的推动，建筑景观的引领作用。话题涉及 TAMM 的销售现状、业主的评价、销售价格和星级物管等敏感话题。

报道采用全景式，全接触的访谈形式，突破以往宣传形式，给市场带来一些新鲜感。

为了使系列报道不致呆板，达到较好的阅读率，本案以有奖言论的形式，让各界读者参与每期话题，话题内容尽可能地放宽自由度。同时为吸引市民关注报道，设计上期问答。形式为每期辟四分之一版的“万元言论”栏目。要求精辟、独到、深刻、机智。整个报道结束后，评出前三名“进言者”，以 10000 元、5000 元、1000 元不同的奖金分别奖励，并授予名门业主荣誉称号，享受 TAMM 国际会所会员待遇。所有参与者都将获得价值不等的“TAMM 国际会所 VIP”消费卡。

四、商务楼部分营销策划——MM · 国际“学习型”商务中心策划方案

目前，TAMM1 号、2 号楼定位为商务楼，案名为天王座。在以往的推广过程中，因为没有单独的操作方案，案名也没有与其他楼宇区别开来，导致市场功能模糊，概念不清晰，诉求不明确，直接影响了楼盘的销售。

第一：独立定位

区域市场现状是：写字楼相对饱和，高层公寓市场不受欢迎，高层住宅大面积滞销。另一方面，一批重形象、重学习的成长型公司更是异军突起，这一类公司由于自身实力的限制，急需市场提供一种对其发展有重要支撑作用，并对其形象有提升作用的办公平台。因此，扶持这一群体公司成长，为这一群体提供学习机会的工作平台，将是一个市场机会。发现并抓住这一市场机会，是全案的突破可行思路。

（1）功能定位

国际化小型办公室。

(2)案名设计

名门 · 国际商务中心。

(3)概念延伸

为了突出物业性质，或在市场具有明显的个性，本案特别融入学习的概念。使名门商务中心成为学习型商务中心，使商务中心成为成长型公司的培养基地或是商务动力城。

(4)概念释义

融商务办公、商务交流、商务信息、商务培训、餐饮购物、休闲健身于一体的“一站式”办公生活环境。

(5)概念组成元素

围绕学习型商务中心的概念，充分利用现有社区配套，使之名副其实。主要元素为：

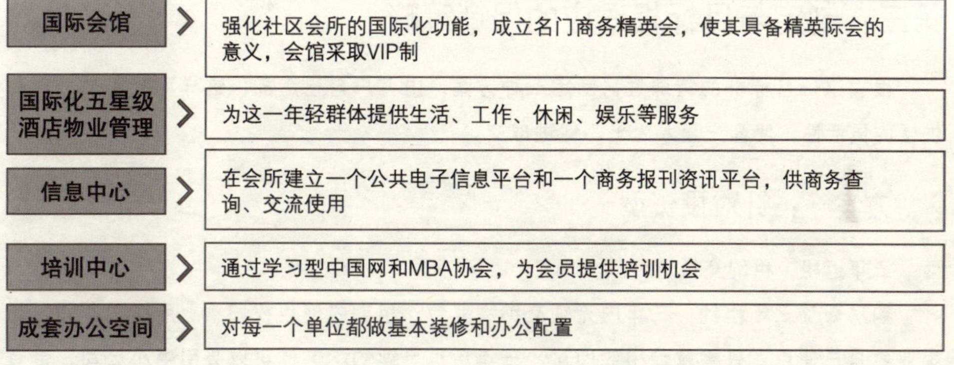

(6)概念个性

以上组成元素将会创造符合新一代特别是年轻商务人士需求的工作、生活环境。商务中心将通过国际会馆成立名门商务精英会，提供商务精英交流的平台，并不定期举办国际国内商务高层讲座，使之成为本土 MBA 培育基地；免费提供 24 小时互联网支持；免费提供电脑、电话、传真、办公桌椅等成套办公设施；提供简单装修的成熟办公空间。达到业主只需办理工商税务证照，即可正常工作的要求。

中心所有业主，都是国际会馆的会员，享受会馆内娱乐、购物、餐饮、健身等消费打折或免费待遇。

项目通过以上整合，具有商务名流际会的场所，新疆商务精英的培育基地，国际商务信息交流的平台，星级物管支持的“一站式”服务与管理等优势，因此也具有了特殊的市场个性。

第二：单独推广

明确了市场定位后，可以与其他的楼宇区分开来单独推广。推广突出年轻、活力、创新的基调，打破原来的呆板冷竣的面孔。

单独进行形象包装，设计专门的识别系统；在楼顶树立一块大型标识牌：名门国际商务中心，使其在红山、西大桥一带都能看到。

市场目标：IT 业公司、文化旅游业公司、广告公司、中小型外贸公司、中小型商业贸易公司、直销代理机构、保险业代办机构、家装公司、美容形体馆等中小公司；外商驻在机构、外省驻在机构、本省驻在机构、其他驻疆办事机构等写字楼长期租赁户。

广告策略：广告强打学习、MBA、成套办公、商务精英际会、商务讲座等。

第三：制定与目标相适应的促销策略

根据这一目标群的特殊性，制定三种方案，由客户自己选择，这样可以增加付款和供楼的灵活性，使客户量入为出，促进成交。

方案一：针对投资型

三年返租，租约充抵首付款。

购房即签三年租约；三年内无须交纳物业费；租期内使用权归物业所有。其间，如果业主自己使用，只需解除租约即可，三年后也可续约。这样可以吸引中小公司，带有投资目的来购房，这是一个很大的客户群体。

因为是独立办公空间，并有足够诱惑的办公平台，对开发商来说，租期对外租赁并不存在问题，因此，风险并不大。

方案二：针对购房自用型

5 年分期首付，首付 30%（150 平方米约 18 万元），首付款分 5 年付清（每年偿还首期款约 3.6 万元）。

房产公司可以迅速套现，代价是 5 年时间收回首期款。

方案三：针对观望需求型

先租后买，无条件退房：2 年租约，0.9 元 /（平方米 · 天）。若 150 平方米的房子，全年 49275 元。租金按季交纳。2 年内购房，可将已付租金折抵首付款。

这样，可以吸引观望但有使用需求的客户。

本方案相当于一次免除 5 万元的房款，相当于空置房的维护费用，因此，本促销行为对开发商的损失不大。

对以上任何方式购房者，都将承诺"无条件退房和保值回购"，对于发展型公司和驻在机构，构成投资意义。

第四：设计目标群感兴趣的公关活动

（1）成立名门国际商务俱乐部。因为商务人士渴望与相关的人士交流，寻找商机，探索经验，本案根据会所的功能，建议成立。俱乐部由专人负责，定期举办活动。

（2）创办《名门国际商务俱乐部会刊》，作为社区会刊，定期出刊。同时在俱乐部内部，新天各社区分发。形成自己独特的社区通讯。一是丰富社区文化，二是吸引客户，三可以为日后的项目做市场铺垫。

（3）与学习型中国网联合举办首届"名门国际商务精英论坛谈会"。操作流程：与行会、商会合作，联合举办→公开邀请→商务论坛→记者专访→专题报道。

（4）与新疆 MBA 协会联系或与名牌大学 MBA 班联系，做"MBA 精华课堂"免费授课，邀请目标客户参与。

（5）实行会员制，所有名门国际商务中心的业主均吸纳为名门国际商务会员，享受丰富多彩的会员待遇。

九、危机公关突围

三军可夺气，将军可夺心。气即是一种精神、一种信念、一种力量。心，可以理解为民心。

消费者对产品的要求越来越高，而且权利意识日渐觉醒，对产品质量、开发商的服务也逐渐有了更具体、更详细的要求。房地产市场竞争日趋激烈，开发企业面临的风险也越来越大，稍有不慎，企业便会面临生死攸关的不测事件。

对房地产企业而言，在遭遇危机时应采取什么样的手段和策略，以恢复公众信任，重塑企业形象，甚至变不利为有利呢？我们可以从现代城对其遇到的突发事件处理中得到一些启发。

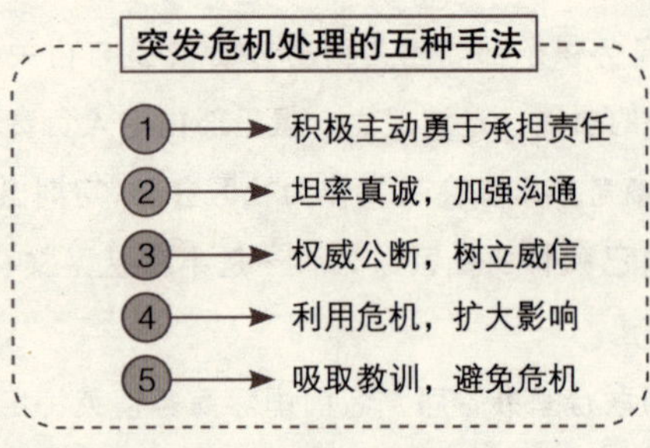

处理手法1：积极主动勇于承担责任

积极主动解决问题，勇于承担责任是处理危机事件的第一个原则。在开发商遇到突发事件后，不应自乱阵脚，应迅速行动，了解危机的起因、类型以及可能产生的损害，并确定解决危机方案。面对危机，开发商应勇于承担责任，即使起因不在自己，也应首先消除危机事件所造成的直接危害。以积极的态度赢得时间，以正确的措施赢得顾客，创造妥善处理危机的良好氛围。积极主动还表现为维护消费者利益，以顾客代言人的身份出现，主动弥补顾客的实际利益和心理利益。

处理手法2：坦率真诚，加强沟通

坦率真诚，加强沟通是处理危机事件的又一原则。面对危机，开发商应开诚布公地说明事情原委，并应当加强与各方面的沟通，包括与消费者、媒体以及公司内部之间的沟通。只有真诚地向各方面说明事情原委，介绍公司为解问题做出的努力以及问题解决进展程度，才能够取得各方面的信任与帮助，也可以减轻各种不利报道、言论的困扰。

处理手法3：权威公断，树立威信

邀请或协助公正性、权威性机构帮助调查、解决危机是企业控制事态发展、转危为安的关键所在。权威机构的判断，几乎是不容质疑的，他们的结论可以平息各种毫无根据猜测，将事件引入正常、可控制的道路上来。

处理手法4：利用危机，扩大影响

利用危机，扩大影响是转危为安，变坏为好的关键所在。如果能够本着真诚、负责的态度对突发事件进行及时处理，体现出公司对客户负责的真诚，并对这种负责与真诚广加宣传，就能够强化公司努力提高产品品质维护客户利益的形象。

处理手法5：吸取教训，避免危机

即使有能力化险为夷，任何危机事件总会或多或少带来负面影响。从以往的危机事件以及别的开发商所经历的危机事件中吸取教训，在以后的开发中避免危机事件的重复发生，这才是最好的危机处理方案。从现代城的动作来看，吸取教训、避免危机努力也会成为极好的宣传材料。

当然，房地产开发最终还得立足于建造高质量商品，向客户提供优质服务，真正把消费者当作上帝来对待。对危机事件的处理也需要建立在这样的认识上，处理危机不仅仅是为了使自己度过难关，更是为了对消费者做出交代，为了负起自己应负的责任。否则，如果仅仅是为了摆脱自己所处的尴尬局面，即使能够用今天的谎言掩饰昨天的问题，明天，谎言还是会被戳穿。

主题案例 潘石屹炒作“氨气事件”

现代城作为北京乃至全国房地产市场上最成功的楼盘之一，但在其开发过程中也经历了“氨气事件”危机，现代城老总潘石屹凭借其深厚的功力，四套干净漂亮的组合拳，化险为夷，为业界留下了可圈可点的危机公关经典案例。

组合一：沟通——安抚

氨气事件发生后，潘石屹和存在氨气问题的住户进行了面对面的沟通。接着又通过媒体发表公开信向业主道歉，然后公开召开除氨招标会，这一切沟通努力，在很大程度上扭转了开发商形象，取得了多方面的谅解与支持。

组合二：调查——显无辜

氨气事件中现代城先后邀请国家环境保所、北京市劳动保护研究所对事件真相进行调查，澄清含氨的防冻剂在当时属合法产品，这使得开发商在公众面前表现更加无辜，开发商解决问题的努力更加显得可贵。

组合三：招标——解决

现代城举行除氨设备招标会，邀请社会权威机构组成专家组对前来竞标厂家进行答辩考核，并最终确定中标厂家。中标厂家设备进行现场测试，以满足国家相关参照标准。这一公开招标的方式，不但解决了氨气问题，也为开发商做了极好的正面宣传。

组合四：承诺——签合同

潘石屹召开新闻发布会，非常正式地向公众承诺降室内空气质量写进合同。开发商在保证室内空气质量方面的努力，已经不仅仅是为了避免同样事件的发生，更重在利用这一契机，宣传开始商在绿色、环保方面的努力，从面达到树立品牌的目的。

十、信誉与品牌突围

几乎没有人怀疑可口可乐在全球饮料行业销量中持续第一，主要源于其品牌的感召力。有调查显示，在房地产市场上，由于品牌在市场上的号召力，可以给物业带来25%左右的附加值。由此就不难理解品牌好的企业，其楼盘总是要比同类物业的价位高并且好销。

但品牌的构成往往很复杂，就房地产业而言归结起来有三个方面，包括企业品牌诉求、楼盘综合品质，营销全程服务和物业服务。简而言之，就是文化、服务、品质。

因此，在市场中品牌突围不是一蹴而就的事。但相关的突围途径，我们已做分述，这里，我们结合实操中的常致品牌受损，而又常被忽略的元素，做为品牌突围的手段，那就是文化和服务。文化和服务，是软性要素，因此，也具有很大的操作空间。在品牌突围中起重要作用。

文化诉求，首先是企业理念的诉求，其形式多种多样。行业常用而行之有效的媒介有企业刊物、企业网站、楼盘宣传品等。有的甚至请人为楼盘的文化著书立说，如《骨子里的中国》等，这种方式非常有效。

服务突围，也是非常好的手段。万科就把物业服务定位为市场运营的最后一道防线。在销售全程，服务都是最能打动人的手段，并且服务所产生的亲和力，直接拉近客户与产品的距离。

主题案例 星河·国际革命纲领

星河·国际商住楼群，是2002年，深圳CBD区域热销楼盘之一，其营销攻略具有典型的“信誉攻略”特征。其营销思路是，CBD是城市与世界接轨的最前沿，CBD住宅向国际规则靠拢，其核心是诚信和承诺。

星河·国际于2002年9月8日在五洲宾馆召开新闻发布会，推出了《星河·国际革命纲领》。其要义共八个部分，涉及产品质量和服务品质两大块，各条款直指中国住宅市场长期以来的“顽疾”。星河地产发布《革命纲领》，一方面旨在向全社会做出郑重承诺，给星河的业主带来实实在在的利益；一方面也有意触动地产同行的自律意识和自觉行为，同时，这也体现了国际规则和国际惯例，符合星河·国际的定位。

攻略一：《星河·国际革命纲领》

纲领一：确保工作质量

纲领二：面积短缺，缺一赔二

纲领三：落订后一周内，无理由退房

纲领四：购房各项费用严格按照国家规定标准执行

纲领五：房屋所有权保证

纲领六：零费用入伙

纲领七：严格按照国家规定组织、协助成立业主委员会

纲领八：超长房屋保修期

攻略二：爱心捐助

星河地产本着服务于社会的原则，在2002年9月18日召开的新闻发布会上，捐献8套星河·国际商品房给红十字会作为中华骨髓库募捐人们的奖品。此举获得了社会各界的广泛认可，星河·国际的名字也随着募捐活动传遍了整个深圳。

实战案例05 Combat case 德汇置业进入新疆地产攻略

利达行在北京的失利，是外地公司介入本土市场的一个负面的镜鉴，而德力西集团介入新疆市场却是一个成功的个案。本案对于一个新兴企业如何突破信誉障碍提供了一个很好的借鉴镜鉴。

德汇置业，是德力西集团公司控股的地产公司，2001年进入新疆地产，开发商业地产德汇国际广场。在此之前，乌鲁木齐尚未一家外来房地产开发公司有成功范例，而德汇置业却做的十分火爆。其成功的原因在于德力西进入新疆地产行业系统的市场攻略。

早在几年前，德力西意欲进入新疆地产行业，但来疆后却只字不提房地产这个名词，而只说德力西集团。待大家对这个国内知名的民营集团公司从企业精神到企业实力有足够了解后，才开始说一些地产类的话题。而在日后的商铺售买时，依然不愿大喊叫卖，而其系列广告却在教人如何投资理财，自己则以一个“投资管家”的形象出现。

举其一则广告即可窥其策略一斑：2003年4月18日，其广告主题是“方法比想法更重要”，其整个广告只有一则文案：

伊索寓言中有这样一个故事，老鼠们在一起开会，商讨怎么样才能不被猫抓住，其中一个老鼠提议，在猫的脖子上挂一个铃铛，全体老鼠欢声雷动，“这个主意太好了！”

但当有老鼠问大家，怎样才能将铃铛挂到猫的脖子上时，全体老鼠却鸦雀无声。

这个故事说明，方法比想法更重要，选择一个正确的投资方法，远比一千个想法来的实际。

德汇国际广场为您提供了不同的投资方式……

本书著者在与其策划人士探讨德汇置业的成功秘诀时，其得到以下信息，读者可以从中感知其品牌突围的脉络。简单来说宏观战略为响应中内西部大开发战略，中观战略为“三名五度战略”，这里我们重点阐述一下中观战略。

一、“三名战略”即名人、名品、名门的策划

1. 名人策划

即利用名人效应托起名牌，利用人来托品牌形象。名人策划生动具体，有人情味，名人效应主要可以分为三种划思路。

（1）利用企业的共生英雄，好企业的创始人，或使之振兴的企业家，如松下幸之助（创始人）、克罗克（买下麦当劳并使之发达的）、海尔的张瑞敏、微软的比尔•盖茨，他们的一举一动都影响着股市的波动。

（2）利用企业情势英雄，即宣传普通一兵中的佼佼者，如宣传王进喜的事迹使人们了解了大庆。2000 年春节时，北京王府井百货大楼推出以该店全国劳模张秉贵名字命名的糖果，取得轰动效应和良好的经济效益。

（3）现代“英雄”可以外聘。杉杉集团年薪 300 万元聘请全国获奖为第一名的王新元和王的朋友张肇达为首席设计师，从而推出高档女装“法涵诗”。后又策划大型服装展，张肇达又成为全国第一名的设计师，企业以此托起名牌。

（4）利用社会名流，如耐克总是利用优秀运动员来托起他们的产品。比如 NBA 超级球星乔丹来做广告，使耐克品牌更加深入人心。

2. 名品策划

即用拳头产品推进企业品牌。以一个产品作为突破口，集中攻关，提高质量、提高知名度，然后带动整个企业的品牌形象。

如全聚德集团，以北京烤鸭带动成为中国食品中的著名品牌；海尔以冰箱打天下，以砸不合格冰箱而扬名，进而拓展产业、产品已达上千种。

3. 名门

即以企业的整体成功带动品牌的成功，有了这个名企业，今后他们再出别的产品也全被“爱屋及乌”，例如松下公司原来不生产 VCD，但他们一旦生产了 VCD，进入了中国市场，马上就被认为是名牌，而且比中国的 VCD 价格高许多。这就是名门效应。

二、"五度战略"即知名度、美誉度、定位度、指名度、忠诚度

1. 知名度

这是名牌的必要条件，名牌必须有高知名度，这样才能"驰名商标"。知名度是需要大量的广告和巧妙的公关活动来动作的。如百威啤酒通过赞助世界杯足球赛，极大地提高了知名度。

2. 美誉度

这是名牌的基础。美誉度包括质量、品位、服务、装潢、运输、售后服务等一系列让顾客满意的系统满意的系统动作，方能得到消费者的好评。美誉度是要先做得好，北京昆仑饭店就是引进先进管理系统，学习了公共关系，提高了服务质量，才获得了"美国科技与服务五星钻石奖"，并成为北京五星级饭店中的佼佼者。

3. 指名度

这是名牌追求的目标，指名度是指在市场上有多少人指名要买你的东西，要买你的服务和概率。若要提高指名度，就不光要自己做得好，还要知道应做什么，怎样投公众所好。创出公众喜欢而又为你独有，或能鹤立鸡群、独占鳌头的产品，如北京的烤鸭；天津的狗不理包子；哈尔滨的"列巴"、"红肠"等。海尔冰箱在北京十大商厦排名都是销量第一，成为指名度高的品牌。

4. 定位度

确定品牌成长的突破口。选择名牌的生长点，确定企业以什么扬名，从什么角度扬名。万宝路以温柔形象宣传不成功，以牛仔形象宣传就成功。北京的老舍茶馆以京味文化打天下，建国饭店以西餐闻名，保利大厦以高雅文化的演出招待四方宾客。

5. 忠诚度

忠诚度是指公众持久地选择，支持的概率。在竞争中，在许多品牌中，这是名牌的理想状态。一部分消费者使用了你的产品或服务，并喜欢上你的产品与服务，再有别的

对手也吸引不走了。要做到这一点除了质量稳定，服务优良以外，还要不断创新，光想保住顾客不够，要创新留住顾客，不断吸引住顾客。

这五度是相铺相成的，需要配合公关活动来实现。这五度，是相当高的标准，不是每个企业都能达到的，但是“学上仅得中，学中仅得下”，我们面临进入WTO，面临世界名牌的挑战，我们必须高标准才能创出中国人自己的名牌，自立于世界名牌之林。

具体操作时要符合自己企业的名人，如胡成中、钱金耐还要找自己的情势英雄，自己的“雷峰”、“王铁人”，自己单位的“亚柯卡”。

要选择自己的拳头产品，形成核心竞争力。最终形成名人、名品、名门。工作一个一个做，我们微观的公关策划都是围绕这三名五度展开的。指名度高、忠诚度高是最高境界。

策划所把握的要点是“卖什么不吆喝什么”，“似商非商总是商”，通过宏观、中观、微观，近期、中期、远期结合，注意“三场、四满意、三结合”与“三名五度”。把所有的公关活动、营销传播等微观战略与这些策略要点结合起来，形成一个有机的系统工程。

十一、形象突围

对于任何产品，都必须有包装，适合而有个性的包装，使得产品更加具有内涵、品味，使一件普通的产品突然具有一种文化特质。包装是产品与消费者之间产生通感介质。它是通往产品内涵的文化隧道。

为了营造某种生活方式，作为承载生活的楼盘，就要有表里如一形象。概念是什么，社区精神是什么，建筑风格，物业配套，物业服务等，都要与之匹配，换言之，楼盘的概念，就要靠这些物而"形之"，这样才能达到形神统一。否则，概念就会流于形式，社区生活也就流于平庸，楼盘个性就会随着广告的消失而失去生机。

而包装的真谛在于细节，这些细节就像时装的各种符号元素，式样、图案、色调、纽扣、布料等，甚至一条锁边线头，都影响着人们对其品质的联想，这时候已经无关乎布料的档次。

魔鬼在细节，细节出魔鬼。卖房子就像谈恋爱，靠的是细节打动人。人在恋爱时这种细节包括两个方面，一是长相、衣着，甚至一种体香等此类表象与装扮，这相当于楼盘的景观、园艺、立面等；二是言谈举止，这犹如楼盘概念、楼盘广告、服务理念，销售说辞等。凡此种种，都会对购买者产生微妙的心理诱导。

细节不但是楼盘综合品质的表达，同时也是开发商理念、综合实力及协调精神的完整表达。骨子里的中国，是万科第五园的根本文化意向。其建筑风格完成了项目的概念诉求，但其细节直接影响人们对概念的理解，和对风格的认知。

主题案例　梁朝伟助推世茂滨江花园

利用名人效应也是楼盘促销中常用的手法，如名人演唱会、出席开盘酒会、形象代言人等，名人促销往往在市场上可以理想的效果。上海的世茂滨江花园出资千万请影星梁朝伟做形象代言人，发售不到一个月　卖出豪宅400套，便是一个很好的镜鉴。

由海投集团在上海投资开发的超高层公寓"世茂滨江花园"圆满完成首期400多套豪华公寓的销售任务。据悉，此销售业绩是在正式发售之后不足一个月的时间内取得的。该项目首期运作的成功与其所处的特殊位置、精心的建筑策划、低价销售策略及超常规的推广手段都密切相关。

十二、借壳突围

羽毛除了能让鸟飞行，还有一个重要的功能，就是表现威仪或装饰华丽的外表。此所谓“鸿渐于陆，其羽可用为仪也”。当楼盘或企业出现品牌或信任危机时，可以考虑借局布势。

1. 借壳突围策略之一：移花接木

兵法三十六计之一移花接木，是讲，借局布势，力小势大。此计用在军事上，指的是：自已的力量比较小，却可以借友军势力或借某种因素制造假象，使自已的阵营显得强大，也就是说，在战争中要善于借助各种因素来为自已壮大声势。

在企业在新的市场开拓时，这是非常不错的办法。比如，新疆健坤地产，因为投资方有清华同方的渊源，就把开发理念定位为“以清华精神运营中国生活”，为品牌描绘了绚丽的色彩。这种价值观诉求，使得新疆健坤很快有了市场基础。

2. 借壳突围策略之二：借力打力

上面说的是品牌与形象危机的问题，但有些楼盘，是因为没有太多卖点，也没有可借的羽毛，怎么突围？

实际上，在笔者分析过许多滞销楼盘后发现，一些楼盘看起来平淡无奇，没有亮点，但仔细分析，还是有很多卖点可挖，或有很多故事可讲的。比如，当人们对医院附近的楼盘存在芥蒂的时候，我们完全可以用反叛的手法操作，像水景地产、校院地产这些借势的概念一样，直接冠以医院地产。因为人的思想都是可以引导的。这种把看似无用的东西借用过来的方式，就是所谓的“借力打力”。

借力打力要记住两条：一是有用者，不可借；一是不能用者，求借。有用者，不可借，意为世间许多看上去很有用处的东西，往往不容易去驾驭而为已用。不能用者，求借，即有些看上去无什用途的东西，往往有时我还可以借助它而为己发挥作用。犹如我欲“打力”还必得“借力”的道理。此言兵法，是说兵家要善于抓住一切机会，甚至是看去无什用处的东西，努力争取主动，壮大自已，即时利用而转不利为有利，乃至转败为胜。

3. 借壳突围策略之三：金蝉脱壳

还有一种现象，往往开发商综合实力薄弱，难以与对手搞衡，硬撑下去死路一条，而退入市场又会引起恐慌，这种情况下该如何拯救？

依然是古人的智慧，金蝉脱壳！金蝉脱壳的本意是：寒蝉在蜕变时，本体脱离皮壳而走，只留下蝉蜕还挂在枝头。此计用于军事，是指通过伪装摆脱敌人，撤退或转移，以实现我方的战略目标的谋略。稳住对方，撤退或转移，决不是惊慌失措，消极逃跑，而是保留形式，抽走内容，稳住对方，使自已脱离险境，达到己方战略目标，己方常常可用巧妙分兵转移的机会出击另一部分敌人。

第四章

CHAPTER FOUR

楼盘阶段滞销策略应对

楼盘阶段滞销策略应对

本章使用指南

商场如战场，它不允许有太多的浪漫与柔情。项目中途受阻陷入困境是令开发商最为头疼的事。然而，滞销未必不可逆转，只要能在逆境中保持冷静，深入调研，认真诊断，适时调整策略，变不利为有利，使项目起死回生、重新畅销完全有可能。此章对阶段滞销楼盘的应对策略作了最深入的分析，希望能引导决策者们辨别“地雷”和“陷阱”，同时寻找到绝处逢生的商机。

一、楼盘阶段滞销及相应对策

楼盘的销售过程往往都不是一帆风顺的，楼盘滞销是经常会出现的情况，问题是楼盘在售出多少比例后才出现滞销，这里针对楼盘销售过程中不同阶段出现滞销的原因进行剖析，并提出相应的解决策略，从而带动楼盘走出滞销的困境。

阶段一：楼盘一开卖便滞销

原因	1. 设计定位失败； 2. 设计落后于市场； 3. 价格定位错误； 4. 忽视策划包装及市场推广的重要性
解决方案	1. 修改平面布局； 2. 改善外立面及配套，提高楼盘的附加值； 3. 面对现实，调整价格； 4. 注重营销策略，引导市场取向

阶段二：开卖反应良好，但售出两三成后便出现滞销的局面

原因	1. 能命中一定的目标群体； 2. 每个楼盘都有各自的一批捧场客； 3. 消化掉原定目标群体或原居民后，就不能再引起其他市场的兴趣
解决方案	1. 发掘市场，扩大市场，将市场定位由单一群体变为多种群体； 2. 细分市场，针对不同的目标群体制定相应的营销策略。 现时房地产营销仍较多地停留在无差异性的市场策略中，仍未发展到市场细分及采取目标市场营销的策略（差异性市场策略）。 市场细分的好处：能符合各个不同购买阶层的需要，从而在多个细分的小市场中提高竞争能力，增加销售、占据较大的市场比重

阶段三：楼盘在售出四五成后出现滞销

原因	整体推盘的控制与管理失误 开发商往往将可售的单位全部推出，让买家自由选择，结果导致多类型单位的售出比例严重失衡（例如：只售出方向、景观好的单位，剩下差的；或只售出价格低的单位，剩下价格高的）。到售出四五成后，好的单位或价格低的单位已基本售出，于是便出现滞销的局面，同时，由于剩下的单位太偏重于某种间隔方向，导致整个楼盘的尾货感较重
解决方案	1. 局限推销数量，集中购买范围，凝聚购买冲击力； 2. 实现销售催眠法，引导销售人员跟随销售控制的管理； 3. 可考虑实行“暗推”形式，但须控制得益； 4. 展销期内每天晚上推销单位安排，即时反应市场需求，并引导销售人员的主推目标； 5. 新加推单位与旧推单位之间要存在时间差

阶段四：楼盘售出七成左右后出现滞销

（1）剩余单位质素较好但价格较高

1）滞销导因分析

这种情况下的滞销主要有两点原因：

① 市场承受能力较弱，客户宁愿选择质素较差的或楼层较差的单位认购，故剩余的是质素较好但价格高的部分，这种情况一般出现在“价格决定一切”的市场状态中；

② 户型过大、总价过高，从而导致市场有效需求缺乏，例如有些定位为中档的项目的顶层大面积复式单位，它的总价不是目标客户所能承受的，这主要缘于前期产品定位的失误。

2）应对策略

① 调整入市时机

目前，绝大多数开发商因资金的问题，往往采用预售方式发售商品房。这样，买家在买楼时无法正确识别质素好的单位，属于这种情况的可以调整入市时机，等到准现楼或现楼时再推。

② 重新定位市场

尾盘阶段出现滞销，缺乏有效市场需求是重要原因之一，因此应重新进行市场定位，挖掘市场卖点，并进行相应的包装与推广。例如可以将质素好的单位进一步包装，提升档次，让经济承受力较高的阶层能对项目产生兴趣，从而带动高质素单位的“出货”。

③ 产品改造

对于在尾盘时期出现的产品不适应市场的情况，可根据市场实际需求对产品进行成本允许条件下的改造，例如复式改为平层、大户型分隔成小户型、小户型打通改大等。

④ 其他策略

除以上基本对策外，项目尾盘滞销还可以根据项目的具体条件采取灵活多样的对策。

（2）剩余单位质素较差

1）滞销导因分析

剩余单位质素较差的尾盘滞销情况的导因有二：一是市场承受能力较强，重质不重价，首选质素好的部分；二是在推售初期没有拉开优劣单位的差价，价差太接近，导致买家集中选择质素好的单位。

2）基本应对策略——策略性降价

对于剩余单位质素较差的尾盘滞销情况，最基本的对策就是降价，以价格冲击市场。

在具体操作上，首先可利用仅余的好质素单位拉开差价，降低较差单位的价格，并于价目表中显示全部单位，使消费者在对比中感到实惠；其次可开展各种促销活动，尽快在项目成为现楼前甩货。

二、项目前期滞销的应对策略

随着房地产开发企业的日趋成熟，受致命性硬伤的滞销项目日趋变少。项目一开盘便滞销并不代表项目一定是受到了致命性硬伤，也可能是由一种或多种非致命性影响因素导致的结果。对此，房地产开发企业不应怨天尤人，而是应该仔细审查产品本身、营销推广、销售策略等多方面的情况，从中找出导因并积极应对。

1. 项目开盘即滞销的导因及基本应对策略

房地产开发项目开盘即滞销的现象多见于 20 世纪 90 年代初期，缺乏市场调查、发展商主观臆断是这类项目的祸源。

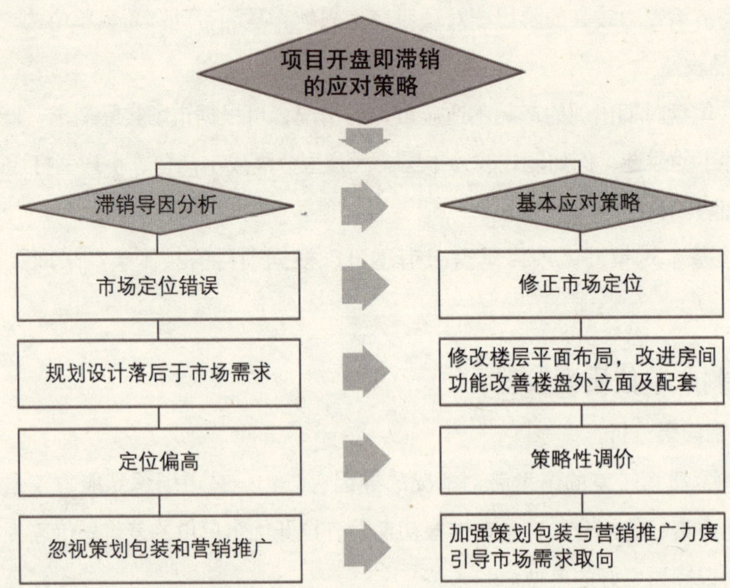

（1）开盘即滞销的四个主要原因

1）市场定位错误；

2）规划设计落后于市场需求；

3）定价偏高；

4）忽视策划包装和营销推广的重要性。

（2）开盘即滞销的基本应对措施

1）修正市场定位；

2）修改楼盘平面布局，改进房间的功能；

3）改善楼盘外立面及配套条件，提高楼盘的附加值；

4）调低价格；

5）加强策划包装与营销推广力度；

6）引导市场需求取向。

2. 开卖即滞销的降价策略

解决楼盘一开卖就滞销的最常用策略就是调整价格。

（1）降价策略可能面临三个难题

1）降价后，楼盘更卖不出去，因为消费者买涨不买跌；

2）降价后，消费者可能会持币观望；

3）降价将引起前期购买客户的不满。

（2）降价时应把握几个原则

1）本区域楼盘总体价格水平呈下降趋势，可自然而然随之降价；

2）把握暗降的原则，例如可送装修或家用设备等；

3）善待已购房客户，可给予适当补偿，避免其因楼盘降价心理失衡进而影响楼盘的销售。

实战案例01 Combat case 项目Y的“变身法”

一、项目概况

2002年下半年，广州市天河北板块楼市呈现出低迷状态，天河北的楼价也很难走高。进入2003年以后，这种状况依然未能得到明显改善，为了打破这种沉寂的局面，天河北路很多楼盘纷纷根据自身的特点做出调整：或重新进行项目包装，或增强服务功能，或推出特别卖点。

调整之后的市场反应不错，很多楼盘的出货量明显有所提升。项目T是在此期间最为引人注目的项目：该项目自2002年10月1日入市后，销售业绩平平，呈现出滞销的态势，项目开发商于当年11月份果断封盘，2003年3月项目以新名字Y再度面市，销售速度大大加快，最多的一天销售金额达3000多万元，取得了骄人的战绩。

低迷后的爆发，不可能仅仅是因为更改了名字，开发商对项目施展了什么魔法，使项目的销售态势发生了翻天覆地的变化呢？

项目Y档案

项目类型	住宅项目（豪宅）
建筑类型	高层（3栋34层、1栋28层）
占地面积	15357平方米
建筑面积	100000平方米
绿化面积	12000平方米
户型规划	面积80～160平方米，主力户型为三房两厅，两房两厅的户型占两至三成
均价	8000元/平方米（含1000元/平方米装修）
园林设计	贝尔高林园林景观设计公司
物业管理	世邦魏理仕

二、项目滞销导因分析

作为有着丰富开发经验的开发企业，C集团在项目T中产品没有差异性竞争优势，同时营销推广方面又偏离了市场，导致了项目的初期销售障碍。

滞销导因一：产品同质化严重

项目定位为“CBD 高尚社区”，但是在天河北区域豪宅云集，项目的规划设计、户型设计、园林景观设计、物业管理以及配套设施等方面与同区域的同档楼盘大同小异，产品同质化情况较为严重。而且项目最主要的竞争对手龙口花苑三期“希尔顿阳光”（希尔顿阳光概况见下表）早于本项目入市，抢占了先机。

希尔顿阳光项目概况

用地面积	5000平方米	建筑面积	170000平方米
开盘时间	2002年9月1日	项目定位	澳洲风情豪宅
主力户型	大户型115～165平方米/套	均价	6800元/平方米

滞销导因二：营销推广主题无特色

项目定位为“CBD 高尚社区”,“CBD 高尚社区”作为项目的推广主题与项目的品质、区域环境及项目的地段是相匹配的，不过项目的营销推广主题与本区域众多高档楼盘的营销推广主题相似，并无特色。项目的辅助推广主题 “在广州的巅峰之作”，意图向消费者传递“这是开发了多个精品项目的 C 集团的最好作品”的信息，但是本案项目除了区域、地段优势外与 C 集团的其他项目并没有太多不同，因此宣传内容空洞，无实体支撑的广告宣传并不能起到预期的效用。项目的目标客户群体是金领阶层，项目的营销推广主题显然没有抓住目标客户向往与众不同的尊贵生活方式的消费心理。

滞销导因三：营销推广渠道单一

在项目的营销推广中，C 集团沿袭了一贯的做法，即在主流媒体上（主要是广州日报、南方都市报）做广告宣传，虽然这种营销推广方法使 C 集团取得了多次的成功，但在本案中却没有实现预期效果。随着市场竞争的日趋激烈，传统的营销推广渠道对消费者的影响日渐趋小。房地产开发企业必须结合项目特色拓宽营销推广渠道，才能在市场竞争中抢得先机。

三、项目脱困总体策略解析

C 集团作为一个成功开发了多个项目的大型开发企业，积累了大量的成功经验，项目 T 的初期销售困难主要是因为产品同质化严重、入市时机失误及营销推广未能把握新的市场环境。经过对前期营销工作的反思、总结和进一步的市场调查研究，C 集团迅速地对项目进行了有针对性的调整。

项目的目标客户群体是金领阶层，他们追求的是一种与众不同的尊贵的生活方式，而项目初期的产品并不能够成为满足这种生活方式的载体，而且项目的营销推广也未能抓住目标客户的消费心理特征。因此项目的突破点在于如何为目标客户打造一种独特的生活方式，并有效地把项目信息传递给目标客户。

C集团封盘期间主要进行的就是产品的改进与新的营销推广活动的准备：项目结合高尔夫文化，以创新的物业管理形式规划了一种全新的上流社会的生活模式，并以“英伦风尚高尔夫果岭生活”、CBD“黄金社交圈”等为主题进行了系列化的营销推广。项目再次面市时已经发生了脱胎换骨的变化，项目的市场境遇也产生了翻天覆地的转变。项目Y自开售以后，“英伦风尚”的居住理念深入人心，带动销售步步提升，此后半年，该盘月均销售额均维持在5000万元以上。

四、项目具体应对策略解析

1.产品策略——改善高尚生活模式的载体

特定的生活模式，必须有与这种生活模式相匹配的载体做支撑，因此项目在确定了“英伦风尚高尔夫果岭生活”的项目主题后，首先对产品动了手术。除了对楼盘外立面、部分户型结构进行调整和改造，项目最大的改造动作是在配套设施与物业管理方面进行了改善和创新。一系列的产品改造措施赋予了项目差异化竞争优势。

（1）“一对一”的物管服务

项目Y是一个强调英伦风情的社区，但是其最初的管理却是普通的物业管理服务。在封盘期间，项目一反其他豪宅以酒店式服务为宣传点的做法，引入了世邦魏理仕的原汁原味的英式管家管理。整个社区有一个金字塔状的管家体系：由国际管理学院的专业人士任首席大管家，下辖大管家和管家，管家下辖保姆和其他服务人员，每个住户都与项目Y管家一对一沟通。

而在项目物业管理方面最特别的是，为了让保姆与业主同楼不同屋，项目在A3栋的裙楼拨出约1000平方米的地方，专设一栋独立的保姆公寓。由物业管理公司统一管理这些保姆和管家的起居、工作、培训。平日由管家接受住户的指令后，再安排保姆进行工作。这些管家、保姆除了可以帮住户处理家居事务，还可以提供法律咨询、私人秘书、商务助理、营养顾问、心理辅导、主持家庭式宴会、室内设计、早餐预定、礼仪顾问、家庭教师甚至陪主人闲聊、读报，接送学童，24小时家居维修等种种细致贴心的服务。

（2）完善配套设施

项目初期的配套设施中Spa会所、雪茄红酒吧算是配套中的亮点，但与竞争对手相比并无特色。为了配合项目新的营销推广主题“英伦高尔夫生活”，项目增设了空中高尔夫会所。高尔夫主题会所用各类高尔夫的图片来展现“高尔夫文化”主题；会所内设有高尔夫练习场，把作为一项自由竞争、只有超越自己的运动的高尔夫球文化带入了业主的日常生活中。

2. 广告策略——系列化主题广告

项目的主题定位重新确定，产品也相应地进行了改进和完善，接下来最关键的就是如何把以“英伦风尚高尔夫果岭生活”生活模式为主的项目信息传递给目标客户。对此，项目推出了以“英伦风尚高尔夫果岭生活”为主题、CBD“黄金社交圈”等为辅助主题的系列化广告。项目Y系列化主题广告概况见下表：

项目Y系列化主题广告概况

推广阶段	发布时间	投入媒体	版幅	广告主题
内部认购期	2003/3/9	广州日报	彩色整版	天河北，邂逅，英国24个首相
内部认购期	2003/3/10	广州日报/南方都市报	彩色整版	一个英伦梦想的诞生
内部认购期	2003/3/11	广州日报/南方都市报	彩色整版	没有高尔夫，就没有英伦生活
内部认购期	2003/3/12	广州日报/南方都市报	彩色整版	全面开启天河北英伦生活标准，就在明天
开盘期	2003/3/15	广州日报/南方都市报	彩色整版	3月15日，天河北，果岭自英伦空降
热销期	2003/3/16 2003/3/20	广州日报/南方都市报	彩色整版	引爆天河北豪宅核心效应
热销期	2003/4/2	广州日报/南方都市报	彩色整版	生活360度开间，提纯天河北“黄金社交圈”
热销期	2003/4/25	广州日报	彩色整版	名门望族，携手英伦(伊顿)之约
热销期	2003/4/27	广州日报	彩色整版	花样英伦，盛情绽放
热销期	2003/4/30	广州日报	彩色整版	伊顿18，天河北至高交楼标准
强销期	2003/5/9	南方都市报	报脚（连续4幅不同版面）	空中高尔夫果岭，挥杆天河北商务高尔夫会所，开启“一个黄金社交圈” 贴心英式管家服务，体现无比尊贵水景光影的皇家园林，尽显英伦风情
强销期	2003/5/16	广州日报	彩色整版	居住与黄金社交的互动空间

续表

推广阶段	发布时间	投入媒体	版 幅	广告主题
强销期	2003/5/20	广州日报	彩色整版	伊顿18会所，就是我家的客厅
强销期	2003/5/25	广州日报	彩色整版	衣香鬓影天河北，会所落成万人喝彩
强销期	2003/5/27	广州日报	彩色整版	会所是家的名片，你的英伦生活至高点
强销期	2003/6/4	广州日报	彩色整版	感悟生活之美
强销期	2003/6/6	广州日报	彩色整版	黄金分割三度生活空间和谐之美
强销期	2003/6/13	广州日报	彩色1/2版	和谐，是宁静与繁华的平衡
强销期	2003/7/4	广州日报	彩色1/2版	天河北，项目Y英伦名流入席今天启程

3. 公共关系策略——定位准确的活动营销

针对项目初期营销推广渠道较单一的不足，项目二次面市后，陆续地推出了诸多针对性较强的活动，系列的营销活动大大提高了项目目标客户群及整个社会对其的关注度。另一方面系列营销活动加强了开发商、项目与业主及目标客户的深层次沟通，加强了业主的忠诚度与口碑相传的效力，在购买客户群中，80% 以上都是天河北一带的企业高层、社会名流，其中经熟人介绍而成交的比例占 40% 左右。

（1）“十大动议”活动

2003 年 9 ~ 10 月，项目推出了十大动议活动。此次活动自 9 月起向业主及社会广泛征集如何完善项目的英伦风尚概念生活的有关建议，期间共收集建议近千条。C 集团经过评选，选出十条最佳建议，并于 10 月 1 日国庆当天隆重举行了“十大动议”颁奖典礼。

此次活动与“苹果社区”的案名征集有着异曲同工之妙，一方面，征集建议主要是针对业主及目标客户的，因此通过征集建议增进了开发商、项目与目标客户的交流与沟通，更为直接地传递了项目信息；另一方面开发商将“小事化大”并且选择在国庆这个具有特殊意义的日子进行颁奖，引起了社会普遍关注，提高了项目的社会影响力。

（2）承办中山大学 EMBA 协会成立典礼

2003 年 6 月 29 日，中山大学 EMBA 协会在项目 Y 会所成立，社会各界精英出席了中山大学 EMBA 协会成立典礼与挂牌仪式暨联谊晚会，共同见证了中山大学 EMBA 协会成立。承办此次活动不仅提高了项目的社会影响力，而且印证了项目作为 CBD 黄金社交圈的项目特色。

(3) 系列高尔夫文化活动，打造CBD黄金社交圈

项目倡导以高尔夫文化为主题的高尚生活模式，提出了都市中心高尔夫运动——空中果岭的生活概念，并提出了CBD黄金社交圈的生活概念。与此对应的是，项目长期定期或不定期地举办高尔夫沙龙、高尔夫文化论坛、高尔夫文化展等系列化的高尔夫文化活动。活动的参与者有业主、业主的朋友、社会名流及其他金领阶层的目标客户。高尔夫文化活动不仅使业主和目标客户体验了英伦风尚的生活情趣，而且活动参与人员间的交流沟通使CBD黄金社交圈应运而生。最为重要的是，目标客户在活动中的亲身体验与业主的口碑相传使很多目标客户、潜在客户转变成了实际购买客户。

实战案例 02 Combat case 项目 M 的脱困策略

一、项目背景分析

项目 M 总占地 100050 平方米，第一期开发 52026 平方米，住宅 634 套，可算一个中型楼盘。开发商乐观地预计在 6 个月内全部售完，但是，这个以“花园、家园、团圆”为营销沟通主题、以“S 市首家花园式住宅”定位的项目，2002 年 10 月 12 日开盘后的 3 个月内，仅卖出 10% 的房子。广告于 2002 年 12 月停播后，几乎无人光顾，项目陷入了滞销的境地。

二、项目滞销导因分析

1. 区位劣势

项目 M 地处 S 市城外南片开发区，此区域刚开发，与同城其他区域相比存在着区位劣势，具体如下：交通不便，仅有一条公交线，且项目 M 附近没有站点，子女上学、自己上下班受到限制；周边生活配套设施不完善，购物不便，安全有隐患，文教娱乐设施也较缺乏。项目的区位劣势使大多数的购房者将其剔除在选购范围之内。

2. 产品定位偏差

项目的主力户型集中在三室两厅和四室两厅，尽管其单价在该市楼盘处于起价最低、均价中游的水平，但总价超出了大多数购房者的承受能力。

3. 营销推广主题偏差

项目定位为“S 市首家花园式住宅”，广告宣传一直是以高品质生活为主题的，而据 3 个月的销售反馈，大多数的购房者是冲着南丰花园 1800 元 / 平方米的起价而来，当地购房者的收入不高，对高品质生活憧憬被淹没在了务实心理之下，因此项目的宣传主题未能抓住消费者的消费心理。

4. 营销推广力度不足

（1）宣传通路存在不足

根据前期的销售反馈，购房者60%是本地客户，40%是周边县的客户。周边县的客户是一个非常大的客户群体，但项目尚未找到接触这部分客户并与之形成有效沟通的实效渠道。

（2）宣传媒介主次不清

根据前期销售反馈信息得知购房者认知项目M的主要途径为：电视（47%）、路牌（18%）、老客户与新客户的口碑（17%）、偶然路过（16%）、车身（14%）、宣传单（4%）、报纸（2%）等，但项目的宣传推广却没有按主次途径进行对应调整和出击。

5. 促销活动互动性不足

在前期推广中，项目开展了购房送摩托的抽奖活动，但没有获得应有的效果，因为绝大多数的购房者是冲着房子价格而来，并不是为了一辆摩托车。项目的促销活动未能达到应有的效果一方面是因为未能抓住消费者的消费心理，而最为主要的原因是促销活动互动性不强。

6. 附加服务不足

在前期的购房者中，需要选择银行按揭才有实际购房能力的客户占到55%，但因种种原因，项目M的银行按揭迟迟未能办下来，这将许多购房者挡在了门外；

大多数周边县的购房者在此购房，主要是为了方便子女上学、就业及办理该地户口，但项目M没有很好地抓住这一需求。

7. 开发商及项目的公信力不足

项目是期房且没有样板房，购房者对期房普遍存在“虚幻与不信任”的认识，存在着“不按期交房和不按承诺的品质交房”的疑虑；并且项目的开发商是首次开发房地产项目，没有公信力的形象。以上两点也造成了一部分客户持币观望迟迟不能落定的情况。

三、项目脱困策略

从以上分析可以看出项目的目标客户群具有如下特征：因其经济收入与消费水平有限而重价格轻生活品质；不信任期房看不见的“虚幻品质”；关注离城区近的地段，重视交通便利与生活配套等。项目的目标客户群是一群非常务实的消费者，要打消他们的消费疑虑，亲近与选购项目，就必须为他们提供有较大保障，甚至是能看得见的承诺。针对以上七个导致项目滞销的主要因素，项目开发商采取了相应的应对措施，具体如下：

1. 加强配套，改善区域形象

（1）设公交站点

为了解决交通不便的问题，项目开发商联系有关部门使公交车在项目M设站点成为现实。在未设站点之前，为入住客户提供的交通解决方案是：对购房者承诺在公交车开通之前，地产商专门购置一辆中巴车，结合接待看房的两辆微型车，每天早、中、晚3次负责接送业主，直到项目M前的站点开通。

（2）加强区域发展前景的宣传

开发商借助“南市区广场、公务员小区”等市政规划加强了“未来南市区中心”与“未来居住大社区”等项目未来区域定位的宣传，同时利用政府各种相关的决议、政策等，使购房者强烈感受到项目所处区域的蔚蓝前景，从侧面冲抵购房者对区位形象与市政配套不全的顾虑。

（3）加强社区保安工作

针对购房者对项目区域的安全隐患，开发商加大了针对社区安保的投入，如实行全封闭管理、保安24小时值班、楼宇对讲系统等。不过，由于当地人对物管尚未上升到一个很重视的层面上，因此未对物管做过大投入，以避免务实的购房者疑难。

2. 调整户型，提高产品性价比

(1) 调整户型

项目的户型较大，总价过高是目标客户购房的最大阻碍之一，因此开发商最大限度地对户型进行了调整，增加了 80 ~ 100 平方米的户型比例。

(2) 增加产品附加值、提高性价比

针对目标客户务实的消费心理，开发商采取了增加产品附加值、提高性价比的策略。在实物层面，项目增加了卫生间三大件等方面的初装修，以较小代价适当提高看得见的交房标准，除代初装修外还可提供菜单式装修；在精神层面，进行楼盘栋数和楼层间的区隔包装，以提高产品附加值，并帮助购房者实现心底“以现实的同样代价换取更美好生活”的梦想。

(3) 其他措施

为了应对户型较大、总价过高的不足，开发商对产品价格体系进行了重组，对区位、朝向差的房屋适时进行低价促销，以聚积购房人气并模糊总价稍高的缺憾。

3. 调整营销推广主题

(1) 重新确定主题

鉴于当地购房者的务实心理与地段状况，将项目原“花园、家园、团圆”的营销主题调整为：“南城中心起价 1800 元 / 平方米的花园小区”，以突出“南城中心”的规划，彰显“起价 1800 元 / 平方米”的价格竞争力，说明“花园小区”的优异特质，并与原传播重点“S 市首家花园式住宅”形成延续。

(2) 确定辅助主题

“南城中心起价 1800 元 / 平方米的花园小区”尽管理性，但却缺乏刚性，需要辅助主题来弥补这些不足。另外，从房地产产品的人性化来讲，也有必要以感性的副主题来促进项目 M 产品与购房者之间的互动。项目的辅助主题是“家在伸展，城市在延伸”，以暗示和清晰点明项目就处在配套、规划、前景无限的 S 市未来南城中心；同时较明确地寓指“生活好了，不妨追求更扩展面积、更高品质的家”，以弱化项目户型过大的缺陷。

(3)确定分支主题

项目支撑总主题的分支主题是特殊销售主张，如“实物样板验收”——实物样板自保管、交房验收无风险; S市唯一经过公证处公证工期的楼盘——“天下人”见证新房子，好日子在此实现；项目M适时动态新闻播报——真切把握家的脉搏，欢心同伸展。

4. 加强营销推广力度

(1)重新包装卖场

针对前期营销推广不力的情况，首先对项目的卖场进行了重新包装。

第一：对产品重新包装

项目结合当地的人文特点，将各旺销、滞销楼层进行分别包装——六至七层命名为望福层，三至五层命名为纳福层，一至二层命名为踏福层，以增加亲和力与接受力。这是一个提高产品附加值、模糊总价稍高等问题，并对各栋各层楼盘形成较强销售拉动力的实用方法。

第二：对卖场环境重新包装

即对项目M的工地现场、围墙、社区道路、市区和售楼部等卖场进行重新包装，加强卖场导购竞争力。

第三：对宣传媒介重新包装

对应营销沟通新主题，将原来的楼书、宣传单、车身广告、路牌广告进行内容更换，以“新形象”强势展示给外界。

(2)拓宽宣传通路

项目前期的购房者中外地客户占四成，是非常重要的客户组成部分。为进一步渗透这部分客户群，除广告与口碑外，又增加了两项针对性措施: 一是利用周边县赶集的日子，定期下去派单；二是在往返S市周边县的高快车上做座位套广告。

(3)加强主流媒介的宣传

项目以新闻的形式在当地有线三台（收视率最高的电视台）晚上黄金影视剧之前、之中，插播项目M最新工程进度、销售进度、卖点措施等内容。同时以当地有线电视三台为主，广播电台相辅，最大化地向具有较高收入的群体及目标客户发出刺激与诱导购买的信息。

5. 加强促销活动的互动性

除前期的“购房送摩托车”抽奖活动继续进行外，项目推出了更具互动性的促销活动，例如推出的“看电视、猜名字、获抽奖、得大奖”的促销活动，此项活动互动性强，为项目 M 蓄积了人气，使其形象深入目标客户群。

6. 加强附加服务

针对项目前期销售附加服务不足的问题，开发商采取了一系列措施以加强附加服务，具体包括加快银行按揭事宜的办理，加快外地人购房入户指标的办理，以及设立房地产消费知识义务咨询处等措施。

7. 加强项目诚信形象的建设

（1）工期公证

项目对工程进行了公证，以首家经过公证处公证工期的卖点抓住购房者，借助政府力量，树立项目的诚信形象。

（2）分期推出项目

项目总体放量较大（634 套），工期较长，易使消费者产生疑虑。因此，开发商将项目分成两期（花好月圆阁、花开富贵阁）包装推出，以减少因单一盘子过大、工期过长而产生的消费疑虑。

（3）推出样板房

样板房虽然不是将来的交房标准，但是样板房可以冲抵消费者对于项目“虚幻与不信任”的印象。

（4）新闻播报项目动态

项目在当地有线电视台以新闻播报的形式插播项目 M 最新工程进度、销售进度、卖点措施等内容，使购房者时刻掌握项目信息，增强对项目的信任度。

(5)履行前期承诺

开发商与项目是否诚信，很大程度上是由其能否实现前期承诺决定的。开发商加强了对前期承诺的兑现，例如工期公证是对工期承诺的保证，对已承诺出去的购房送摩托车的抽奖活动照常进行等。

四、项目脱困策略解析

项目在以上策略实施不到两个月的时间，一期剩余的房子全部售出，而且更可喜的是还掌握了数百位具有强烈购房意向的客户资源。从以上分析可以看出，项目在市场定位及营销推广的各个方面都存在着或多或少的问题，导致了项目初期的销售困难。而项目的脱困得益于对项目前期工作的全面检视，从中找出问题，并实施了一系列有针对性的措施。项目开盘即滞销的应对策略的策划思路如下图所示。

项目M开盘即滞销应对策略的策划思路

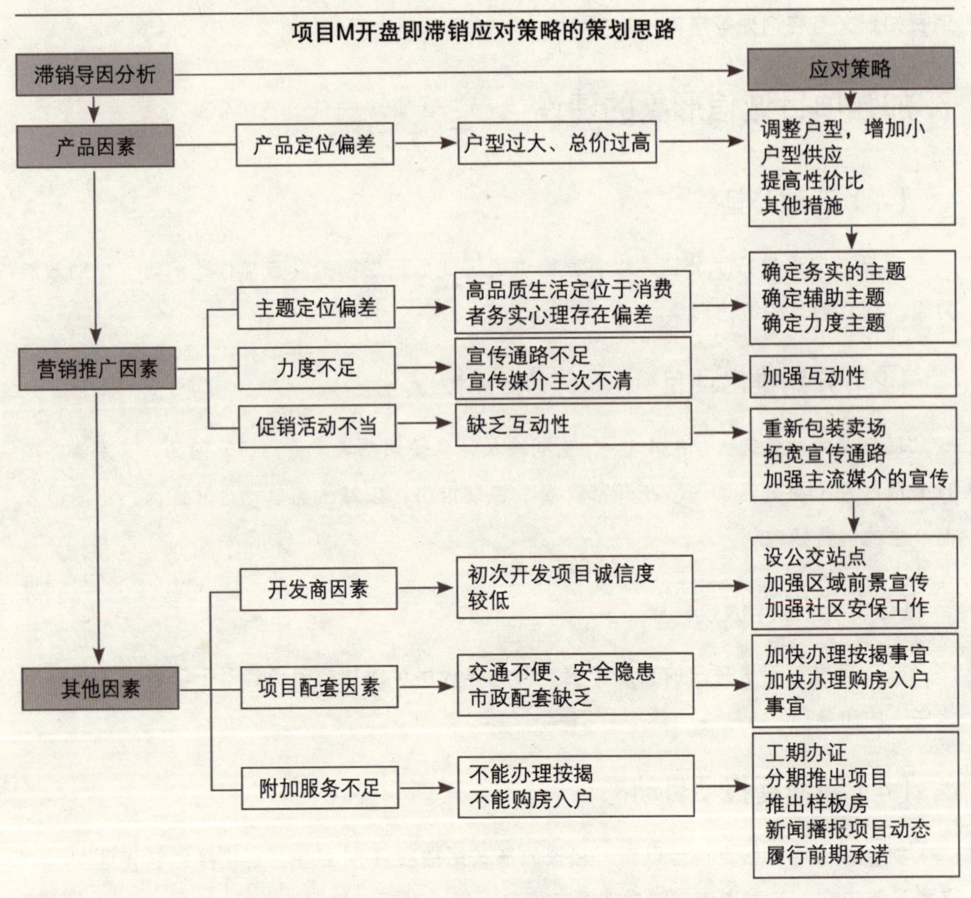

三、项目中期滞销突围策略

当房地产开发企业沉醉于前期项目或项目前期的成功时，中期滞销的情况却不期而至，这种情况往往令房地产开发企业感到不可思议并不知所措。如何扭转这种不利局面？本部分将结合两个典型案例，力图通过对项目中期滞销的导因及基本应对策略的分析，总结出应对项目中期滞销的基本思维模式和解决方案。所谓项目中期滞销包括以下三种情况：

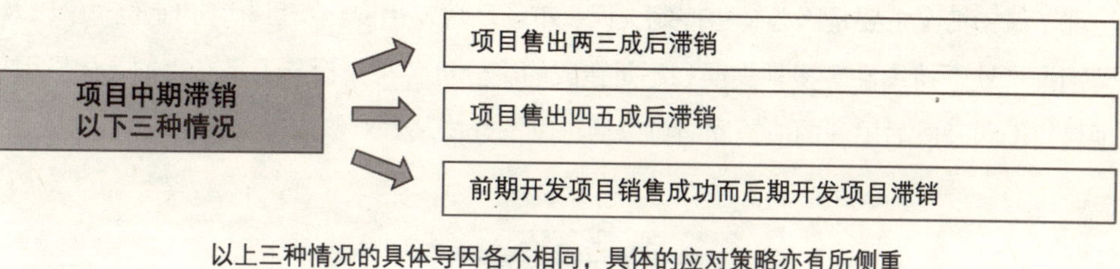

1. 售出两三成后滞销

（1）滞销主要导因

目标客户群规模过小，市场定位过窄是导致项目售出两三成后滞销的最主要因素之一。一般情况下，每个楼盘都有或多或少的捧场客，例如旧城改造项目的拆迁户，例如新区开发中的注重环境、生态、环保的消费者。开发商对这一部分客户量的存在过高估计，致使其忽略了对客户市场的研究，而实际的目标客户群体规模较小不足以支撑项目的主体部分，而且这部分客户的前期购买掩盖了项目在市场定位、产品设计、销售管理以及营销推广等方面存在的问题，导致了项目在消化了这部分客户，取得一定的销售成果（售出两三成）后遭遇销售困难。

（2）基本应对策略

针对项目这种滞销情况，首要的对策是发掘市场，细分市场，扩大市场，将目标客户群定位由单一群体扩展到多个群体。例如广州天河北金海花园，项目最初的目标客户定位是香港买家，但销售一段时间后出现了滞销的情况。对此，项目经过市场细分，把天河区的收入较高但积蓄较少的白领人士和小型公司也纳入了项目的目标客户群体中，并相应地把一部分单位改造成小户型，把另一部分单位改造成写字楼，由此最终完成了销售目标。

项目的这种滞销情况在房地产市场上普遍存在，除了上述的目标客户市场策略外，一般情况下，应该从产品因素、销售管理因素、营销推广因素以及其他因素等全方位地总结分析项目的销售障碍，并做出相应的对策。

2. 售出四五成后滞销

项目在售出四五成后滞销首先说明项目的前期的市场定位与营销推广是较成功的，出现了滞销情况主要是因为销售控制失误、市场环境发生变化、目标客户定位过窄以及营销推广缺乏持续性等多种失误和不足造成的。分析各种失误与不足产生的具体导因，项目售出四五成后出现的滞销局面可以通过以下一些基本对策改善。

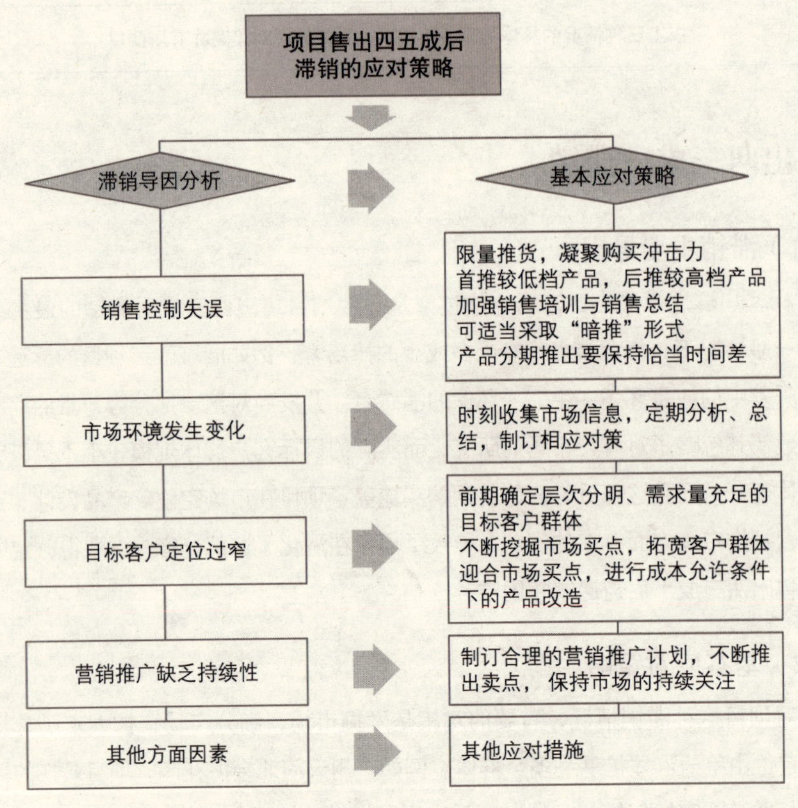

（1）销售控制失误的对策

开发商往往将可售的单位全部推出，让买家自由选择，结果导致多类型单位的售出比例失衡（例如只售出方向、景观好的单位，剩下差的；或只售出价格低的单位，剩下价格高的），到售出四五成后，好的单位或价格低的单位已基本售出，于是出现滞销的局面，同时，由于剩下的单位太偏重于某种间隔或方向，导致整个楼盘的货尾感较重。

针对可能出现的销售控制失误，开发商应从前期开始科学控制整体楼盘的推售计划。

第一，应本着小批量、多批次的原则，局限性地推售楼盘，尽可能制造短缺效应，凝聚购买冲击力；

第二，首推楼盘应是项目中的中低档楼盘，以待日后推出中高档楼盘时提升楼价，从而实施低开高走的价格策略，坚定买家信心；

第三，要注意置业顾问的培训和前期销售工作的总结分析，以加强和指导项目的后期销售工作；

第四，对于项目新推楼盘可采取“暗推”形式，即不公开发售，借以了解市场反应情况，并据此制订相应的对策；

第五，新加推单位要与前期推售单位保持一个时间差，使楼盘销售具节奏感，以便调控。

（2）市场环境发生变化的对策

项目初期准确的市场定位和营销推广策略保证了项目在前期销售的成功，但是市场环境在项目前期销售的过程可能已经发生了明显的变化。例如，竞争对手的出现分流了部分甚至全部目标客户，又或者目标客户的消费心理、消费习惯发生了转变。时刻关注和收集市场信息，其中包括房地产市场总体发展趋势信息、区域房地产市场发展趋势信息、竞争项目信息、消费者市场信息以及购房者和目标客户反馈的信息；定期整理、分析、总结所收集的市场信息，据此制定相应的对策。

（3）目标客户定位过窄的对策

项目的目标客户定位可能存在失误，例如初期目标客户定位过于狭窄，致使在售出四五成后，出现了无客源的难题。针对这种情况可以从以下三个方面制定相应对策：

首先，在前期应认真研究消费者市场，细分市场，确定层次分明、需求量较充足的目标客户群体；

其次，应不断地挖掘市场买点，拓展新的目标客户群；

最后，应根据特定的市场买点进行成本允许条件下的产品改造，迎合市场需求。

（4）营销推广缺乏持续性的对策

目前，部分开发商为求得开门红，在项目销售前期就把项目的卖点短期内全部推出，虽然全部卖点集合的冲击力可能会取得较好的前期销售成果，但卖点短期内的集合不可避免地将造成部分卖点的浪费，而且到了项目销售中期，再无卖点推出，更多购房者的视线将会转移到其他楼盘。这个时候，需要合理安排营销推广计划，持续不断地推出卖点，保持市场对项目关注的持续性。

3. 项目前期开发成功，后期开发滞销

分期开发项目的后期项目滞销主要是由市场环境变化、目标客户定位失误、营销推广缺乏持续性等因素造成的，例如项目一期成功销售，但项目二期面市时却遭遇巨大的销售阻力。这种滞销情况与项目售出四五成后滞销的导因相似，基本的应对策略也可参照以上方案执行，同时在具体执行过程中也可参考下图。

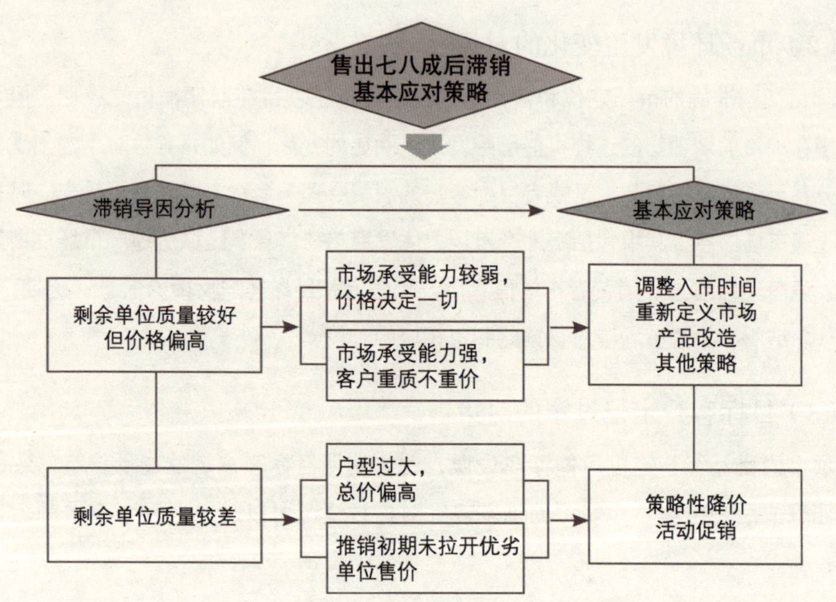

实战案例03 Combat case 项目 B 二期滞销脱困实录

一、项目滞销背景分析

项目 B 是一个位于 L 市老城区、繁华商业地段的高雅楼盘。位置优势，商业气氛浓郁。楼盘第一期开始发售，价格从最初的 4700 元 / 平方米不断攀升到最后 6000 元 / 平方米，所有推出的单元在不到半年时间全部销售一空。本案一期的成功销售使开发商看好这个地段的升值潜力，于是不惜一切代价，投入巨资成本，加紧开发第二期项目。但项目二期楼盘开售时间过去了 3 个月，才售出了十几套时，开发商认为是前期的推广力度不够大，吸引的客流还不够，于是加大投资进行报纸广告与现场活动，在当地最有影响力的日报投入 100 万，连续进行一个星期的广告，但收效甚微。

二、项目滞销导因分析

1. 项目定价偏高

项目的第二期开始推出时，基于建筑成本的增加及楼盘第一期推出时的良好市场反应，开发商将发售价定到 6400 元 / 平方米，项目卖这个高价并不是依据项目的优势、独特卖点、消费者接受能力和市场需求信息而确定，而纯粹是依据开发商那套执着的“地段论”。虽然本案的广告一出街，前来咨询的电话与人流络绎不绝，但很多客户了解情况之后就无声无息——他们现在的选择面多了，前后左右都有与本案相差不远的项目，而价钱却比本案更有优势。

2. 项目竞争对手威胁大

本案推出的同时，与其毗邻不足1000米的前后，同时有三个楼盘也先后发售，而且这三个楼盘的面积、位置、开发商的品牌比起项目B毫不逊色。更不利的是，相隔不太远的另外一个区，一个占地将近40万平方米的大型楼盘也准备推售，其价格比本案低得多，竞争的形势不容乐观。

3. 营销推广同质化严重

在本案加大广告力量的同时，附近其他三个楼盘也毫不示弱，同样投入巨资在其他媒体大打广告。本案举办歌舞、抽奖等现场SHOW，对手立即以同等的活动方式跟上。更让开发商愤怒的是，竞争对手甚至还派置业顾问到本案项目门口来大派传单，现场拦截了不少要来本案参观的客户。这种贴身式的博弈显然最耗彼此的实力。两个月时间，本案在广告与活动上的投入不少于200万元，可是效果却令人沮丧——仅仅售出了20套单元，甚至比不上一期开售时一天的成绩。

三、项目脱困总体策划思路

按照一般性思维，项目由于以上原因遭遇滞销危机最直接和最有效的办法就是降价。前文中曾谈到过降价可能面临的难题与相应的对策，但是不管怎样，降价是以开发商的利益损失为代价的，因此只能算是下下策，是不得已而为之的。

本案项目突破了一般性思维，决定从研究消费者行为入手，分析购房者的差异化消费心理，挖掘市场买点，发掘出最具有说服力的诉求点，以对手无法复制的差异化的营销推广手法提高项目的形象、品位，塑造项目的卖点。

四、确定市场推广突破点

1. 客户信息研究——项目对女性消费者具有更大的吸引力

如何扭转不利局面在竞争中实现突破，项目营销组织从研究消费者特别是购房者的信息入手寻找市场推广突破点。消费者信息研究主要明确以下三方面的问题：

（1）确定项目的最大卖点是什么；

（2）分析项目的已购房客户、目标客户以及潜在客户有哪些具体特征；

（3）从客户信息研究中可以发现哪些机会点可以利用。

置业顾问发现了一个现象：来本案的客户中，很多是夫妻一起同来。但在了解楼盘各方面的具体情况时，往往是妻子表现出更大的兴趣，丈夫只是在一旁耐心倾听。而不少女性客户是在逛街或者偶然经过时进来参观，在对本案感兴趣之后，第二次再回来叫丈夫一起来，这种情况的成功率很高——很多的男性客户都听了妻子介绍之后，自己感觉基本不错之后就下了订。在访客信息记录中，还发现了一个重要信息：电话访问八成是女性，而且绝大部分是住在附近的居民。从客户信息中可以得知以下三条主要结论：

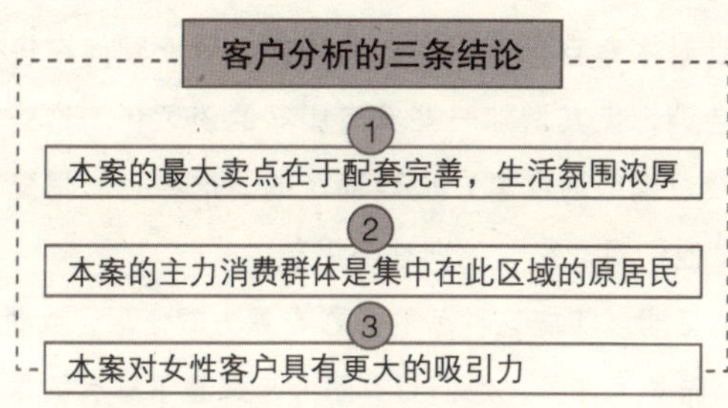

2. 确定以女性诉求为市场突破点

按上述的客户信息分析，本案主要目标客户应该集中在此区域中的居民，他们对此区域有天生的感情。如果能通过某些策略准确把握住客户的感情，通过情感诉求的方式引起客户的共鸣，必然可以大大引发他们对本案的好感。基于来本案的客户中，女性表现出比男性更强的兴趣。这是因为女性比男性更加留恋曾经生活过的旧区域、喜欢人气旺的地方。虽然她们往往不是最后拍板购买的决定人，但是她们的建议、感受、说服对是否购买起了最关键的作用。

曾有广告商说过，女人与孩子的钱最好赚。因为女人的感性、因为女人的群聚性、因为女人口碑相传率——只要商品某种特性真正打动了她们，她们会成为商家最忠实的顾客而且还会是最佳的口碑传播者。保利百合花园曾以“爱家的男人住百合”的广告诉求打动了爱家的男人与女人。其实这是一种高超的营销策略：表面诉求的对象男人，其实更是切中男人背后的女人的需求——哪一个女人不希望自己的丈夫爱家、顾家、经常回家？

通过综合分析论证，项目营销组织最后决定以女性心理需求为市场推广的突破点，将项目的卖点与市场的买点相对接。

五、以女性诉求为核心的营销推广策略

一切的创新思维都必然建立在对日常细节的精确、全面把握之上。在对本案的目标客户群的行为方式、消费习惯、消费心理有大体了解之后，本案重新围绕着以女性诉求为核心，制定了一套严密的营销推广方案。

策略1：现场包装策略——以特殊色彩迎合女性客户心理喜好

每个人对色彩都有自己的喜好、偏向，而色彩的不同搭配给人的联想和产生的感情效果有很大的不同。针对本案目标客户的心理特征，置业顾问在售楼部及样板间中布置具有梦幻与联想的紫色调，尤其增加一些具有图案的淡紫色。这些看似随意的颜色搭配及图案设计，其实是经过精心研究客户心理而定的。这种色彩搭配能够让客户倍感亲切与温馨，同时也能引发他们对“家”的向往与渴望。

效果是策略最好的证明。实施这种新的色彩布置方式之后，女性客户平均在样板间及售楼部停留的时间比原先长了许多，她们更有耐心与兴趣了解有关本案的各方面情况。

策略2：销售组织策略——聘“特殊”置业顾问与客户沟通

销售组织中的置业顾问是销售活动的直接执行者，置业顾问与客户的沟通情况往往是决定交易是否成功的关键所在。在同一区域成长的同龄人，他们之间的沟通显然比与其他对象交流要顺畅得多。因此，在招聘置业顾问时，专门挑选了一批年龄在30～40岁的已婚女性，她们都是在本案所在区生活多年的老居民，对这个区域有相当的了解与感情。为了更好地打动目标客户的心，置业顾问专门就目标客户群所关心的一切问题列成要点，同时结合本案及本案所在区的一些特点，重点对这批“大龄”置业顾问进行培训，以便让其更好地能与客户沟通。

“大龄”置业顾问虽然不及原先的置业顾问年轻漂亮，但是在面对本案的目标客户群时更显优势——她们对本地区域的熟悉、对本地区域的感情让她们在客户介绍时，明显更具说服力。而更加意想不到的是，在来访的客户中，不少人竟然就是这些置业顾问的邻居、朋友甚至亲属——当销售变成了诚意介绍与推介，效果如何都是可以想象得到的。

“大龄”售楼小姐的策略果见奇效，成为扭转本案局面的关键点。

策略3：宣传媒介策略——小传单派出大奇效

如何才能让传单既显得别具一格，又可以准确传达楼盘的信息呢？考虑到母亲节即

将到来，且基于人们普遍的求福祝愿心理，项目置业顾问将整张传单剪切做成一张流光溢彩的“福字”，而“福”字中间又隐含着本案的LOGO及名字。在福字上面，印上一句话“是母亲庇护我们成长，让幸福庇护母亲一生平安——项目B祝福天下所有母亲”。传单上方设计了一条可以悬挂的小红绳，可以让人挂在墙上或者其他地方。在传单的背后，印上几则关于一些母亲节的趣闻轶事。在传单的最下方，贴着一张印制精美的名片大小的卡片，上面写着“幸福的母亲最希望住哪里”这样一句悬念式的话，而卡片翻过来就是项目楼盘的地址及电话。

传单的派送区域突破以往只在写字楼或随街派发的习惯，而集中到项目目标客户最经常出现的地方：酒楼、文化广场、大商场入口、公共汽车站。由于传单设计的巧妙及对人们心理的准确把握，许多客户对传单都欣然接受。

策略4：公共关系活动策略

（1）六一儿童节之亲子同乐游园活动

六一那天，置业顾问组织了快乐游园活动。在项目门口请人装扮成米老鼠与唐老鸭，一看到带孩子的母亲经过，就热情地邀请他们加入项目B的快乐游园活动。置业顾问并准备了许多童话人物的面具，任何一个参加游园活动的孩子都可以免费选一个自己喜欢的面具，戴上面具之后都可以参加游园活动。置业顾问将项目的一些宣传小礼品藏在小区的某个角落，然后给每个孩子一张图，让他们自己去寻找。除了寻宝游戏外，还有放风筝比赛、投篮比赛、趣味钓鱼等——都是一些低成本投入、参与性强的亲子同乐活动。孩子们在一旁玩得尽兴，而母亲们则借机感受了社区的良好氛围、观赏了项目的园林设计，同时现场倾听置业顾问的介绍。

（2）以情感诉求感染女性客户

区妇联为促进社区精神文化建设，每年都有举办一次文明家庭之类的评选活动。经过考虑，本案决定与区妇联合作，以区妇联的名义挂头，在项目B社区举行“我爱我家”家庭趣味活动暨最佳母亲评选活动。

首先置业顾问让家庭的成员（丈夫或者孩子）上台讲讲母亲（或妻子）平时在家中的表现或是其他什么感人的事，然后由现场的其他家庭评分。最后得分高者选为最佳家庭主妇。置业顾问将所有当选为最佳母亲的女性大幅彩色照片挂在小区内的展示栏中，再选录上其丈夫或孩子的祝福语，使之成为一处温馨的家庭光荣榜。活动结束后，不仅小区内的家庭经常来参观这个家庭光荣榜，也吸引了附近的居民前来观赏。

自活动开始那一天，短短两周时间中，本案就成功销售出将近 100 套，其中最高一天卖出 24 套——其中不少就是参加过本案活动的女性客户。

六、项目脱困核心策略解析

项目的核心营销推广策略在于以女性诉求为市场突破点，并以此为主线辅以现场包装策略、销售组织策略、恰当的宣传媒介策略及系列化的公共关系策略。各项策略的实施目的在于提高项目的知名度及建立差异化的品牌形象。在楼盘美誉度的支撑之下，客户对价格的敏感度就会降低，成交量开始持续上升，正是这几招“平常”策略的不平常综合运用，成功制造出本案差异化。而这种差异化赋予了本案一种清晰的品牌形象：具有亲和力的人性化楼盘。这种品牌形象会令消费者联想到亲切、温馨、“家”情脉脉、关心与爱。这种品牌的感染力绝对是广告效果无法达到的，也是其他竞争对手不可能轻易模仿的。

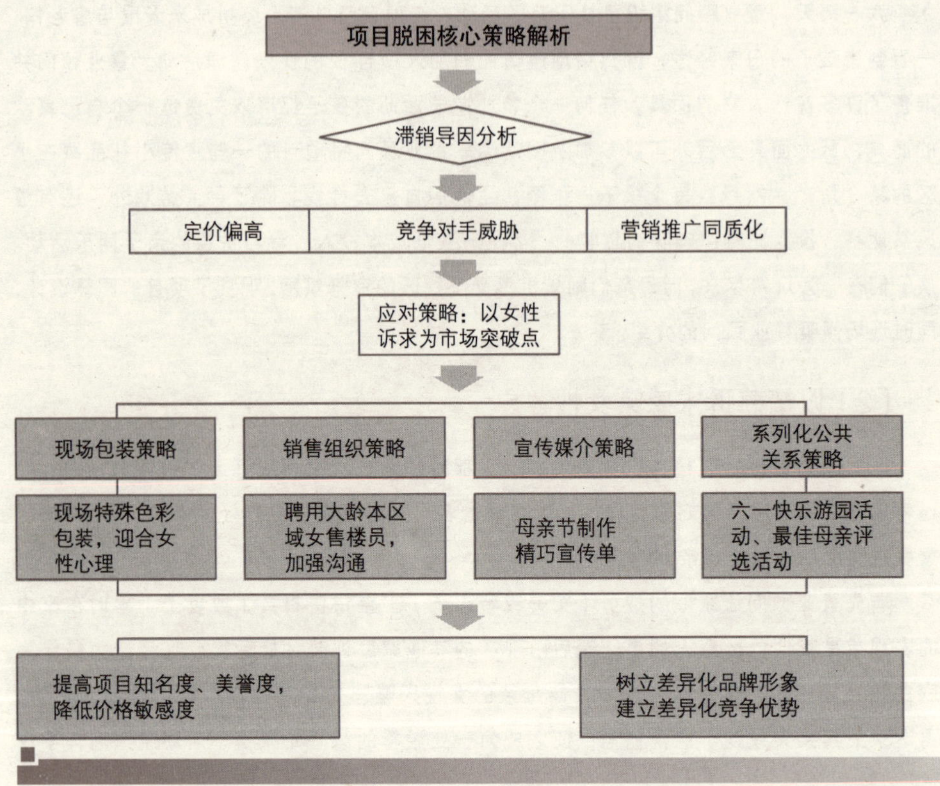

四、致命性硬伤的基本应对策略

致命型影响因素给项目造成了致命性硬伤，导致项目要么是无药可救，要么就是付出巨大代价才能起死回生，这些影响因素包括严重的建筑质量问题、严重偏差的项目市场定位等。受致命性硬伤而滞销的住宅项目多发生在房地产业发展初期和房地产开发过热时期，主要是由于项目决策者的决策失误造成的。虽然有很多项目在致命型影响因素的作用下一败涂地，但也有一些项目在被宣判死刑后，仍可以通过特定的策略起死回生。例如下面将要介绍的两个项目就是受致命性打击后起死回生的典型案例。

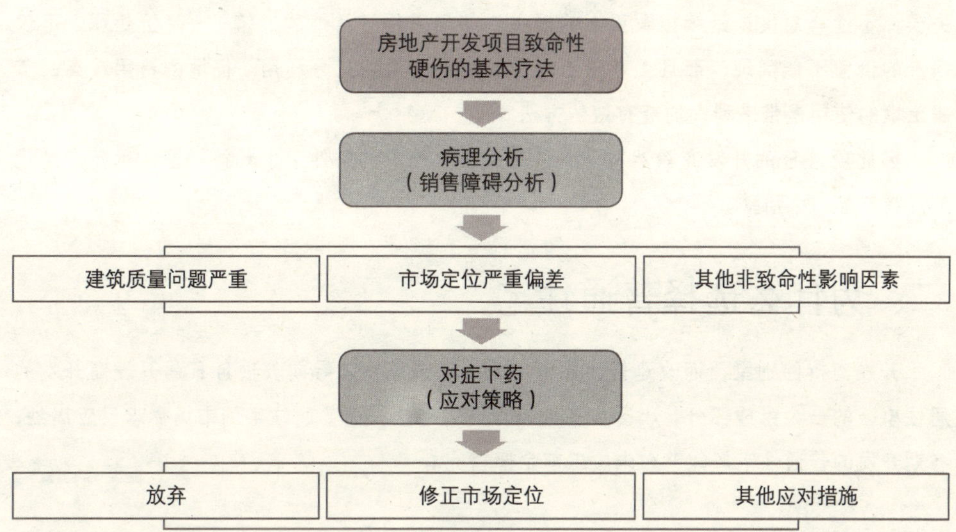

实战案例 04 Combat case 别墅改住宅起死回生策略解析

项目 B 的开发商在重新进行了测算和分析研究后，经有关部门批准，决定将 10 栋别墅炸掉，改建为普通住宅。

一、炸别墅——节省土地使用，以新产品替代滞销品

把建好的别墅炸掉是大部分人所不能理解的。项目 B 的开发商认为：面对投资决策失误，不能容忍失误延续招致更大的损失。如果采用了常规的对策——降价处理，不仅房产的价值不能实现，而且土地资源的价值也不能得到充分利用。征地的费用较高，节省土地的使用是带来利润的最有效的方法。

因此项目 B 的开发商毅然决定（在有关部门批准的条件下）炸掉别墅，用新产品代替滞销产品——别墅。

二、为什么选择普通住宅

开发商拆除别墅，而改建普通住宅是顺应了市场需求导向。项目 B 是开发商开发的居住小区的一个组成部分，小区中多数为普通住宅楼，而普通住宅的市场需求反应热烈，各期开发的普通住宅都能够在未竣工前全部售完。

三、浅析炸别墅、新建普通住宅的效益

首先拆掉别墅，新建普通住宅可以为开发商带来可观的经济效益。拆掉的 10 套别墅共 5000 平方米，单方投入 300 元 / 平方米（由于销售状况不好没有进行安装和装修），总投资 150 万元；别墅建成后摊入土地价格以及煤气、暖气、热水等配套设施费用，单方投入达 1600 元 / 平方米，需要资金 800 多万元；别墅每积压一年就会产生 100 多万元的银行利息。改建普通住宅楼后，建筑面积可达 2 万平方米，按当地房市住宅价格 1300 元 / 平方米计算，可以实现 26000 万元的销售收入，利润可以数倍于拆毁别墅造成的损失。

其次，拆除别墅改建住宅符合市场的需求，加快了资金的运转，同时增加了 200 套普通居民住房，为开发企业赢得良好的社会效益。

WKCS 花园余房宣传方案

WKCS 花园虽然是万科的产品线之一，但是在各地都出现了不同程度的尾盘和滞销盘，本案例就属其中一例。

一、现有余房销售综合情况分析

1. 有利的方面

（1）WKCS 花园依托万科品牌的品牌优势；

（2）WKCS 花园自身的知名度和美誉度；

（3）全部现房，即买即住。

2. 不利的方面

（1）同档竞品项目很多，客户分流严重；

（2）余房的房型陈旧，不具备竞争力；

（3）项目内部环境已稍显落伍，余房周边无景观因素，视野较差；

（4）项目已有一段时间没有做广泛的宣传，再次宣传推出会给人倾销余房的不利认知。

二、购买余房的客户群分析

1. 购买心理分析

（1）原本就住在项目的周边，不论是急用型还是改善型，出于对万科品质品牌的信任，觉得既然花同样的价钱，既然有机会买万科，那么与其买其他的项目还不如买万科。

（2）认为物以类聚，人以群分，注重社区的人文氛围，较早就关注城市花园，知道在这里居住的人们都有较高的文化修养，居住环境优雅、成熟，符合他们的要求，只要还有机会，就会购买。

2. 客户群层次分析

不论哪种购买心理，购买本项目的客户群体在支付能力上都会明显高于一般的工薪阶层。因此，即使是部分余房的销售也要有一个立体鲜明的主题和力求不与WKCS花园的整体形象脱节。

三、余房包装策略

1. 余房销售包装策略

（1）余房销售包装定位：工作已经很烦琐，生活就应该简单些；简单是一种幸福

余房销售包装定位支撑点

第一，剩余的三款户型都已经有点过时，虽然像阳光房，多功能厅等目前十分流行的房型结构这三款房型都不具备，但胜在简洁、明快、大方，空间的可利用性很高。	第二，针对三室的户型，由于所剩只有7套，建议全部做成成品家的样式，以弥补户型的缺陷，同时，在宣传上可以推出以简单入住为内容的宣传口号。

（2）余房的独立命名：简单生活

余房销售包装定位支撑点

第一，余房的独立命名会部分地抵消销售时带给客户的是余房销售的印象，毕竟在一般人的心目中，余房销售时期已经没有可以选择的好房子了。	第二，通过命名直接给客户一种“推荐一种生活方式”的观感。因为崇尚简约已经成为一种生活方式的风潮，这种风潮与余房的三款户型恰好可以相互呼应，通过对简单生活这种生活方式的描述，可以淡化客户对房型的注意力，削弱房型的不利影响。

2. 余房景观环境包装

(1) 针对立体车库

1) 在立体车库的顶层地面铺设塑胶草地或喷涂大面积色彩艳丽的抽象图画。

2) 组织现有业主子女、附近小学美术班的学生参加由城市花园主办的绘画比赛，以立体车库的外围墙面作为比赛的地点，一方面美化了车库，改善了余房窗外的景观环境，另一方面活动还可以作为 WKCS 花园的社区文化活动。

(2) 针对余房楼体外围的环境

在楼体的周围空地尽可能多地种植绿色植物或铺盖草坪(如非种植季节，也应以尽可能多的盆栽花卉点缀)，以弥补余房外围景观的不足。

3. 余房销售接待中心包装

(1) 接待中心外围

在通向接待中心道路的两侧树立引导牌，在接待中心坐落的楼体外侧悬挂较大的广告牌，同样起到引导的作用。

(2) 接待中心内部

接待中心整体的装修风格应贴近简约，家具、摆设采用的色系尽量避免浓重的、鲜艳的暖色系，清雅、爽目的蓝绿色系更能体现简单生活精髓。

4. 余房房型包装

(1) 三室三卫户型精装修

由于此户型仅余 7 套，而且户型特殊，没有能够充分利用的空间优势。因此，将全部 7 套房做成精装修的成品家模式。甚至可联系家具厂商进行赞助，如客户对家具也同样满意，再由客户与家具厂商自行商定购买事宜。

(2) 跃层户型送书房

由于此跃层户型面积较大，因此，建议以买跃层赠书房(二楼中间较小的房间)的方式进行促销。

针对这三款户型建议制作宣传折页，为客户提供更多种的装修方案和设计思路，以达到销售的目的。

四、余房销售宣传策略

1. 宣传步骤

第一步：将简单生活的案名以“万科向您推荐一种生活方式”的模式推出，以达到模糊余房销售概念的目的。

第二步：以“怎样才算简单生活”为宣传的切入点，首先主推7套精装修成品家，以达到更贴近简单生活主题的目的。

第三步：以报版广告为主，深入探索怎样才算简单生活，对消费者进行引导性消费。

2. 广告风格

简洁、明快、流畅，轻松，有人情味儿。

五、非致命性软伤的三种基本应对策略

非致命型影响因素会造成项目在一定时期一定程度上的滞销，但可以通过一定的措施扭转不利局面。造成项目滞销的非致命型影响因素包括项目市场定位失误、设计失误、销售组织不力、销售控制失误、销售渠道不当、入市时机不当、营销推广不力、开发商诚信差及开发商实力弱等因素。

随着房地产市场竞争的日趋激烈，非致命型影响因素的影响日趋明显，众多房地产开发项目都存在着或多或少的不可避免的销售压力。目前，项目市场定位失误和营销推广力度不足是尾盘滞销最突出的体现。根据大量成功解困的实例分析，对于由非致命性软伤造成尾房滞销的房地产开发项目，一般可以采取以下的基本应对策略：

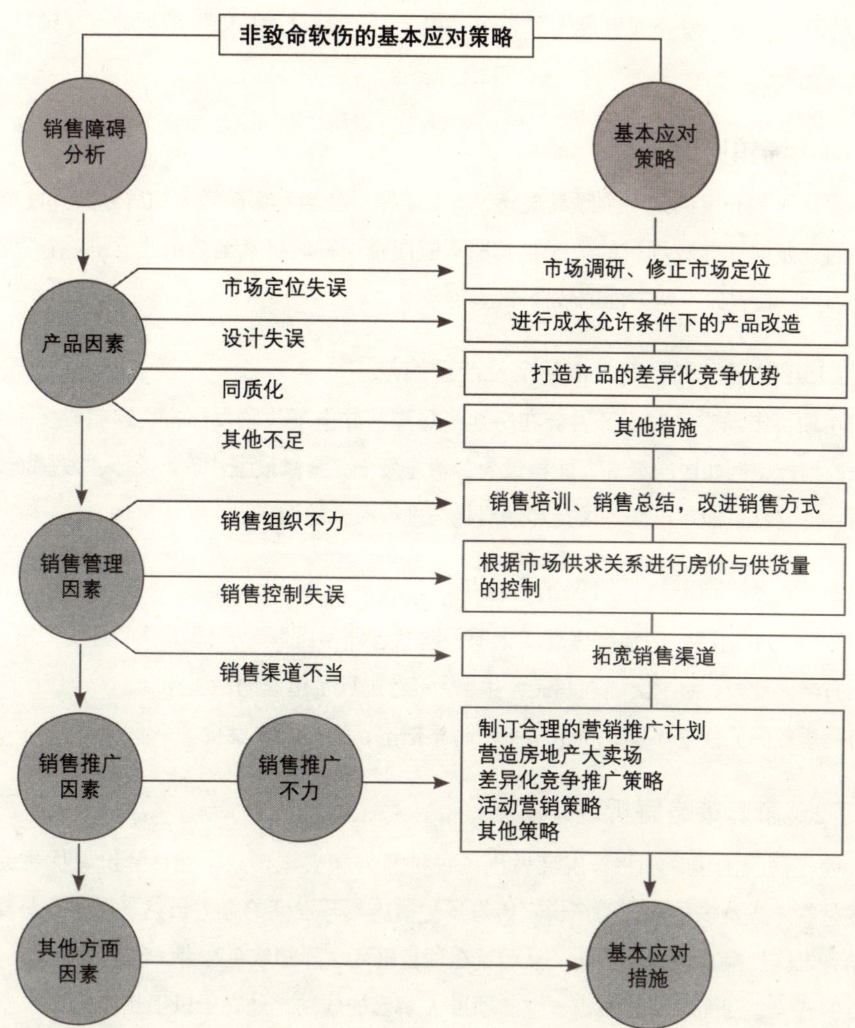

基本应对策略一：重新市场定位

项目 A 位于东南沿海某城，虽然其动工开发之日距今已有十年之久，但其开发经营过程中的曲折和惊险至今仍然对房地产开发企业有着巨大的警示作用。

项目 A 的开发经营期正处在当地甚至是全国的房地产热销时期，项目入市几个月后，房地产热急剧降温，项目投资开发企业从此骑虎难下，一筹莫展：一方面项目正在建设中，工程不能停顿，需要源源不断地大量投入资金；另一方面房屋销售（预售）陷入滞销状态，楼盘 80% 以上长期空置。这种情况一直持续了近五年，维持到了大厦装修阶段，此时开发企业已投入了8000多万元，已是财力枯竭，积重难返，项目一步步地逼近死亡。

（1）滞销原因

项目A的开发商是一个颇具规模、实力雄厚、在当地影响较大的房地产开发企业，这样的企业何以导致项目的失败且长期不能摆脱项目危机甚至是企业危机呢？究其原因，项目存在着以下两方面的致命原因：

1）开发商主观臆断，市场定位严重偏差

在项目市场定位时，开发商在房地产热潮的冲击下头脑发热，决定完成多个当地第一的指标，例如层次最高、面积最大、功能最全、装修最豪华等。除了主观臆断，开发商并没有真正地对市场需求及其发展趋势进行深入的调研。

2）销售控制不当，错失销售良机

项目入市初期，房地产热潮尚未退，购房者非常踊跃，短短两三个月便售出8000多平方米。此时，为了实现利润最大化，决策者进行了错误的销售控制，决定压住商场、综合品质较好的住宅不卖，待价格上涨时再推出，结果错失良机。

（2）解套策略解析

为了摆脱困境，项目开发商做出了种种努力和尝试，其中包括降价、优惠促销、改善付款方式及多种形式的广告宣传等多种措施。开发商的努力虽然取得了一些成果，但始终未能从根本上扭转局面。然而就在项目垂死之际却咸鱼翻身，创造了奇迹，项目空置的五分之四面积瞬时销售一空。项目A解套的成功之处在于以下几点：

1）细分市场，挖掘目标客户

开发商在不断的总结分析过程中，逐步吸取了最初忽视市场调研的教训，开始把注意力集中在市场调研上。通过对消费市场的细分和挖掘，开发商确定了可能的两种购买对象，一个是大型的企业集团或商业机构，一个是高收入的富人阶层。不过，富人阶层购房注重环境，因此对高层住宅兴趣不大；另外，当地客户偏好单门独户的临街商店，大型商场必须由实力雄厚的商业机构经营才有前景。最终，开发商找准了市场买点，目标瞄准了个别有实力、准备自己兴建办公楼的商业机构，主动出击并最终找到了大买家。

2）适应市场需求，提高附加服务

开发商在找到了意向客户后，又遇到了新问题：客户认为项目存在着原有功能设计部分已经落伍，不能满足现实要求，需求的建筑层次不能连成整体，附属场地虽符合规划要求但过小等诸多问题。对此，开发商进行调整和改进，一一满足了客户的要求。

3）把握市场机遇，追求“双赢”效果

项目之所以滞销很大程度上归咎于销售控制失误，错失销售良机。找到大买家，对项目 A 的开发商来说无疑是难得的机遇。机遇如何把握？开发商除了满足上述客户对大厦的种种需求，在价格上采取了双赢价格策略：作为卖方尽可以让利，但要保证基本能够收回成本，确保买方较大得利，使买方的购买达到比其自己盖楼更经济、更划算的效果。

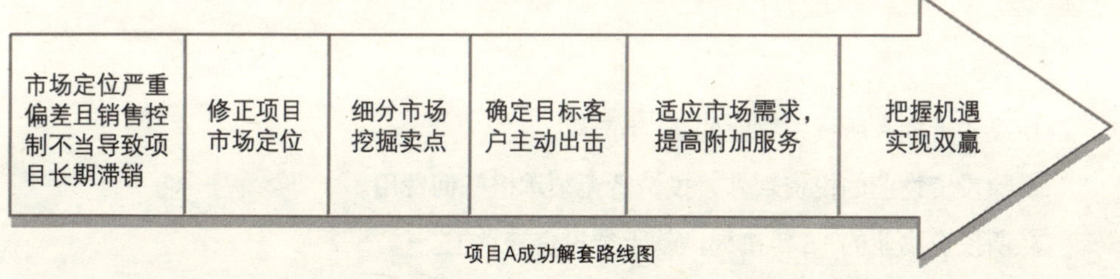

项目A成功解套路线图

基本应对策略二：延展营销

滞销楼盘除了运用常规营销手法，还可以延伸运用其滞销运营模式进行盘活，这就涉及到地产边缘营销的实践与理论的探索。当许多滞销项目作为住宅、商业、写字楼已经没有运营空间时，可以考虑在时间和空间的功能利益上跳出传统地产营销模式，向休闲地产、旅游地产方向转移，营造“第三场所”，转换市场概念，这既是导入国外先进地产运作理念，又是盘活地产资源的一方清新剂。它的价值和能量有待深入挖掘和提升，但它的前景无疑是灿烂的。

项目 D 就是营销延展的典型案例。最初推向市场时，它曾以美式公寓面世，由于户型较大，门槛相对较高，市场反应不理想。次年，经过策略调整和市场重新定位，导入酒店式服务性公寓投资理念，引发“双创”风暴创新，推出物业新品种、服务新理念、置业投资新组合，首期 18 万元，永不供楼，70 年稳健高回报。提出了两种投资方案。

投资方案 1：投资一套酒店公寓（B 单位）

投资方案1：投资一套酒店公寓（B单位）

首 期	首期款支付25%，18万元
户 型	一室一厅一卫，69.03平方米
总 房 价	72万元
按揭成数年限	七成15年
按揭供款方式	选择15年租赁的按揭供款方式

投资者与三九酒店公司签订一套（B 单位）15 年租赁合约（由发展商做担保），由酒店经营方代为酒店经营。酒店经营方以经营收入代为支付按揭供款及购房款剩余部分，期满后完全交付产权人自用。

1）权益

① 投资者拥有所投资物业的 70 年产权。

② 除投资物业的投资款外，投资者无须承担任何费用。

③ 所投资物业的 15 年按揭供款无须投资者承担。

④ 投资者在 15 年租赁期内可享有，（B 单位）每套每月拥有项目 D 的 B 栋酒店公寓 4 天的免费入住权，免费入住期间，享有酒店住客同等待遇，并可免费使用项目 D 裙楼健康会所及其设施。

2）义务

① 租赁期间，投资者不得中止此租赁关系如有物业转让事项发生，必须尊重并保证本合约的实施。

② 投资者有义务根据发展商或承租方的要求，提供相应的资料并办妥按揭手续及签订正式租赁合同。

投资方案 2：投资三套 B 栋（E+F+H 单位）酒店公寓

投资方案2：投资三套B栋(E+F+H单位)酒店公寓

首 期	支付25%，68万元
户 型	每层的 E、F、H单元三套房作为一个投资组合
总 房 价	共计272万元
按揭成数年限	七成15年
按揭供款方式	选择15年租赁的按揭供款方式

投资者与三九酒店公司签订 15 年租赁合约（由发展商做担保）。

1）权益

投资者拥有投资物业的 70 年产权。除投资物业的投资款外，投资者无须承担任何费用。投资者在 15 年租赁期内拥有所投资之 E 单元在整个租赁期内的长期入住权，期间所发生的水电费及物业管理费由入住者自行承担。

2）义务

① 投资者必须与物业承租方签署租赁协议，做酒店式服务性公寓经营用途，为期 15 年（自楼盘入伙之日起）在此期间投资者不得中止租赁关系。

② 投资者有义务根据发展商或承租方的要求，提供相应的资料并办妥按揭手续及签订正式租赁合同。

通过创新整合，注入产品竞争力，提高产品价值，引领了市场风潮。

基本应对策略三：无限放大现房价值

（1）项目目前背景现状

XY 公寓由于推广不力，硬件设施缺位，工程形象差导致项目一度滞销，如何突围成为令开发商头疼的问题。

第一：推广不力

根据对表 1 的分析，推广和市场方面的原因有媒体资源及渠道有限，即信息传输渠道单一、效率较低、本地市场传统消费观念、期房（准现房）的说服力有限等。

来电量和上客量分析（属于不完全统计）

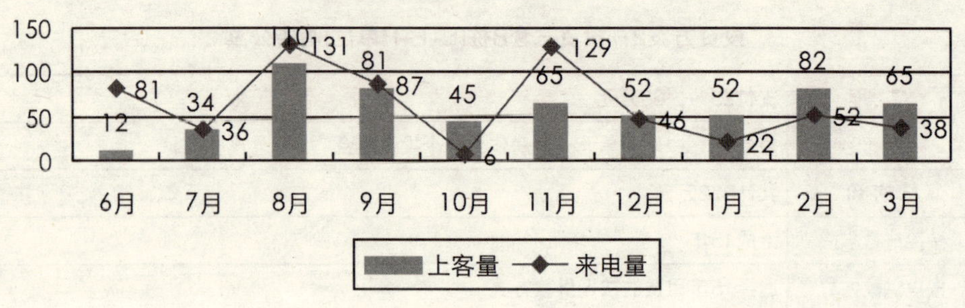

影响客户决策主要因素

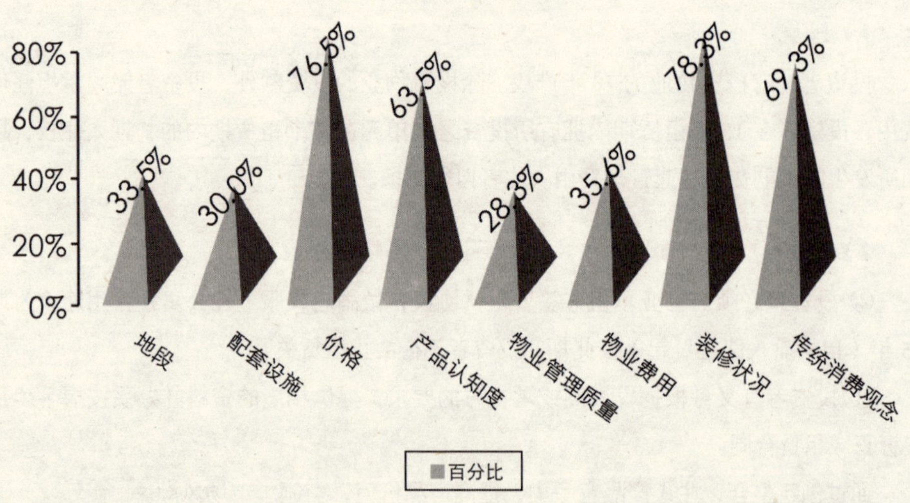

从图得知，影响消费者决策并起决定性作用的因素有价格的接受程度、对产品理性认知的程度、产品的装修状况及传统消费观念的制约等。销售、推广、策划、开发商合作等方面的工作应从以上几点入手。

第二：硬件设施缺位

项目的硬件设施尚没有完全到位，项目整体和外部环境不佳，对于对项目有所了解并持观望态度的潜在客户而言，并没有形成强有力的决策支撑。

第三：工程形象欠佳

对现房的信心高于期房；工程尚未完全竣工，工程工地现场形象较差，没有形成项目统一形象，潜在客户尚持观望态度，影响潜在客户对项目的购买信心和项目整体形象的提升。

（2）项目现房阶段营销策划工作总体思路

1）项目现房期策划总体思路

对于XY公寓而言，从目前的反馈的信息来看，项目的知名度较高，由于现房的说服力要强于期房，因此本阶段的推广活动以围绕项目美誉度的扩大和对项目现房的诉求为主。

本阶段的推广的中心思想为“现房＋品质”。

可分解为现房和“商住典范”的商住概念，即项目品质诉求及相关卖点（教育、设施、地段、投资价值、品牌联动、建筑成本、建筑风格等）的诠释。

2）项目现房策划思路分解

消费者作为企业价值实现过程中和企业价值链中重要的组成部分，同样是策划工作的重中之重。围绕消费者的基本需求和精神需求，是本期策划工作，尤其是策划工作分解当中的重要出发点。

① 通过DM单页、电视、报纸（按照先后顺序排列）等一系列媒体的联动运作，充分将商住典范的概念及相关卖点引入和加强，同时向市场传递现房的信息。

② 以开放样板间作为消费者对于产品的决策支撑，同时作为商住典范概念及相关卖点的支撑。

③ XY公寓会员制的推行。主要目的是建立业主间的交流平台，形成并为业主建立更大的交际圈，充分发挥和利用第二营销渠道的作用。

④ 为业主提供菜单式的装修方案，作为消费者决策的辅助支持。

⑤ 建立XY公寓良好形象，加强业主及消费者的口碑传诵（项目美誉度）。

（3）项目营销策划工作分解安排

1）媒体运作

通过报纸、电视广告，DM单页重点传递“现房交房”＋“品质”。

媒体安排及活动时间一览表

时间	报纸及版面	SP活动	电视媒体	备注
4月29日	日报1/2版 晚报1/2版			配合MD的发放
4月30日	日报整版	交房仪式	（1）电视飘字广告：4月19日开始，到5月8日止	SP与报纸、电视、DM等媒体配合
5月1日	日报1/2版		（2）电视屏幕或短片广告：4月24日到5月3日	配合MD的发放
5月2日	晚报1/2版			SP与报纸、电视、DM等媒体配合
5月3日				配合MD的发放
注：样板间开放日的时间确定、媒体安排和样板间开放活动安排				

2）SP 活动安排

① 交房仪式，在此忽略。

② 样板间开放日，在此忽略。

3）本阶段推广工作预算

① 报纸广告：日报整版 1 个，1/2 版 2 个，共计 4 万元。晚报 1/2 版 2 个，共计 2 万元。报纸软文 1 万元。

② DM 单页：5000 元。

③ 电视广告：电视飘字广告 5000 元；电视屏幕广告 5000 元。

④ 不可预计费用：5000 元。

⑤ 共计费用：9 万元。

第五章
CHAPTER FIVE
滞销盘项目突围全程实战解读

滞销盘项目突围全程实战解读

本章使用指南

这是三个真实的滞销突围案例，可能它缺乏普适性的复制借鉴价值，但三个案例的操盘思路：审视项目滞销背景——寻找可挖掘价值点——无限放大并拓宽优势的诉求点——通过产品和推广不断丰满和支撑诉求点——赢得突围这一模式对操作滞销盘的人士具有启发价值。三个真实的案例也帮我们还原了操作滞销盘的背景，除了感受其中的酸甜苦辣，更是切身体会到策划师的伟大智慧。

实战案例 Combat case 01 某国际城楼盘突围攻略

该案的借鉴之处在于，在已经推广了两年的住宅楼盘里，创造一个全新概念的“青年创业园”。它不但巧妙地回避了大盘降价的尴尬，解决了大盘滞销的诸多问题，而且在推广“青年创业园”的同时，让社会更多地关注起“青年创业园”的社会积极因素，对楼盘形象和企业形象有了极大的提升作用，它对于房地产营销的最大的启示是：一个大盘在市场上已经形成了既定市场概念，但在后期又不得不进行转换时如何去运作。

本案例全力挖掘卖点并进行新盘的操作手法，避实击虚，不与竞争对手冲突，案情创造系列公关活动，使整体方案大气之中倍感细腻。

一、案例背景

某国际城，位临市内两大主干道——人民路和金银大道，该区域是金融及行政中心，市政设施完善，人文环境和商业环境良好，被称为乌鲁木齐的 CBD。项目占地 10.2 万平方米，土地成本高达 4.51 亿元。开发商某某置地成立于 2000 年 3 月，先后开发了国鑫苑、国书苑、国怡苑、国菁苑四个中小型楼盘，累积开发总量十余万平方米。2000 年 10 月 26 日，位于乌鲁木齐市次中心区域的原自治区体育馆整体拍卖。某某置地以 4.51 亿元人民币竞拍拿下了这块土地的开发使用权。2000 年 10 月 28 日，公开进行规划招标; 2000 年 11月 1 8 日，召开第一次规划论证会; 2000 年 12 月 1日 ，南门体育馆正式动迁; 2001 年 3 月 9 日，开始进行内部认购; 2001 年 3 月 20 日，正式开盘。其主题广告词为“国际商圈，传世家园”。

通过以上日期，可以发现某国际城所有进度都有些过快，给人以“操之过急”的感觉，可能正因为此，为后期的销售埋下了一个个定时炸弹。2001 年 3 月开盘以后，由于市场对新盘的追捧，在两个月内，卖了近百套房子。但好景不长，随着工期的进展和销售的推进，逐渐暴露出规划设计，建筑密度，销售管理等种种弊病，市场很快冷下来，加上后来企业内部发生了一起金融案，出现了纷纷退房现象，到 2002 年 9 月份之前，销售一直处于负增长状态。2002年9月后，由于楼盘竣工，进入入住阶段，市场开始回升，销售出现好转迹象。但由于项目规划设计的“先天性缺陷”和营销策略的“后天不足”等弊端没有从根本上解决，加上2003年正值乌鲁木齐房地产市场一片萧条，市场危机四伏，国际城的销售出现了一边在成交，一边在退房的局面。

2003年3月，本案进行全面诊断，并制定年度营销方案。

二、市场调研与诊断

第一：基础层面的调研

一期总套数1425套，剩余521套，其中C1、D1、D4三栋楼销售最差。

基础层面的SWTO诊断

诊断课题	诊断题目	主要调研结果应对策略提示	利好/危害☆/★
优势分析	1. 环境优势	位临乌鲁木齐金融一条街人民路，知名的商务中心区。内部有较大的中心广场，社区活动空间大。区内新植许多较大的树木，环境营造有一定基础。 应对策略提示：进一步强化社区绿化，5月份由物业管理公司开展“社区植树认领活动”，利用这种活动进一步沟通社区老客户的感情	☆☆☆
	2. 人文优势	项目原址为自治区体育馆，地块有较高的知名度。现购房人群大多为单位团购，人群结构良好	☆☆
	3. 市政优势	公认是乌鲁木齐较好的区域，市场配套完善。 应对策略提示：利用环境、人文和市政等综合优势，将临人民路的楼宇特别是户型不好、楼宇位置不好的楼盘引导为商住功能互换概念。宣传主题“商住办公无缝对接”	☆☆☆
	4. 规划设计	围合式布局，中部有较大的公共空间社区中心广场。 应对策略提示：迅速做好中心广场的后续建设，在后期广告中做实拍广告；并在中心广场开展大型促销和公关活动，让市场进一步了解社区	☆☆☆☆
	5. 户型结构	大部分户型结构适合客户需求。主力户型面积在110～160平方米，以三房二厅二卫和二房二厅二卫为主	
	6. 配套设施	除中心广场外，社区还有羽毛球场、篮球场等体育健身设施。 应对策略提示：可经常组织人员举行球赛活动等，让人感受配套优势	
	7. 物业管理	暂不完善	
	8. 类比优势	与同类楼盘如天安名门等相比存在地段好、价位低的优势，与其他同类楼盘比有明显的地段、规模、规划、户型结构等综合优势，性价比适中。虽然容积率较高，但建筑密度不高，内部有较大的公共空间。 应对策略提示：举办大型社区活动，让准客户走进社区亲身感受。让市民最大限度地走进社区，消除容积率过高、楼盘过密等不好的市场传言	☆☆☆☆
	9. 发展前景	楼盘形象随工程和物业管理的完善，楼盘的规模优势和景观优势逐渐突出	☆☆☆
	10. 其他优势		

续表

诊断课题	诊断题目	主要调研结果应对策略提示	利好/危害☆/★
劣势分析	11. 环境劣势	临人民路有建筑地基，影响客户对楼盘的景观和空间的印象。现已用围板隔离。靠金银大道一侧的四栋楼受规划等因素的影响（部分受外单位一栋烂尾楼的影响），存在观景性差、采光不好、空间狭窄的弊病，是当前滞销最严重的几栋楼，其中一栋楼至今一套没售出。 应对策略提示：可以把滞销楼宇从使用功能细分出来，重新进行概念包装，利用公关和促销手段，将这四栋楼的部分户处理掉，并且起到带动市场人气的作用	★★★★★
	12. 人文劣势	基本无	
	13. 市政劣势	基本无	
	14. 规划设计	由于全部是高层围合式设计，从外围看有楼宇过于稠密的感觉。个别楼宇位置存在死角问题，视线差，采光问题突出。其中有C1楼的一个单元进户偏僻狭窄，十分不理想，严重影响销售。 应对策略提示：见11	★★★★★
	15. 户型结构	据销售人员反应，部分户型结构不合理，主要问题存在房型布局、面积分配、朝向等不合理处。 应对策略提示：布局与面积分配不是严重问题，可以装修样板间的形式弥补缺陷。采光问题可以根据不同情况分别解决	★★★★
	16. 物业管理	社区清洁卫生状况差，主要表现在大门通道两侧，社区中心广场，网球场等，社区内见不到保洁员；保安人力不够，主要表现在楼宇不配保安，社区无保安巡逻。 应对策略提示：强力推行“社区形象工程”，强化物管、保安的管理，做到每一个进户配一个保安，并增加巡逻保安，增加清洁工人数	★★★★
	17. 配套设施	已进入入住阶段，但社区内基本生活设施尚不配套，主要表现：社区无超市、无学校等。影响入住率。 应对策略提示：尽快完成社区超市、学校和社区医疗服务等基本生活配套	★★★
	18. 类比劣势	户型结构与天安名门相比，较差。存在格局死角。景观和视野局限，采光、朝向问题突出。 应对策略提示：处理死角楼盘，见11	★★★
	19. 发展预期	完全入住后，可能存在公共交通问题	★
	20. 其他劣势	通道包装不完善，指示系统缺失。包括人民路处进入通道，七中外墙处通道，社区广场包装，社区广场硬件设施，楼宇指示系统，配套设施等。 应对策略提示：参见16，强力推行“社区形象工程”，完善社区细处包装	★★★★
机会分析	21. 市场机会	由于受新疆经济持续增长，国家西部大开发政策，边境贸易等诸多利好因素的影响，创业环境进一步趋好，贸易、旅游、服务、资讯、广告等诸多行业如雨后春笋般涌现。办公场地的需求很强烈，而一般的写字楼由于租金高、功能不完善，加上按揭政策的影响，使得这一人群更倾向在合适的地段以住宅作为创业时的办公场地，在公司做大后再考虑重新选择办公场地，而原有的办公室又可以重新恢复为住宅。 应对策略提示：利用楼盘功能或概念的转换，吸引创业人群，譬如辟出一个楼宇作为“青年创业园”等	☆☆☆☆☆
	22. 竞争机会	南门商务区地段，对于当前乌鲁木齐创业板块有极大的竞争力 应对策略提示：见21	☆☆☆☆☆
	23. 政策机会	乌鲁木齐全面放开二手房市场，将大量释放二次置业的市场能量。但短时间内可能不会有明显效果	☆☆☆

续表

诊断课题	诊断题目	主要调研结果应对策略提示	利好/危害☆/★
风险分析	24. 市场风险	当前乌鲁木齐高层住宅，严重空置，市场形势很严峻。今年处于市场低谷，面临同行降价抛售的局面。并且从格局上看，楼盘所处位置优劣明显。 应对策略提示：做好功能引导，应用价格策略。拉大楼宇之间的价位差，均差在500元以上	★★★★★
	25. 竞争风险	当前乌鲁木齐同类楼盘的存盘量较大，尤其以天安名门、红十月、日月星光为主，并且这几个楼盘的价位今年都大幅下调。另外，新近上市的楼盘，对今年市场影响也较大，市场变数较多。某国际城的市场反应速度较慢，价格机动性差，在当前各开发公司纷纷抛售的情况下，存在许多竞争带来的风险。 应对策略提示：与营销公司密切配合；合理动用价格杠杆，见21	★★★★

第二：营销层面的诊断

营销层面的诊断表

诊断课题	诊断题目	主要诊断结果及应对策略提示	利好或危害程度（☆/★）
销售现状	26. 销售周期	楼盘处于入住阶段，进入强销期。 应对策略提示：充分利用好“现房”的概念	☆
	27. 销售率	已实现的销售率60%，团购占很大比例。 应对策略提示：利用入住客户的号召力开展“老业主介绍新业主”促销活动，其意义不在于成交量，而在于口碑效应，因为这样，老业主可能对外宣传的是对楼盘有利的一面	☆☆☆
	28. 销售管理	应对策略提示：将某国际城与国菁苑的销售严格分开，避免客户在内部分流	☆☆☆☆
	29. 销售人员心理状态	销售人员对后期销售持乐观态度，但对于个别采光受影响的楼宇不看好。反映有些户型结构不合理。要求有促销手段的配合。 应对策略提示：在销售政策、广告宣传、销售管理等方面全面配合	☆
	30. 成交量/访问量	2002年9月之前，销售极为迟缓，但进入9月后，由于工程竣工，外立面形象出来后，销售额迅速攀升。9～12月，卖了3000多万元；2003年1～3份，销售1000多万元。 现场看房每天3～4人	☆
	31. 当前销售表现突出问题	虽然销售率达到60%以上，但入住率较低，当前入住不足20%。由于竞争楼盘价格下调，部分户型结构不合理，以及楼盘本身存在的降价诱因等因素的影响，存在部分客户退房的可能。 应对策略提示：利用综合营销策略，进一步激发人气，同时，挖掘楼盘的“增值概念”稳定客户。通过新闻运作来实现。见其他项目	★★★★
	32. 主要滞销的楼宇或户型	主要滞销的楼宇、户型为规划死角的楼宇，如金银大道一侧的B2、C1、D1、D4四栋楼，另外有少数客户认为结构不合理的户型。其中最严重的是C1、D1两栋。 应对策略提示：经对楼宇位置的分析和对部分滞销户型的分析，发现在滞销楼宇和户型中，其住宅功能的确有缺陷，但若将其改变为商务功能，供中小公司办公使用，则缺陷就会大大弱化。通过使用功能的引导、促销活动、价格策略综合解决。见11，15等方案	★★★

续表

诊断课题	诊断题目	主要诊断结果及应对策略提示	利好或危害程度（☆/★）
楼盘形象	33. 楼盘概念/主题定位	从当前已购业主的跟踪调查发现，除团购外，有65%的购房者，将其住宅作为办公使用，其中70%的人将为自己开办公司使用，另外一部分业主将租赁。 应对策略提示：受市场惯性制约，创造新的楼盘概念较困难。但利用分割的形式细分出部分楼宇，进行概念包装是可行的	★★★
	34. 楼盘概念形象建设	前期只注重广告传播，对楼盘的形象宣传严重不足，造成市场负面信息散布等许多被动局面。 应对策略提示：运用新闻统筹的手法，全力打造楼盘形象	★★★★
	35. 规划与设计风格的表达	半围合式布局具有领先意义，是乌鲁木齐社区规划具有代表性的楼盘；外立面设计赏心悦目，也是具有代表意义的。 应对策略提示：在传播中利用实拍手法和新闻手法渲染楼盘亮点，让大家尽可能多的关注美好的一面	☆☆☆
	36. 建设状态	全现房，入住阶段。 应对策略提示：更多地引导客户到楼盘亲自体验	☆☆☆
	37. 市场反馈	外立面出来后，市场对楼盘的认识有所改变。购买信心进一步增强，但仍有楼盘“稠密”的印象。 应对策略提示：利用社区活动把人吸引至社区内部亲自感受。具体见其他促销项	☆☆☆
	38. 业主反馈	略	
营销策略	39. 推广策略	前期无系统的推广策略。 应对策略提示：重新制定推广策略	☆☆☆
	40. 市场定位	功能概念较模糊。 应对策略提示：住宅、商务；住宅、商务功能转换	★★★★★
	41. 客户群定位	对南北疆客户基本无吸引力。对中小公司宣传不力。 应对策略提示：针对南北疆适当宣传，对中小公司直邮广告	☆☆☆
	42. 促销策略	前期很少有此类活动。 应对策略提示：综合促销	
	43. 公关策略	前期极少有公关活动	
	44. 价格策略	受地价和市场的双重影响，一直保持一种比较僵硬的价格。 应对策略提示：改变现有价格状态	★★★★
	45. 传播策略	传播渠道较为单一 应对策略提示：可以考虑针对目标群直投，全疆覆盖的整合传播策略	★★★★
	46. 新闻运作	基本无 应对策略提示：大力进行新闻运作	★★★
	47. 品牌策略	基本无 应对策略提示：见46	★★★
	48. 针对当前状态开发商举措	推出部分特价房	
	49. 开发商对下一步营销的要求	开发商要求在2003年，总体完成销售额2.1亿元，传播投入约210万元。主要解决难点为某国际城一期采光受影响的楼宇和国菁苑一期框架结构房。同时为国际城二期和国菁苑二期做好市场铺垫，并完成一定的销售额。 应对策略提示：制定合理的销售计划	☆☆☆☆☆
	50. 突出的销售障碍	社区布局造成的采光问题，和由此反映出的销售策略问题	
	51. 其他	在针对目标客户进行访问时，有反映总房款高、单价高的	★★★

第三：本盘购买行为的调查

购买行为调查诊断表

调查课题	诊断项目	主要诊断及应对策略提示	利好或危害程度（☆/★）
购买行为	52. 楼盘消化总量	65%左右	
	53. 最受欢迎的楼宇/消化量	中心广场周围的楼宇，两栋被团购	
	54. 最受欢迎的户型/消化量		
	55. 最不受欢迎的楼宇/消化量	靠金银大道方位的B2、C1、D1、D4等四栋楼由于格局和采光的影响销售十分不理想	★★★★
	56. 最不受欢迎的户型/消化量	主要表现在采光、朝向不好的户型	
	57. 置业目的	在散单中有70%的购房者作为办公场所。用作住宅的只占20%左右，另外一些考虑租用或保值等	★★★★
	58. 业主购买理由	大部分购房者认为南门地段好，可以用来办公，认为可以增值的有25%左右，而认为房子好的只占40%左右	★★★★
	59. 业主反馈意见	在调查中发现，置业目的为办公用的较为稳定，而以住宅为置业目的的客户有许多考虑退房。特别是12层以下的，大部分反映是采光问题	★★★★
	60. 消费群结构	年龄35～45岁之间，私营业主。少数为公职人员。文化层次不一	
	61. 消费群区域	南北疆与乌鲁木齐购买人群比例为1：4	

第四：开发商（或经营商）实力与信誉诊断

开发商（或经营上）实力与信誉诊断表

诊断课题	诊断题目	主要诊断及应对策略提示	利好或危害程度（☆/★）
实力诊断	62. 企业性质	略	
	63. 企业法人	略	
	64. 企业简况	略	
	65. 企业资产	略	
	66. 可动用资金	略	
	67. 资产负债率	略	
	68. 以往业绩	完成国鑫苑、国书苑、国怡苑三个小区的开发，国菁苑、国际城一期的开发	
	69. 社会资源	与政府关系较好。已通过政府渠道实现了50%左右的团购。应对策略提示：继续利用这一优势资源	
	70. 银行信用级别	略	
	71. 企业人力资源	略	
	72. 工程进度	良好	
	73. 工程外围形象	一般	
	74. 施工单位情况	略	
	75. 公司资质	略	
	76. 其他	略	

续表

诊断课题	诊断题目	主要诊断及应对策略提示	利好或危害程度（☆/★）
信誉诊断	77. 商业信誉	无不良记录	
	78. 市场信誉	市场信誉良好	
	79. 社会信誉	曾发生原公司主要领导挪用公款案，社会反响较大，对购买信心影响极大。 应对策略提示：强力推行形象建设	★★★★
	80. 不良记录	见上	★★★★
	81. 其他	略	

第五：诊断结果分析

（1）通过调研，明确了当前急需解决的问题

1）C1、D1、D4 三栋楼的滞销问题；

2）其他零散户型滞销问题；

3）楼盘形象及企业形象问题；

4）稳定客户，提高入住率问题；

5）所有工作与二期推广的衔接问题。

（2）楼盘滞销的症结

从调研表中可以明确看出，制约或影响销售的因素主要表现在：

1）规划与设计的先天不足

有 C1、D1、D4 三栋楼处于规划的死角（部分由于某单位烂尾楼的遮挡），采光极度受影响，并且 C1 进户通道局束狭窄；有部分户型设计不够合理。受此影响，C1、D1、D4 三栋楼宇严重滞销。

2）营销策略的缺陷

主要表现在价格杠杆的运用、项目功能包容性与功能转换性的挖掘、促销与公关的运用、老客户的稳定等方面。

3）企业形象的维护

重点是企业信誉障碍没有完全恢复；企业的媒体正面宣传不足。

4）楼盘的形象与维护

物业管理不到位；社区保安和清洁卫生存在不足；人民路进入社区的主通道、网球场脏乱；社区中心广场建设不完善，休闲与交流的概念未表现出来，绿化与卫生状况不好；社区缺乏指示系统和导引系统；缺乏媒体支持。

5）传播整合的不足

缺乏系统的操盘思路；缺乏价格杠杆运用技巧；传播技巧与媒体组合的严重不足。

6）生活配套不足

超市、社区医疗缺失。

（3）重要利好因素的提取及分析

首先，地段优势在乌鲁木齐同类楼盘中无与伦比，但以往主要宣传地段对社区生活的便利性作用，而很少拓展地段的外延优势如商务区优势等。

其次是围合式布局，低密度，有大型内部休闲区，但没有走进小区的人很难感受这一优势，相反，在小区的外围看，楼盘给人的印象却十分稠密。如何更快更多地把市民或准业主吸引到社区来“亲身感受”显得十分重要。

（4）楼盘（或企业）优势资源的重新挖掘

南门商务区所支持的商务办公功能亟待开发。特别是规划死角中采光受严重影响的四栋楼，如果只是单一的住宅概念已很难彻底完成销售，利用某国际城独有的商务区优势是顺利解决这一问题的很好途径。

在进行新的战略突围策划中，除了兼顾以上优劣势之外，还要着重考虑某国际城的大盘因素：

第一，某国际城三期的推广周期在四年以上，如果依靠传统的营销或传播模式，要达到市场的持续关注，开发商须付出大量的资金做广告宣传。

第二，长期的广告宣传有可能导致市场关注的疲惫。

第三，由于企业内部“事件”造成的负面影响，以及楼盘外观“稠密”的印象，很难靠单一的广告宣传改变。在营销的全过程要辅以企业形象和楼盘形象的宣传，解决市场信誉度问题，进一步增强市场信心，在做到解决尾盘问题的同时，为二期的入市与销售做好铺垫工作。

三、突围策略

1. 总体策略

综合分析，解决某国际城一期部分楼宇滞销的突围途径：

某国际城四种突围途径

1. 途径一：促销公关——让市民走进某国际城，重新认识某国际城，消除不良的市场传言
2. 途径二：细分市场——对于主要滞销楼宇重新进行市场定位，创造性地运用项目功能转换，迅速合理地消化掉滞销单位
3. 途径二：事件营销——整个营销将以“事件营销”——“青年创业园计划”为主线展开
4. 途径二：形象包装——以全新楼盘的形象推出市场，避免烂尾印象

2. 战略组合

针对诊断结果，做出相应的策略，在各策略有机组合中，形成层层递进，多级助推的效果，始终保持市场的高关注率，直至完成一期的销售，二期的顺利开盘。

策略一，全面启动“楼盘形象工程”兼及企业形象。

策略二，整盘的功能定位，由单纯的住宅概念向商住功能兼容的概念转换。

策略三，细分楼盘，将主要滞销楼宇 C1、D1、D4 辟为“青年创业园”，进行全新概念包装，单独操作。

策略四，拉大价格差，利用价格杠杆，完成滞销单元的销售。

策略五，利用公关活动组合，让人们走进某国际城，重新认识某国际城。

策略六，传播整合，“软硬兼施，有点有面”。

二期开盘设定在秋季房交会，本案涉及在正式开盘之前二期形象导入工作，但二期的全盘推广方案，另案提供。

根据以上各策略，制定实施方案，方案将对各策略进行有机的融合，达到相互影响，相互作用的互补关系。

3. 实施方案

第一：形象维护——启动楼盘形象工程

楼盘形象工程的建设，分别从基础形象和市场形象两个方面同时进行。市场形象是在营销推广中综合作用的结果，在其他策略中都有所顾及，不再单独阐述，在此只对基础形象方面的建设提出建议：

1）清洁社区，做到清洁无死角；把社区主通道旁的施工设施搬到二期；清洁中心广场、网球场，并保持下去；解决墙体“脱皮”问题。

2）加速做好社区全面的绿化造景工程，完善中心广场的景点建设；在人民路进入社区的主通道两边，摆放上万盆花草；重点做好“青年创业园”的绿化和包装，营造创业环境，弱化“死角”印象。以上所有工作争取在5月中旬之前完成。

3）完善社区的指示系统和导引系统，在社区主通道中心位置，设置一个不锈钢架的社区指示图，明确每一栋楼的位置和“青年创业园”的位置；把“青年创业园”在批示系统中单独编号；在环形道两侧做一系列的楼宇批示牌；指明社区内的每一处公共设施，如篮球场、网球场、中心广场、停车场等；每一栋楼宇的山墙上挂上带统一标志的楼栋号，每一单元都作详细编号标注；环形道道路增加指示系统，减速带，斑马线等。

4）沿主通道设计制作一套“某国际城社区生活品质图展”。以感受社区时尚、自由、舒适、尊贵的生活为思路，以精神征服和心理诱导为目的，给受众以较大的社区生活想象空间和“牵引力”。

5）持续开展社区篮球赛、羽毛球赛，可以组织社区业主、公司员工、外单位员工等参与，最好做到每天有球赛，做好与外单位的羽毛球联谊赛，以吸引外界人士进入社区。

6）做到每一栋楼至少有一个固定保安，并设流动保安。

7）完善社区生活配套，超市、医疗服务、洗浴等尽快配套。在招商中可针对这些生活必需配套给予特别优惠的招商政策，如先进驻经营，三个月后再付房款等办法。

8）为南门公交车站设计一个符合某国际城项目特质的站亭，与相关市政单位协商实施。

9）配合园艺建设，设计系列雕塑群，雕塑群分两部分，一部分为历史题材，一部分为未来题材。历史题材以项目的前身运动为主题，未来题材以某国际城的工作生活为主题。

以上完成时间在6月之前。

第二：细分市场——“青年创业园”计划，集中解决 C1、D1、D4 三栋滞销楼

1）在创建“青年创业园”时，同时兼顾的问题

① 如何在事件营销的过程中，同时解决企业形象与楼盘形象的问题，事件营销不能单纯以“促销”为目的；

② 在解决 C1、D1、D4 几个滞销楼的同时，如何兼顾其他楼宇的个别剩余户型；

③ 在做到这些基本工作的同时，如何维护并延伸楼盘的品牌形象，为二、三期销售创造市场人气；

④ 如何在处理一期剩余楼宇和户型的同时，避免与二期楼盘的冲突，因为二期楼盘吸取一期的经验教训，从规划设计到户型结构，都更趋合理，价位也将低于一期；

⑤ 如何处理“青年创业园”与楼盘整体概念的关系。

2）某国际城青年创业园实施方案

① 创意思路

以营造创业环境，支持青年创业为口号，将 C1、D1、D4 三栋滞销楼重新进行分割，辟为“青年创业园”。从概念上换新，把“青年创业园”引导为青年创业的“摇篮”；从价位上优惠，与当前价相比，普遍下调 11 个百分点，整体价位比原价降低约 11%，以均价 2300 元/平方米、起价 1800 元/平方米的特惠价格发售，在 C1、D1、D4 的价格统筹中，因为 C1 的位置最差，把 C1 的价位调整到最低限度，以防范该栋楼销售再度出现真空。

本活动在体现企业的社会责任感的同时，获取创业人群和社会的好感，并使其充分认识某国际城的地理优势。

② 目标对象

23 周岁至 40 周岁的乌鲁木齐市创业人群。

③ 相关支持

设计一套“青年创业园”的标识，应用在传播系统和外墙指示系统，每栋楼的外墙和楼梯通道上都悬挂其标志；将“青年创业园”以相对独立的形式进行包户外包装，在环形道和主要通道边以不锈钢指示牌标示；在其中一栋楼顶，竖立四块大型灯箱招牌，使乌鲁木齐的四个方位都可以看到；提供宽带网等办公基础设施配套；提供相关物业服务。

为了使该计划具有更大的社会意义和影响力，建议争取自治区团委或市团委的支持。

④ 青年创业园优惠办法

青年创业园的优惠方案分步实施，根据推广效果具体调整。

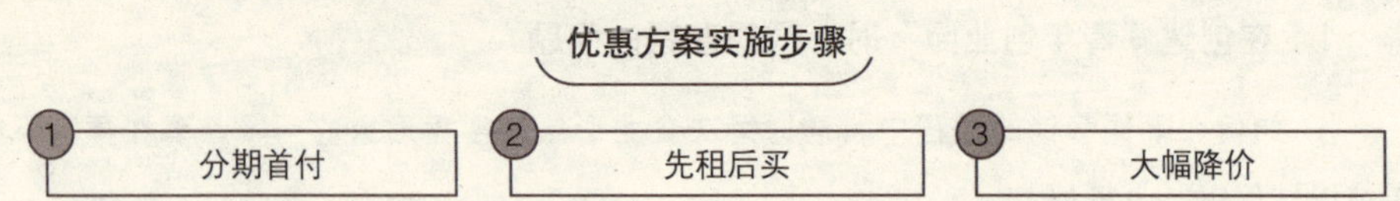

第一步，分期首付。客户先入住经营，然后分期支付首期款，一年内付清（如 150 平方米，价位 2300 元平方米的一套房，总价 34.5 万元，首期三成共 10.35 万元，可按季度支付，每季度约 2.6 万元）。时间为一个月。

第二步，先租后买。客户可先入住经营，租约一年，租金 8000/ 年，一次付清，到期后，客户若买房，租金转为首付款。客户若不买房，可继续租用，也可退房。继续租用租金根据当时行情定。时间为两个月。

第三步，降价促销。待青年创业园实施进入尾声，须要对少量极差户型脱手，采取大幅降价的措施：最低价位 1800 元 / 平方米，并配以方案二实施。计划为一个月。

⑤ 青年创业园的实施价值

第一：解决 C1、D1、D4 楼宇的滞销问题；

第二：回避大盘降价的尴尬和诸多不良影响；

第三：在社会认可楼盘降价的同时，更多地关注“青年创业园”的社会积极因素；

第四：显示企业社会责任感；

第五：解决楼盘在市场上已经形成的既定概念和功能导向与现有概念与功能导向的冲突问题。

⑥ 青年创业园对于客户的价值

获得特惠价格，比原价降低 11%；免付三年物业管理费；享受政策支持；付款方式灵活，入主门槛降低；集中办公，共创青年创业园品牌，共享品牌资源。

⑦ 推广节奏的把控

4 月初，首先召开新闻发布会，通过新闻渠道，让市场认识“青年创业园”，激发社会的兴趣，然后，以专题的形式对“青年创业园”报道，完成概念建设和前期渲染，最大限度地吊足创业人员的胃口；

4 月中旬，在房交会前，以一个整版广告宣传“青年创业园”，公布“加盟青年创业园”优惠政策，同时，针对乌市青年创业者做一次派送广告，通过此次大力推广，把市场引入强销期；

进入5月，再次通过专题报道《创业青年对话某国际城》，把“青年创业园”推进销售高峰期；

进入6月，检查“青年创业园”推广工作，根据推广效果调整市场姿态，在6月底基本完成“青年创业园”的销售工作。

整个推广周期设计为三个月。

⑧ 推广形式

为了避免与楼盘的整体推广发生冲突，推广手法主要运用新闻和传单派送的形式，以广告为辅。具体如下：

在4月中旬，房交会之前，召开“青年创业园”新闻发布会，在晨报发布一次整版广告；针对乌鲁木齐各写字楼、酒店等场所的中小公司派发一次宣传单；其后，主要运用新闻统筹传播，在楼盘整体的广告中，附加“青年创业园”信息。

第三：公关活动——“某国际城首届社区文化艺术节”，让市民走进社区

如何让社会持续关注某国际城？如何吸引人们走进某国际城？本案将着重解决这一问题。本案设计的公关活动将以“大看点，高品位、低费用”为主要思路。

1）活动策划

活动在某国际城中心广场举行，聘请专业演出公司主持，由新疆电视台主办，某某置地以赞助形式参与。新疆电视台现场摄影，与社区实景、室内实景共同剪辑为约一个小时的节目在新疆电视台播放。

2）观众预约

观众预约方式分以下几种：

准客户：500名，销售公司和各业务员依据掌握的客户资源报请。

业主：约1000名，所有业主均可参加。

市区领导、关系户：100名。

市民：500名，通过报纸广告，提前预约，并获得门票。

新闻媒体：100名，约请。

所有入场人员必须凭票或邀请函入场。

3）演前准备

舞台搭建、观众席搭建、保安方案（聘请保安公司）、后勤服务。由演出公司和国际城后勤部门、物管公司协同完成。

4）现场包装

除了传统的气氛渲染（布标、氢气球、拱门等）之外，在广场一周，辅以社区文化图片展（用钢骨喷绘），让走进社区的人们更多地感受社区文化，感受企业理念、感受企业实力，增强购买信心。图片展共分四个部分：历史（南门区域的历史变迁、南门体育馆的相关图片等），现在（某某置地的企业简介；反映企业精神的图片；市民踊跃咨询购房的图片；施工、物管图片；反映一期园林、服务、户型场景的生活图片），未来（三期的总体规划图、设计图、效果图等），关怀（领导关怀的图片等）。

5）实施步骤

4月份，分别寻求与专业演出公司和新疆电视台合作；

5月上旬，对演出公司的演出方案进行初步审议；

5月底，会同电视台对修正的演出方案进行再审议；

6月上旬，发布信息，预约观众；

6月中旬，邀请领导、关系户、客户观看演出；演前准备；

6月下旬的周日，正式演出。

实施的意义：达到"关注"与"走进"的目的；扩大某国际城在全疆的知名度；丰富社区文化内涵，提升楼盘品牌形象；展示楼盘实景。

第四：促销活动——"某国际城掘金计划"，重点解决某国际城零散滞销单位

活动时间：二期开盘前的一周或一期剩余量在5%左右时。大约在8月间。

活动地址：在社区中心广场公开发售。

活动形式：当总销量达到90%以上时，将所有的滞销房，集中以特价房的形式投放市场。所谓"掘金"，一要有足够诱惑，让购房者享受前所未有的优惠，二要让购房者感觉到市场投放量有限，机不可失。通过媒体发布"某国际城掘金计划"，限定在一定时期（时限一周）内，凡预订房子的客户，均可参与"掘金计划"，得到一期保留房型的机会。

活动当天，预订客户可到现场看房定房，参观社区。届时，社区大部分业主已经入住，

社区环境也已完成，二期也在紧锣密鼓地建设中，管理也基本规范，让客户在社区的生活氛围里亲身感受，此时一些小的缺陷也许会被忽略。

缺陷弥补：为了避免给客户造成“剩尾房是缺陷房”的印象，把几个代表的房型，通过家装弥补缺陷。不好的房型只是相对的，通过家装效果一般都可以弥补结构性缺陷，但对于采光不好的，同样可以以灯饰效果等克服。家装过的房子，可以加装修价最后售出。

优惠形式：两种优惠方式，客户可以任选一种：一是以1800元/平方米的价位出售；二是赠送二成首期款。

宣传口号：以“南门钻石地段，一期绝版社区，最后20套保留房型，再度回报市民”。

现场渲染：活动期间，社区内要张灯结彩，社区物管要组织开展网球赛、篮球赛、羽毛球赛等室外赛事。广场继续开展社区文化生活图片展。

第五：传播整合——配合各策略的有效实施，“软硬兼施，有点有面”

某国际城地理位置特殊，高层楼宇，大户型结构，具备住宅功能向商务功能延伸的条件，加上现有不少业主有“居家办公”的倾向，因此在下一步的概念传播中，主要倾向于商住功能互换概念。打出“住宅商务无缝对接”的楼盘口号，拓展楼盘功能的包容性。

乌鲁木齐初创的中小型公司，有选择住宅特别是小高层电梯公寓做经营场所的习惯，这主要是从经济因素的角度考虑。这一群体由于资金条件的限制，在创业之初，往往选择住宅作为初创时的办公场所，如若公司发展起来，再考虑更换场地，如若公司发展不顺利，也可以再度作为住宅使用。在所调查的日月星光、红十月、阳光花园等楼盘中，用住宅作办公场所的占60%以上。

这一方案，对于较小的户型作用不大，较小面积的户型滞销，要通过价格优惠等促销政策解决。

商住互换的概念的宣传，其意义有以下几个：

第一，突出某国际城特殊的地理优势；

第二，利用项目的外延功能，消化零散滞销户型；

第三，为“青年创业园”的实施，在概念上提供支持；

第四，对非滞销户型起促进销售的作用。

“软硬兼施，有点有面”是这次传播整合的思路。

“软硬兼施”：对于某国际城来讲，由于前期大量的广告出现，楼盘的知名度已达到较高的程度，下步的广告作用更多的局限在价格信息、促销信息等层面；加上下一步营销策略主要以“事件行销”为主，硬广告存在的局限性日益突出。因此，具有较强的引导性和渗透性的新闻或软文便显得更为重要。

诸如“某国际城对新疆居住观念的撞击”，“‘价值VS价格’某国际城的市场征服策略”等对市场具有冲击力的话题，以及“创业青年对话某国际城”，“某国际城社区真人秀”等事件跟踪性话题，将大量出现在各大媒体上。既激发社会的兴趣，又吊足消费者的胃口。

“有点有面”：旨在以最小的宣传投入搏取最大的传播效果。“点”包括媒体的重点选择，也包括对目标消费群的重点选择。一，把媒体的投放重点集中在晚报上；二，利用邮政的优势对专业人群发起宣传攻势，如针对乌鲁木齐手机月缴费在500元以上的客户进行一次直投，对月存款在一定数额以上的私人客户、对市场内各中小公司等进行一次直投。“面”即媒体的广泛选择性，通过卫视、日报、电视报、丝路游杂志、新疆民航杂志等媒体把传播的触角伸至南北疆甚至国内，广泛覆盖目标群。

第六：企业形象整合

关于企业形象整合的总体思路，是以事件营销促进企业形象，以项目形象提升企业形象。

主要借助整体营销的过程，在对项目进行包装的同时，通过新闻统筹的形式，对企业进行包装。为了达到潜移默化的形象修复及维护效果，不单纯地对公司进行直接宣传。具体方案随营销的进程，适时操作，属动态策划范畴，在此不再作具体制定方案。

为了更好地对企业形象进行整合包装，建议成立“新闻统筹小组”，小组由某某置地、盛世联广、媒体三方构成。小组每周五会商一次。媒体由晚报、晨报、都市报新闻部各一人组成，由某某置地每月以外聘兼职人员待遇付薪。

创办《某某置地·文化》期刊，每季度一期，以反映企业精神、企业文化、企业动态、社区生活为主，拉近与业主关系。由某某置地企划办负责实施。

第七：2003年度营销沟通会

为了更好地实施本方案，及时做好动态策划，在全年施行“营销沟通会”，时间定在每周的周五。参与人员：某某置地销售人员，盛世联广策划、创作人员。沟通内容包括一周的销售情况，以往的营销举措评估，以后的市场预估，下一步工作会商，下一周营销工作通报与解释。

第八：营销策略的多级助推示意图

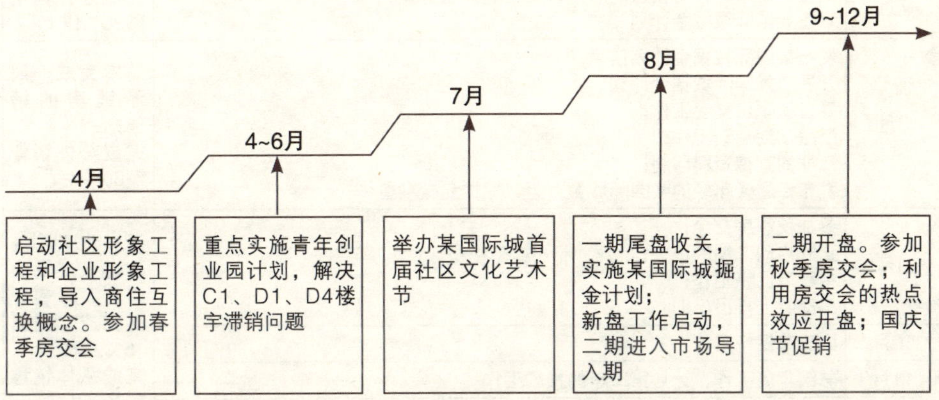

四、某国际城营销工作计划

1. 年度工作计划

某国际城年度工作计划表

时间段	工作内容	备注
4月	启动社区形象工程建设； 启动“某国际城青年创业园计划”； 召开“青年创业园”新闻发布会，以专题的形式对“青年创业园”报道。 第一篇铺垫性报道《某国际城置业调查：乌鲁木齐置业新动向》发布； 房交会前，“青年创业园”广告，公布“加盟青年创业园”优惠政策，同时，针对乌市青年创业者做一次派送广告； 在4月18日（春季房交会）之前，在房交会期间推出“商务住宅无缝对接”的广告； 参加新疆春季房交会； 寻求与专业演出公司和新疆电视台合作	初步完成社区形象建设； 完成“青年创业园”概念建设和前期渲染。 完成总体销售额60%
5月	专题报道《创业青年对话某国际城》、《某国际城对新疆居住观念的撞击》； 针对目标消费群进行第二次直邮广告； 审议社区文化艺术节演出方案； 车站亭的创意设计	把“青年创业园”推进销售高峰期； 完成总体销售额65%
6月	检查“青年创业园”推广工作，根据推广效果调整市场姿态；发布社区文化艺术节演出方案信息，预约观众； 邀请领导、关系户、客户观看演出； 发布专题稿《‘价值VS价格’某国际城的市场征服策略》； 演前准备； 正式演出； 雕塑群工作安排	基本完成“青年创业园”的销售工作。 完成总体销售额75%

续表

时间段	工作内容	备注
7月	调整销售策略，对楼盘的剩余户型再次摸底调查； 筹备某国际城掘金计划	完成总体销售额80%以上
8月	发布某国际城掘金计划信息； 开展“某国际城掘金计划”； 筹备秋季房交会工作； 酝酿二期启动工作； 二期的宣传资料印制； 发布专题《年轻的某国际城》，为二期推盘做准备	基本完成一期滞销房的销售； 完成总体销售额85%左右
9月	参加秋季房交会； 正式启动二期的销售； 中秋节促销工作； 房交会上推出二期	下一步工作主要进入二期的销售，年底之前完成二期的15%左右。 完成总体销售额90%左右
10月	国庆节促销工作	
11月	总结年度工作，计划第二年的推广工作	
12月	酝酿元旦促销工作	

2. 营销进度与费用掌控

营销进度与费用控制表

推广阶段	实施时间段	达到目标		营销费用控制	备注
		市场知名度	实现销售率		
重塑楼盘企业形象导入“商住互换”概念，整盘销售实现跃进	4～5月	概念知名度在目标群中达到70%以上	达到现存盘量的30%	50万元左右	
正式实施青年创业园计划，销售进入高峰期	5～6月	青年创业员在目标群中的知名度达90%以上	实现现存盘量的50%，青年创业园销量达60%	累计控制在75万元以内	
一期尾盘收关，整盘进入攻坚期	7～8月		实现现存盘量的75%左右	累计控制在125万元以内	
二期市场启动	8～9月	二期市场知名度达40%左右	实现二期总量10%的销量，一期现存量达85%左右	累计控制在145万元以内	
二期进入销售增长期	10～12月	二期市场知名度达60%左右	实现二期总销量的30%左右，一期达90%左右	累计控制在170万元以内	

实战案例02 Combat case 新疆丽景江山别墅突围全程解读

丽景江山从2001年始，一度沉寂三年的别墅楼盘，面临市政交通、周围环境、楼盘形象、资金压力等各种障碍，在2004年5月突然成为乌鲁木齐最热销别墅，单价也从2300元迅速升至3180元，当年完成300余套的销售，不但如此，楼盘与企业形象也大幅上升。丽景江山被评为"2004年新疆最佳别墅人文奖"，从滞销到热销，中间充满智慧与变数的搏弈。

一、身份游离的丽景江山

丽景江山原名为塞外明珠，是乌鲁木齐目前最大规模的别墅区之一。

该项目位于国家级乌鲁木齐经济技术开发区，一期规划面积为28万平方米，二期计划20余万平米，总开发面积将达到50万平方米。

楼盘最初的市场概念为"生态环保住宅"，由于"生态环保"这一概念流于空泛，特别是在乌鲁木齐这样的自然环境中很难真正实现住宅的"生态环保"，明显带有跟风之嫌，也很容易使开发商自陷泥淖。

2003年，内地一家经纪公司开始介入项目销售，并对楼盘进行重新定义和策划。由于这家公司对乌鲁木齐本土的气候特征和项目特质的把握失准，将项目定义为"水景住宅"，并更名为"丽景江山"。楼盘在没有任何"水的背景"的情况下，定义严重失实，被市场传为笑谈。更为甚者，在推广中明显带有急功近利的心态，广告中不是主推项目的主体别墅，而是打着别墅的概念，另推一些小户型经济适用房，喊出"首付2万8，把我带回家"的口号，大损楼盘形象。

从2001年开始推广直到2004年4月份，仅售出20多套房子，楼盘和企业陷入举步维艰的地步。

二、寻找出路

2004年，丽景江山的开发商、天际集团董事长齐际军先生，邀请我们为丽景江山作全面诊断与推广策划。诊断后至少发现有以下几个主要问题：

楼盘滞销原因

内因	（1）楼盘概念模糊，市场特征不明显
	（2）市场信心不足，人们对天际公司能建造出什么样的项目持质疑态度
	（3）项目卖点挖掘不深，未来城市规划，如乌昌合并等，新市区中心的重要卖点未挖掘
	（4）楼盘形象与周围形象仍处于脏、乱、差的状态
	（5）缺乏整合推盘思路，营销推广带有很强的随意性
	（6）宣传形式呆板，特别是宣传不注重高档住宅对生活价值层面的引导
	（7）促销政策落后，公关手段缺失
外因	（1）项目所具备的优势“低容积率，高绿化率”，单从字面上来讲，在当前陆续出现的同类项目中，已不占优势
	（2）相比乌市其他几个同类楼盘，如优诗美地，香格里拉·美泉等，其地段明显处于劣势
	（3）“家家有车库，户户有花园”，对于居住者生活意义引导不够深入，已不再是楼盘独有的卖点，因为，几乎所有的别墅楼盘，都打出了这张牌，甚至当年面市的蓝波湾经济适用房，也打出了有空中庭院牌

除此之外，市场上的别墅项目，至少有优诗美地、香格里拉美泉、空中花园、世纪花园、锦绣江南小镇、大德豪庭等多个小区，对丽景江山造成冲击。这些项目的开发商，大多是在市场上有实力有品牌的企业，对于天际房产这个弱势企业来说，市场障碍被再度放大。

在丽景江山的环境、地理位置、交通，甚至企业实力都不如竞争对手的情况下，如果只拼广告拼宣传，无异以卵击三石。因此，如果营销手段不能出奇，如果没有足够亲和力的楼盘概念或足够闪亮的卖点，只能等死。

在调研中，来自同行业的各种声音也逐渐传来。有许多朋友出于善意劝我们说，丽景江山是一个问题过多的死盘，千万不要再介入，否则有可能随之“名利俱毁”。

当时我们也一度陷入矛盾之中。因为，任何一个做项目策划的人，都懂得“成也项目，败也项目”的生存之道。

但笔者更奉行一个行事原则：受人之托，成人之事。同时，我也相信我们的智慧与经验。

三、从水景别墅到绿色资产

水景别墅这一概念再也不能用了。我们必须寻找一个新的楼盘概念，重新切入市场。

而所有可以与别墅联系在一起的绿色、休闲、尊贵、高尚、景观、观景甚至蓝天白云阳春白雪之类的概念，几乎都显得过于苍白无力。已处于绝地的丽景江山再也经不起折腾！

我们过滤了楼盘优势卖点，比较了竞争对手的优缺点后，重新审视新疆的高档住宅市场，以期在中间找出突围的缝隙。我们再度回顾乌鲁木齐的房地产市场：

特征一：1998年起市场一路走旺，直至2002年，2003年下半年市场严重滑坡，进入所谓的“调整期”；

特征二：2004年的主要特征是：住宅消费疲软，空置率达40%，其中主要集中于高层住宅；

特征三：楼盘普遍缺乏明确的、务实的、亲和力的概念；

特征四：新疆的高档住宅开发量不大，但依然普遍滞销，原因是现实的自然环境与人文环境，使高收入群体流向内地置业，并且收入越高到内地置业的信念越强烈。印滢工作组称之为“黄金漏斗现象”；

特征五：商铺投资渐旺，投资意识较浓。并且“在新疆挣钱，在内地安家”的意思普遍存在。

因此，能否在别墅营销中，引入投资理念，使买别墅具有投资意义，成了工作组着重思考的途径。

概念等于楼盘特征加投资价值，也就是要使楼盘在市场上以“家产合一”的形象出现，即买丽景江山既能享受高品质生活又具投资价值，从而刷新别墅楼盘营销的传统理念。

一次偶然的事件，给项目卖点的深度挖掘带来启发，也给创造性的设计楼盘概念带来新的思路。这一思路，颠覆了传统的购房理念。

这天，在一家房产公司，笔者看到一位工作人员在忙着整理业主的《中华人民共和国土地使用权证》，这是一栋高层住宅的土地使用权证。他发现一个证书上的使用面积一行标着“$7m^2$”的字样。仅“$7m^2$”？，当时从他大脑子里闪出这个疑问，于是他又翻看了其他证书，上面都是10平方米左右，这是一个长期被市场的买方与卖方都忽略的重要信息：即房屋产权的实质构成：房屋产权实际等于住宅所有权+土地使用权+附属物业受益权。

丽景江山是一座低密度的别墅区，容积率只有1.0，相对于普通住宅，其最大的投资意义在于其每户所拥有的土地面积。一般住宅，户均拥有土地面积仅有其房屋面积的20%左右，高层住宅仅有10%左右，即买一套100平方米的普通住宅，所实际拥有产权土地面积只有10～30平方米左右，而丽景江山的土地拥有率高达100%。在丽景江山买一套别墅的同时，也购买了相同面积的土地，这是一个十分诱人，但尚未挖掘的卖点。

此外，丽景江山所处的位置，是未来的城北中心区，距新市区中心标志仅有1000余米。长远地看，乌昌合并一旦完成，该区域自然成为乌鲁木齐的中心地带，土地升值空间大。因为房子本身不具备增值性，而地皮却因城市发展在迅速增值。把人们买住宅的观念，引导为买土地，树立“买房不如圈地”的不动产投资理念，丽景江山有足够的优势。

“家产合一”的基础有了，概念也就随之产生。根据项目的特征和投资的价值，印滢工作组为其创意了一个鲜明的概念——绿色资产。

同时，为了丰富丽景江山“家”的意义，将每户的私家花园取名为“自助式私家花园”。

至此，“家产合一”得到完美结合。

四、“圈地运动”让项目绝处逢生

概念有了，接下来就是推广。

在推广中，为了达到出奇制胜的效果，我们有意弱化对“家”的宣传，强化“资产”的意义。

于是，“圈地运动”推广计划也随之诞生了：在国内第一个提出“买房不如圈地”的置业观点，以新鲜的观点引起大家的关注，同时使购买别墅具有投资的基础。为此，印滢工作组围绕这一概念演绎了四大说辞：

1. 买房不如圈地

分析住宅的产权要素：住宅产权 = 房屋产权 + 土地产权。以城市土地的稀缺性为理由，突出丽景江山的重要卖点，即超低容积率。加以丽景江山所具有的未来城北中心的前景。为客户算两笔账，一是同类土地现有的价值，二是土地在未来10年、20年、30年、40年的增长预期价值。让业主的精力主要集中在所拥有的土地这一永远不贬值的财富上。

2. 投资商铺不如投资别墅

因为商铺所实际拥有的土地面积极少，所以买商铺主要买的是一种经营权，它的投资回报取决于市场经营的好坏，市场竞争的程度，以及消费观念的转换等，也取决于国民经济等的发展状态，风险很大。而与其相反的是，土地的增值，只与城市发展的宏观层面有关系，对市场经营的好坏不是很敏感，只要城市存在并发展，土地就会增值。

另外，商铺的购买成本很高，一平方米少则上万，多则几万，一个几十平方米的商铺就要投入几十万到上百万元，而几百平方米的别墅，却只有几十万元，所以风险大大降低。

3. 做股东业主

为了更深的演绎投资价值，丽景江山还与海德酒店进行合作，开发一种酒店别墅（海德丽景度假酒店，方案见下面章节）。这样业主不仅是别墅的主人，同时也是别墅的投资者，因而它不同于一般的别墅。在拥有丽景江山别墅的同时，可以与五星级酒店一起做生意，所以他们还是股东。一般别墅的业主，单纯是别墅的消费者，要持续的无止境的投入，而没有产出。在丽景江山，这种局面就完全改变了，业主不但拥有别墅，还可以用别墅赚钱。

4. 拿别墅赚别墅

40% 首付，享受 12 年按揭款承租，相当于投资者只须交付 40% 的首期款，即可获得完全的产权。加上土地升值，现在的投资在将来可获得翻番的投资回报。拿别墅赚别墅现实、稳定。

事不宜迟，待思路统一后，小组成员立即赶制方案，并送交天际房产公司，方案顺利通过，宣传品和广告稿子都已设计到位，广告正要安排发出，一件意外事件再次让计划卡壳。

此时是 2004 年的 5 月初，正值全国银根紧缩，房地产“泡沫论”风声渐紧，全国都在严查“圈地”行为，心存疑虑的开发商通知此计划暂缓执行。

但是推广工作必须开始。新疆的气候特征决定了，每年从四月到九月之间半年时间是卖房的大好时机，错过这个时间就等于放弃了一年的机会。而现在已是五月初，在五月底又有一届房交会。到那时候谁都难以预料会有什么局势发生。小组立即与销售公司进行紧急会商。商讨中大家一致认为，虽然国家正在严禁“圈地”行为，但此“圈地”毕竟不是彼“圈地”，在国家剑指“圈地”行为的时候，实施“圈地运动”有可能会起到意想不到的效果。

于是在老总不知情的情况下，在新疆日报和晨报同时上了一期“买房不如圈地”的广告。广告出现，立即引起轩然大波。第二天，销售人员开始拿着宣传单走向街头，反馈情况令人鼓舞，第一周就完成 5 套别墅的销售。

该轮宣传正值 2004 年春季房交会之前，让其他参展别墅防不胜防。在 5 月 26 日房交会上，丽景江山成交 9 套。而其他别墅楼盘则一无所获。

但天际老总发现后，再度要求停此这种宣传。“圈地运动”开始进行变通操作。

五、让丽景江山接受“国际考验”

最初为了投资而考虑的“海德丽景事件”，可谓一举多得。

但仅靠土地预期升值，对于纯粹的投资者来说，吸引力仍不够，因此，为了使“投资从务虚到务实”，还做了更加深入的发掘工作。根据一部分目标客户的要求，将丽景江山的部分别墅暂时转化住宅的传统功能，引入商业运营或商铺投资理念。另外，丽景江山和天际房产的市场形象，在市场上也处于劣势。因此提升楼盘形象和企业形象，提高综合竞争力是首要工作。工作组研究认为，这一工作的捷径在于“品牌嫁接”。缘此，本案策划了一次“海德丽景事件”。

其设想是，通过与新疆五星级酒店海德酒店合作，划出部分别墅作为其“度假酒店”，将居住功能转换为经营功能，从而使购买别墅具有直接的投资意义。这样就可在当前投资商铺热而购买住宅冷的市场背景下，争取商铺投资者。这是基于当前乌市中高档住宅项目销售趋冷，而商铺投资出现热潮的背景下提出的，具有广泛的市场基础。

在与商铺争夺客户时，要直击商铺的投资弱点，因为商铺集中于经营面积，而不拥有土地产权或拥有很少的土地产权，而且使用形式单一，市场风险大，不像别墅，既可投资又可居住，在人生进退中，功能可随意转换。对于长远眼光的理性投资者就更有诱惑力。

通过以上操作，使购买别墅具备了双重意义，即居住和投资，更具市场竞争力。同时也扩大了目标群体，目标群体从购买别墅者，扩展到投资者（真正意义的投资行为）。在吸引“投资群体”时，要制定与商铺投资相适应的“投资保障机制”，使其比投资商铺更有保障，更有投资价值。

“家产合一”就变得更为丰富，更有说服力。

“家产合一”的概念包括两个方面的内容，一是别墅的使用功能，即“家”，二是别墅具有“投资回报”的意义，即“产”。而“产”，既有不动产，又有经营产。即丽景江山别墅成为“投资型别墅”，其基础可以引伸为两点：第一是项目本身，每套别墅所拥有的土地升值预期；第二是通过商业运营，经营获利。

事后总结，这一方案的执行至少具有以下几方面的意义：

全新的别墅营销模式，刺激市场眼球，提高关注率；为购买近郊别墅找出一个全新的说法和更多的理由；吸引有意投资商铺者转向投资别墅，扩大目标群体；通过与海德合作进行品牌嫁接，提升楼盘与企业形象；由以上各因素促成罗马区的部分销售，提高楼盘实际销售率和入住率；为其区争取客户群。

附：海德丽景度假酒店的市场运作模式

此前，乌鲁木齐由星级酒店参与社区经营管理的项目仅有天安名门，但其只是参与社区物业管理和社区会所的经营。而海德丽景度假酒店的运作形式，则是将丽景江山内的“罗马区”150套房子定义为产权式酒店，取名为海德丽景度假酒店，全部租赁给海德酒店，租期为12年，由海德酒店经营管理。海德丽景度假酒店为投资者（业主），返还12年的银行按揭款。12年后，以完全产权的形式返还给业主使用。

其市场运作模式为：

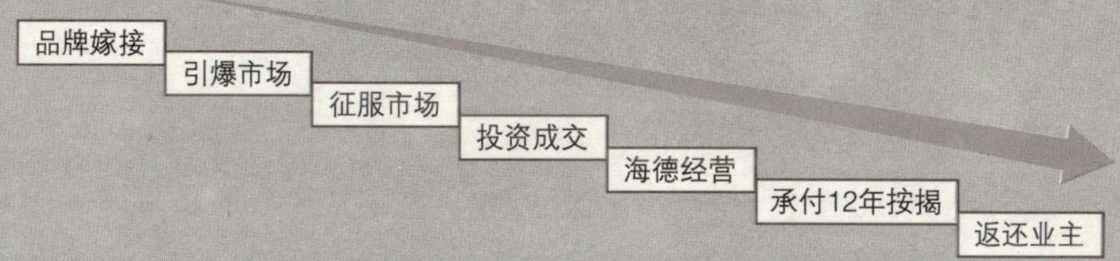

第一，品牌嫁接

使楼盘具有投资的理由，即给市场一个有力的说法。

方案：与五星级酒店海德合作，将罗马区（一百五十套）别墅租给海德酒店，作为海德酒店的“度假酒店”，取名为“海德•丽景度假酒店”。

价值分析：海德酒店管理有限公司是国际品牌的酒店管理机构。海德酒店是乌鲁木齐著名的五星级酒店，拥有2300名海内外会员。会员对于休闲式消费的需求强盛，但缺少足够的属于海德自身度假村式的俱乐部。这种合作，可使其成为新疆第一个拥有“度假村”的五星级酒店，因此合作空间较大。海德的租用，对于提升丽景江山别墅区的物业品牌具有很大作用。同时由海德经营，使“投资回报”具备了基础。

第二，引爆市场

利用与海德合作的事件，做好新闻运作，为后续工作造势。

方案：在海德举行签约仪式和新闻发布会；举行海德丽景度假酒店奠基仪式。（执行方案见附件）

价值分析：由于这是在新疆第一起酒店与别墅项目合作，成功运作的国际品牌下的“度假酒店”，本身就具有新闻价值。而且，这种合作对当前房地产营销特别是高档住宅的市场突围，可视为典范。

第三，征服市场

要说服市场的地方主要包括以下几个方面：

1. 土地保值增值说明：土地增值使项目本身拥有投资保障。

2. 投资保障说明：海德（五星级）酒店的品牌保障；海德酒店海内外庞大的会员群体所带来的收益保障；海德丽景推出的“零风险”保障机制。

3. 投资别墅与购买别墅的利益比较。

4. 投资别墅与投资商铺的获益与风险比较。

5. 开发商－经营商－投资商共生利益分析。

第四，投资成交

整个方案操作的结果如何，事关丽景江山的整个市场运作的成败，销售一线关键要做好反抵制说服，反抵制说服方案可以通过试运行，根据销售一线反馈情况做出统一说服方案。

六、功不可没的“价格运作”

工作组在接手丽景江山策划案的第一件事，就是调整价位。由于丽景江山前期操作的不景气，致使价格处于“临界点”边缘：2300元/平方米。工作组认为，这种低价位策略，不但无助于销售，而且还有损楼盘形象，并且有可能造成低价→劣质→低价的恶性循环。因此，当时就提出条件，如果让印滢工作组介入，必须把单价拉升到2600元以上。

事实是，提价不但没有制约销售，反而增加了人们对项目的信任，促进了销售。接下来，价格便一涨再涨，到五月底的房交会期间，价格拉升到了3180元/平方米，并且销售势头越来越旺。

当然，价格的拉升，使项目的利润空间变大，再投入的资金也会增多，比如强化了社区的物业管理，增加了社区的公共设施，使后期房子的设计、规划等综合素质大幅提高，客户对小区更加认可。

使别墅回归了自己的价位，也增大了价格的谈判空间，成交率显著提高。

在操作中，为了让业主感到的确物有所值，策划人员还设计了一个投资回报路线图。这个路线图，很清晰地表明了丽景江山的价值回报，并且从土地增值到经营获利双线锁定，相当于在与客户谈判中有了双重保险，大大地提高了成交速度。

丽景江山价值回馈路线图

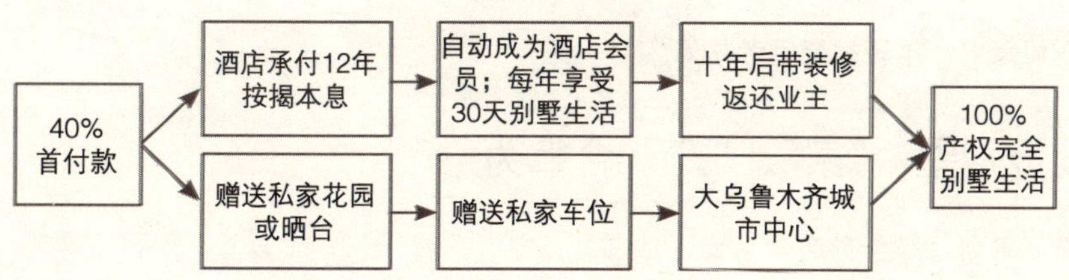

七、主题概念与八大宣传语的设计

丽景江山的操盘思路十分清晰。这使楼盘在整个推广中既统一了思想，又在市场中具备了强有力的“杀伤力”。

首先：确定了楼盘的推广主题：绿色资产，传世豪宅。主题清晰地表明了楼盘不但具有别墅的绿色休闲特色，也具备投资的意义。接下来是更加丰富的演绎。

1. 宣传主题

绿色资产，传世豪宅。

2. 买房不如圈地

新闻策划：丽景演绎圈地运动，买地皮送别墅！

3. 与海德一起，撬动会员经济

新闻策划：丽景江山撬动海德富人经济；撬动海德会员经济，玩赚世界财富。

4. 投资商铺不如投资别墅

新闻策划：别墅抢了商铺风头。

5. 拿别墅赚别墅

新闻策划：拿别墅赚别墅。

6. 从40%首付到100%产权

新闻策划：年轻投资年老休闲。

7. 投资别墅："家"、"产" 合二为一

新闻策划：绿色资产 = 享受 + 收益。

8. 买别墅即可成为海德会员

买别墅即可成为海德会员。

八、直击目标群体的有效传播

天际房地产公司，是一个发展型的公司，节约每一分钱都是必要的。本案在策划过程中十分注重这一点。因此制定了一个行之有效的营销策略：直接沟通模式。

这种销售模式的优点是，便于管理，人员较少，工资成本低。但这是一种较为被动的营销形式，对客户的把握的主动性差，成交率低，并且必须由巨额广告费作支撑。其最大的弊端还在于，广告效力一端下降，对销售会产生致命的影响。

直接沟通的营销策略，这种形式目标准确，互动性好，成交率高，广告费用低。重构销售模式是当务之急。

直接沟通的营销模式

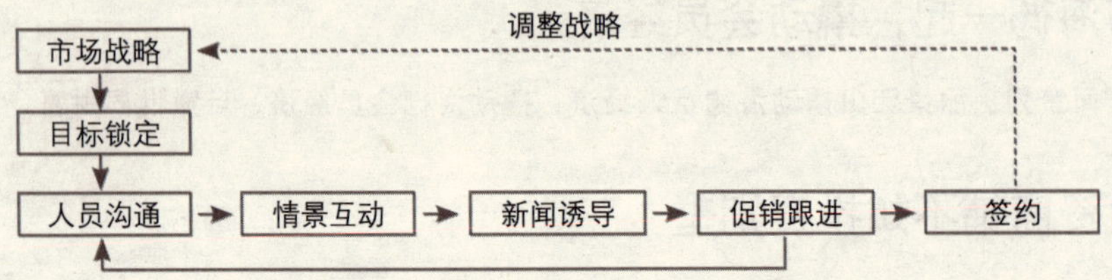

在制定本案之前，就明确地圈定了目标群体，通过对这一群体的"直接沟通"大大节约了广告成本，并且效果明显。

直接沟通目标群体

投资群体	目标细分	投资动机	主要区域
1. 会员群体	海德酒店会员、疆内高尔夫球场会员等	既是海德丽景度假酒店的消费者又是投资者，并且可获得完全产权住宅	疆内
2. 当前持币投资者	疆内重点开发区拆迁补偿户（乌市、石河子）	（1）失去土地和家园，既需要有保障的投资渠道，又要有可以安家的地方； （2）一举多得并且稳定的投资模式	乌鲁木齐市开发区 石河子开发区
	一般拆迁户	同上	疆内主要城市
	高收入官员、企业老总	（1）转移额外收入； （2）有闲余资金，但对股票、期货、商铺等投资不熟悉或缺乏信心； （3）风险小的投资模式	疆内政府（包括兵团）、企业机关团体
	其他高收入群体	有闲散资金，但无投资渠道。稳定的投资模式	克拉玛依、库尔勒、哈密等疆内石油、铁路职工等
3. 商业经营者	内外贸企业老总、私营业主	（1）有资金，有投资理念，寻找稳定的投资渠道； （2）稳定的投资收益	乌鲁木齐及地州主要城市
4. 长期租赁户（机构）	酒店、写字楼长期租赁户 酒店会员机构	（1）每年十万左右的租赁费，但只有支出没有回报，对具有酒店管理功能，又有回报的物业有强烈的兴趣； （2）一举多得的投资模式	乌鲁木齐
	驻疆办事机构 开发区注册经营公司	（1）每年有固定的租赁费用，对可以办公，又有产权的物业有兴趣； （2）一举多得的投资模式	乌鲁木齐及乌市开发区
5. 商铺投资观望者	大巴扎、商贸城等乌市各大商铺投资观望者	有投资冲动，因商铺投资风险大，对投资回报信心不足，寻求更稳定的投资保障	乌鲁木齐及周边城市
6. 别墅需求者	中、高档住宅需求者	有足够的资金积累，家庭成员多，如三代同居的家庭	疆内富有家庭
7. 其他	银行大户、股票、期货大户、中国移动、中国联通、中国电信缴费大户、军官、教授	有闲余资金，有投资意向，可多次置业	

九、不断刺激市场，及时策划公关促销活动

市场在不同阶段会引发不同的销售情况，应对项目进行全程的适时性策划，不断地刺激市场，根据市场情况推出相应的公关促销活动。

1. 丽景江山 · 百度体验

丽景江山与新疆电视台《新居时代》栏目联合举办了本次活动。本活动主要以“情景演绎”为主，把丽景江山的物管、环境、园艺、人文等生动地展现出来。其内容是在疆内公开聘请试住家庭，在丽景江山小区试住，媒体以纪实的手法将其社区生活向市场展示。

结合本次活动，将现有楼书取代为《星级生活艺术图展》，以图片杂志的形式，对楼盘进行情景设计，模特演绎，实景拍摄。从生活艺术的角度，全景展示物业管理、户型结构、园林园艺。

2. 组建丽景商务俱乐部

俱乐部归属“丽景俱乐部”，俱乐部由专人负责，定期举办活动。

实战案例03 Combat case LYD滞销盘营销执行报告

从LYD的销售现状和销售期间来讲，如何做好本项目的后阶段营销工作，是对代理商和开发商在楼盘的认识与销售全面工作的一次挑战，怎样去改变或避开项目的客观不足，引导消费，最终实现全面的结盘，代理商、开发商、营销推广单位三方的配合至关重要。

一、LYD滞销原因分析

1. 产品及设计方面

（1）项目前期规划考虑不周全（如建筑外立面档次不高，不同位置的户型档次及创新力方面未考虑全面）；

（2）剩余部分户型设计整体偏大（整体购买力水平提供速度不大）；

（3）在建筑设计方面沿街部分未使用隔声材料或隔声效果不佳。

2. 销售方面

（1）前期销售节奏、销售控制不足或未做较科学的控制；

（2）价格定位、档次定位与实际消费群体有一点偏差；

（3）项目形象定位不明确；

（4）促销手段较少或者不明确，有待调整和提升。

3. 营销推广方面

（1）案名力度不足，宣传力和形象提升方面受一定的限制；

（2）推广力度不够，前期营销中未树立较好的形象，对销售的延续性把握不够，营销推广存在一定的脱节；

（3）营销渠道不明确，对目标客户群体洞察力不足，消费心理把握性较差；

（4）现场包装不到位，园区包装（小品点缀）不到位。

4. 物业管理方面

（1）目前物业或甲方与业主还未建立良好的关系；

（2）物业管理体系中导示系统不明显；

（3）物业相关配套未良好地跟上（如垃圾桶、喷泉、小品等）。

5. 市场消费方面

（1）2004 年交房前后 2 个月整个重庆市房地产市场不景气（景气指数只有 86% 点多）；

（2）同比竞争、更大规模楼盘的竞争较大；

（3）受本区域的其他板块的影响，消化量的主导倾向发生较大的变化，其中以沙坪坝、北部新区等影响较大；

（4）市场对小户型的需求仍占主导地位，如龙湖、金科等大公司都相应推出小户型，直接影响中等户型的消化量；

（5）自然景观、生活配套、户型设计已成为购房均衡考虑因素；

（6）楼盘的性价比仍为购房者首先考虑的因素。

二、LYD 滞销盘营销总体策略

1. 项目优劣势分析

（1）项目的优势

1）渝北区发展的大环境，天然养吧的自然环境；

2）项目地块的稀缺性，宝圣湖畔，山水居所；

3）周边学校的教育影响；

4）周边大型楼盘对本区域的价值提升作用较大；

5）现房、比较成熟的社区，全现房的低风险性；

6）畅通的交通组织；

7）一梯两户全板式结构；

8）江南水乡的园林风格；

9）全凸窗设计，空中花园，宽大的阳台；

10）中空玻璃的防噪声和保温隔热功能。

（2）项目的劣势

1）销售周期过长，给老业主及新客户带来对项目的认可疑问；

2）部分位置的户型设计不合理，户型面积过大；

3）销售控制不当，加大位置差、户型面积大、价格高、总价高的房屋销售难度和进度；

4）剩余户型噪声较大，隔声措施做得不够；

5）物业管理服务水平不足，未与老业主建立很好的关系；

6）项目定位档次过高与目前剩余单位的品质不相搭配；

7）周边竞争项目较多，可比性较大，导致项目剩余单位的性价比相对较弱；

8）营销推广不得力，现场客源较少，成交的可能性相对降低。

（3）避劣倡优及弥补策略

1）倡导项目的湖光山水、地块自然景观的稀有性；

2）合理的调整价格，在价位不调整的基础之上增加优惠措施和购买折扣；

3）对沿高速路方向外立面增加隔声材料，减低噪声的渗透力；

4）制定合理科学、系统的营销策略；

5）增加物业管理功能，加强老业主与公司的关系，以实现人脉营销；

6）项目重新科学、合理地定位，明确目标客户及项目的实际情况；

7）对项目进行全面科学的包装，以提高项目的昭示性、品质化和正轨化；

8）项目重新启动以新的形象宣告天下，增加项目的推广名；

9）从产品设计出发，发挥大空间、大尺度、大视野、大阳台以及赠送面积出发；

10）加强促销力度和促销活动，活跃现场人气。

2. 项目重新定位

（1）项目总体定位

结合以上对项目的优劣势分析，以及项目后期目标客户的转变，合理地给予项目新的定位。

惟一＋湖岸生活＋全板式结构现房＋开阔的心灵生活空间（OPEN HOUSE）

从项目形象来说："深宅大院　尊崇人家"。

（2）推广名命名建议

首选：海丰 · 水墨风景

海丰——表示公司名字，在进行项目宣传的同时，提升公司的知名度；

水墨风景——湖光、阳光、人文、建筑共融形成一幅水墨画面，体现出本地的风生水起的世景仙地；

备选：湖光山色 \ 青山圣湖 \ 海丰 · 山水居 \ 湖畔明居 \ 海丰 · 蔚蓝湖畔。

3. 项目目标客户群重新定位

（1）目标客户群区域定位

江北区 + 渝中区。

（2）目标客户群体定位

1）企事业单位管理人员；

2）在渝中区、江北区的私营老板；

3）以房地产投资的二、三次置业的富有阶层。

（3）购买用途

自己居住 + 父母居住 + 度假空间。

4. 项目营销总体策略

项目进入营销的后期，最有效的方式是利用现房的优势，采取 P–T–P（点对点）的营销模式。

（1）营销推广主题

OPEN HOUSE，开阔的心灵生活空间。

（2）营销策略

1）直邮广告

针对目标客户所在区域进行，DM单张直接送到客户的手中，增强项目的认知度，同时向目标客户传递项目的情况和优惠措施。

时间段：2005年3～6月；频率：1次/周；单次数量：5000份；规格：正度8开，128K普通铜版纸。

2）报纸广告

以购房超市的广告投入。

时间段：2005年4～6月；频率：1次/周（周五），硬性广告。

时间段：2005年4～6月；频率：1次/两周（周四），与购房超市分开。

3）户外广告

在高速路回兴路口，设立户外广告牌、导示牌，在项目与"在水一方"之间设导示牌。

时间段：2005年4～10月。

4）活动营销

时间段：2005年4～6月；频率：1次/周，售楼入儿童或全家人趣味活动营销：踩地雷、飞镖比赛、合家欢看楼留影等。

时间段：2005年4～6月；频率：1次/周（周六或周日），开心奖不停活动（根据客户积累情况而定）。

5）促销策略

①一口价策略（针对展销会）

对E栋剩余户型实行一口价策略："2200元/平方米"。

执行时间：2005年3月；限制条件：一次性付款。

②优惠策略

买房送装修款、物业管理费等（针对展销会和后期促销）按揭享受按原按揭利率计算（针对展销会和后期促销），老客户带新客户优惠半年到一年的物业管理费。

费用控制：10000元/套；执行时间：2005年3～5月；计算方式：所有的优惠费用在销售总价款中扣除，如：按揭部分以原有利率计算出月供后，再返算到总价。

6）房交会包装策略

春交会是LYD滞销盘销售很好的契机，为了使项目在广大目标消费群心目中留下深刻的印象以及得到成功的销售，一定要把项目与其他项目最大的差异化表现出来。

① 目的

目的1：把LYD的“生活意境”展现出来，让它超越一般尺度（如实景照片等），打开人们固有的“生活意境”。

目的2：展现LYD的生活方式，用一种开阔心灵的生活模式来诠释高人一等智者的高品质现代生活。

② 策略

——开阔的心灵之视野

前提：开阔户型的视野，视野的高度是心境的高度。

——开阔的心灵之片区发展

前提：城市规划、交通环境、完善的物业服务、生活设施、周边环境。

——开阔的心灵之建筑品质

前提：过硬的建筑品质、建材选择和超越同类项目的特性，建筑品质的高度是细节生活的高度。

——开阔的心灵之生活方式

前提：尊贵的，与众不同的生活高度。

——开阔的心灵之生命质量

前提：享受生活的高度。

——开阔的心灵之快乐

前提：享受快乐的生活情调。

③ 展场主要展示元素

建筑模型、精致的户型模型、局部建筑符号——钢与玻璃组合。可以再局部演绎项目的LOGO，为避免出现太酷、太冷，在展板、挂幅等辅助表现元素以感性诉求为主，营造温馨居家氛围，大气而温暖。

④ 展场功能规划

洽谈区——项目咨询、资料派送。

休息区——客户休息。

展示区——模型展示。

⑤ 展场形象元素：钢筋为主要演绎符号

可以在钢筋上演绎LOGO，但也需要辅助元素来冲击过冷的钢筋，使之变得温和而和谐，与家的主题相联系。可采用蓝天、白云、水、植物、艺术品为辅助符号等。

⑥ 展场主色调

可使用淡色系列：米白、米黄、淡黄……，与钢筋、玻璃的冷色调巧妙融合，高贵而不泛温馨。

⑦ 辅助色调

绿色、蓝色。

⑧ 展场调性

大气：表现本项目的高贵大气，使楼盘本身与展示紧密结合。

豪华：突出一种尊贵的生活氛围和感觉。

现代：有一种时代的精神和个性在里面。

⑨ 展场传递信息

展板——展示项目所倡导的 OPEN HOUSE 理念，以图文形式展现。

海报——展现楼盘的主要信息：以项目基础为主，展现项目最大卖点和促销信息。

折页——展现户型信息：购房者关注的卖点。

吊旗——展现楼盘的宣传主题。

⑩ 人员车辆安排

销售现场留两个置业顾问和一个销售经理，其他全到房交会现场，并准备一辆看房直通车。

7）外卖场展销活动策略

针对目前销售现场在报版广告不多，客流量不足的情况，开发商力求通过地面营销活动的开展，让项目信息切实、深入地传递给目标客户群体，并引起其到现场观摩的兴趣，逐步扭转目前的被动局面。为加强地面营销的力度和效果，计划在渝中区、江北区繁华商业地段进行开设外卖场，具体方案如下：

① 目的

通过在人流量集中区域的设点宣传，弥补售楼处位置不醒目和偏远等所造成的负面影响，强势提升项目的知名度，并利用看楼专车的设立，召集大量客户至现场参观，解决目前存在的客流不足问题。

② 时间

2005 年 4~8 月下旬，每日 9：30 ~ 21：30。如准备时间不充分可做适当的调整。

③ 地点

主选：江北步行街。

备选：新世纪（江北观音桥店和解放碑店）。

④ 场地布置

约为12～15平方米的小型展厅内设两张洽谈桌与6张座椅、4～6个易拉宝。

⑤ 人员配置

外卖场由一名销售经理带领两名销售员。

⑥ 活动组织

A. 销售人员于外卖场入口处派发项目宣传海报，并尽可能地将客户带至展厅进行详细推介；

B. 组织意向度较高的客户前往售楼处，设看楼专车接送；

C. 每30～45分钟一班看楼专车前往售楼处，并由售楼处组织进行接待，具体发车时间由现场经理根据客流状况灵活掌控并负责与售楼处沟通协调；

D. 与重百或新世纪协商，凡活动期间内购物满300元以上，均可凭电脑小票到LYD售楼处领取精美礼品一份；

E. 凡在展厅现场登记并填写尊客咨询单的客户，在规划时间内缴订购房，可凭身份证享受2%的额外优惠。

⑦ 所需物件

洽谈桌椅、易拉宝、背投、音响、宣传海报、饮水机一台、纸杯若干。

8）销售现场包装策略

① 总则

售楼处（销售中心）是接待客户、洽谈业务的场所。根据现有情况对售楼处位置重新选择提供以下几种方案：

A. 原有售楼处现场；B. 小区会所；C. 与在水一方最接近的位置；D. 小区的小岛上；

② 功能分区

以现有售楼处为例，进行功能分区如下：

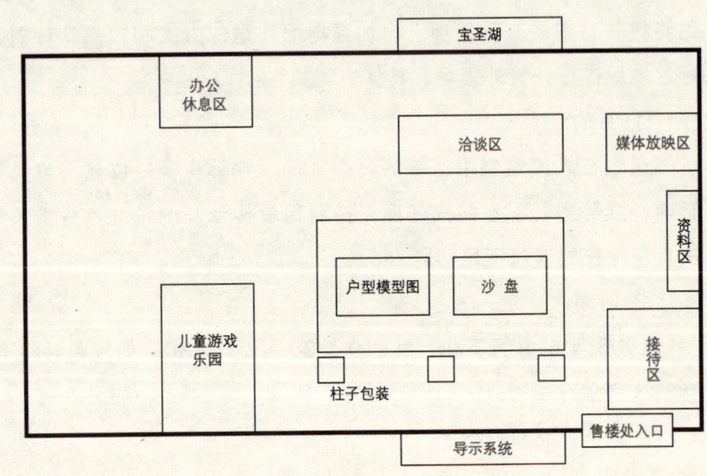

③ 导视系统

导视系统是引导客户进入楼盘场地的指示工具，同时也是客户初次接触楼盘的形象展示系统，它不仅能起到安排人流移动路线的作用，还是客户形成初步印象的重要因素，因此，必须加以重视。导视系统设计基本原则：

A. 位置显著，造型醒目，色彩鲜明；

B. 与环境协调一致；

C. 导视单元之间的空间分布合理，连贯。

三、各户型销售策略与执行

1. 120 平方米以下户型的销售

（1）销售障碍

针对首次置业者剩余户型总价偏高，更何况目前户型外部环境影响很大。

（2）销售对策

采用一口价和装修优惠、不变按揭利率等方式。装修样板房一套。

2. 130 多平方米销售

（1）销售障碍

1）针对首次置业者剩余户型总价偏高，更何况目前价格的户型客户在市场可选择余地很大。

2）130 多平方米户型对一般首次置业来说面积太大且总价太高；对二次置业来说项目无论从区位环境、住宅档次等都不能满足要求，这样造成产品错位。

（2）销售对策

1）130 平方米户型客户定位在首次置业但想一步到达小康水平的客户或二次置业的客户。

2）针对首次及二次置业者应采用降低置业门槛的变相降价策略、降低首期付款或按揭利率等。

（3）促销措施

采用首期一成、二成5年的轻松付款方式。

3. 复式户型销售

（1）销售障碍

相对早期期房的景观视野等都相对弱，部分有一点噪声。

（2）销售对策

1）定位调整

复式户型定位给首次置业但想一步到达小康水平的客户及二次置业的客户。

2）复式户型命名

为有别于市场上同类型产品，创造竞争优势，必须赋予复式户型新的内涵，并在推广、样板房装修等方面展现，建议命名为二层花园洋房。

（3）促销策略

1）再次采用首期一成、二成5年免息的轻松付款方式。

2）送地下车位。

3）每种户型免费提供2～3种顶级装修方案，装修价格控制在10万～20万元，装修款计入按揭款。

第六章
CHAPTER SIX
尾盘项目成功突围模式

尾盘项目成功突围模式

本章使用指南

尾盘突围是策略问题、技术问题。这种技巧并非都能照搬复制，并不具有放之四海皆真理那种魔力。本章是通过各种具有成功经验的案例总结各种不同的突围模式，力求帮助广大读者形成一个整体概念、找出一种思路、启发操盘的灵感。本章只是希望能对广大读者具有更为贴切和广泛的借鉴价值，它虽然不是灵丹妙药、包治百病，但是它对身患“尾盘”病的项目，至少应该是一剂营养品。

一、尾盘概述

1. 尾盘的定义

尾盘一般是对楼盘的销售率达到70%左右时,所剩单位的称谓。因为尾盘数量不多,大都是一些销售较为困难的单元。销售时营销费用十分有限，不可能大量、轰炸性地进行广告宣传,所以尾盘成了令开发商头疼的一件事。尾盘不仅沉淀了开发商的目标利润,更压制了他们前进的热情。尾房销售一直是所有开发商以及代理商的一个大难题，也是房地产行业的焦点之一。

2. 尾盘的六种类型及其特征

尾盘是因销售而产生，但其病因却始于销售之前和销售之中。因此，有必要对尾盘的产生原因和方式进行梳理，便于营销策略的制定。尾盘的出现大概可分以下六种类型:

尾盘产生的六种类型及其特征

类型	具体特征
自然尾盘	这是最常见的尾盘形成方式，是销售气脉自然延续的结果，几乎每个楼盘都存在这一现象，项目收尾，人气渐渐趋淡，信息传播由硬性广告转向软性口碑。自然尾盘一般比例不高，在25%以内，越过盈亏平衡线，销售压力减小，大都是处于清盘状态的项目单位
产权尾盘（纠纷尾盘）	这类尾盘的产生有其自身的特殊性，是因为产权关系的转移和变化而产生的积压。这种产权关系主要产生于抵押材料款充当工程款，不良资产的置换，以及合作各方的协议分房等等。 由于这类尾盘都有一定的数量，而且是销售权分离，极易造成恶性竞争，打价格战，这种尾盘对开发商存在一定威胁
自留尾盘	这类尾盘是不成熟地产市场经常会出现的问题。开发商往往一看销售势头异常火爆，立刻会想到价格是否定低了，产生奇货可居的念头，赶紧把一些好的单位、总价高的单位保留下来，要么自留，要么待价而沽，当市场无情地回落或者竞争压力增大时，立即形成积压

续表

类型	具体特征
炒空尾盘	这也是在地产不成熟阶段常出现的尾盘，如同股市炒作一样，地产投资客低位买进，高位卖出，迫使泡沫不断产生，并产生连锁反应，价格飞涨，层层往上。当价格越过临界点，项目的中高端产品由于过度炒作，超过心理预期的门坎时，这部分产品就成了炒空尾盘
“误诊”尾盘	这类尾盘的出现主要是由于营销策划偏离和失误，如项目盲目炒作，项目定位出现较大偏差，销售计划失控，入市时机把握不准，客户群体界定过宽或过窄，导致广告传播针对性不强，目标诉求不足。与此同时，在大势不景，竞争激烈的市场环境中，消费力不振的状态下，营销策划过于平庸，个性不鲜明，没有凸显差异性，再加上销售环节薄弱，售后服务跟不上，就会出现销售不畅，产生积压
“延迟”尾盘	房地产是属于投资大，周期长，回报慢的行业。如果开发商实力不济，没有充裕的资金来保障工程的顺利进行，以至于出现延缓交楼，从而影响售楼进度，产生的尾盘称为“延迟”尾盘。这类项目在社会上负面影响较深，盘活难度较大

二、对尾盘的两种错误认识

1. 尾盘不等于滞销盘

尾盘是整体物业在阶段性销售过程中，因受各种营销矛盾的影响，暂时未被市场所接受的部分剩余物业产品。尾盘物业可分为两种类型：

(1) 可销型尾盘

在销售过程中，物业产品自身可调节性客观矛盾受多种主观因素制约而影响了其销售进程的物业，称之为可销型尾盘。

可销型尾盘多是由于销售代理商因受合同期制约而放弃销售，或者是营销方因受主观因素和营销水平制约无法有效推进销售工作而形成。如错误的价格定位、产品定位、市场定位，朝向、采光、楼层、户型较差等，主要是开发商在销售前期没有进行很好的销售控制、制定合理的价差，销售人员或代理公司为追求业绩，销售中一味推荐客户容易接受的好户型，对一些朝向偏差、户型偏大的单位没有进行很好的引导。如某项目价位是4900元/平方米，市场定位为普通白领阶层，却将顶层的户型均设计为面积在200平方米以上的复式结构，其中平层部分户型面积也达到200平方米，总楼价100多万元，它的买家是谁很难确定，这类项目之所以销售出现困难是开发商对楼盘的市场定位和产品定位衔接处理失策造成。

（2）滞销型尾盘

由于自身存在多种不易调合的矛盾而无法被市场所接受的物业，称之为滞销型尾盘，又称滞销盘。滞销盘不只是尾盘存在的表现形式，它也会以整体形式出现。一个崭新的物业推向市场后，未被接收也可称之为滞销盘。

不难看出，尾盘不等于滞销盘，其有明显区别但又有互通性，多数情况下关键看如何把握。

2. 尾盘不等于瑕疵盘

在人们的普遍观念中，尾房这个词前一直被冠以“被挑剩下的”形容词。但是，现在购房者的观念正在发生着变化，“尾房”已经不是“瑕疵”房的代名词。如位于上海浦西离黄浦江仅数百米的申江新苑，2005 年开盘，如今它的一些尾房就是位于 18 层的景观房，属于较为优质的尾房，且价格与周边楼盘相比有一定优势。

三、有效避免尾盘产生的五种策略

怎样才能避免尾盘产生呢？房地产市场经过这么多年的发展，发开商在有效避免尾盘产生上也积累了以下五种策略。

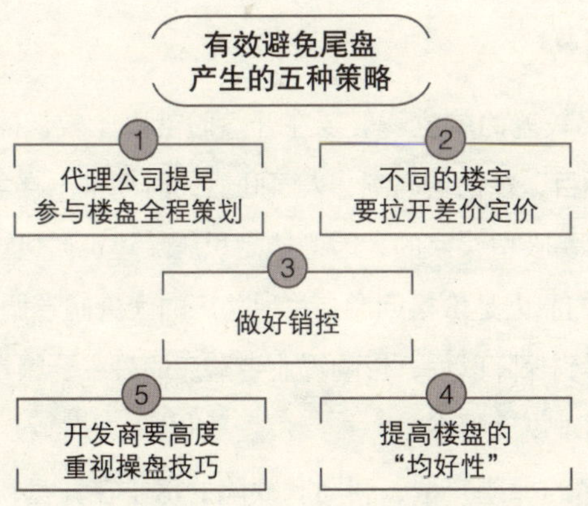

策略一：代理公司提早参与楼盘全程策划

销售代理公司早日参与楼盘的全程策划，从地盘的规划开始，和开发商共同完成项目的客户定位、建筑风格、平面设计等。这样的话，因为对市场的把握性比较强，不易出现偏差，就是有偏差，也容易纠正。

策划公司前期介入，可以和开发商协同全局考虑，并预先有针对性有预见性地尽量减少难卖的单元。对一些景观、朝向不好的单元，设计阶段考虑到可能产生的负面影响。如靠马路处在隔声方面做些特别处理，再如景观朝向不好，对面有工厂、农民房等，窗户的开口方向可做适当调整，总之尽可能将影响销售的单位减至最少。

策略二：不同的楼宇要拉开差价定价

定价之时，不同楼层、朝向、采光的房子要拉开差价。在这一方面，香港、台湾比大陆研究得细，也比较成功。大陆往往做得不够到位，即好朝向、好景观与较差的朝向景观之间的差价尚未拉开，造成好房子卖出去了，而相对较差的房子则加大折扣也未卖出去。根据香港的经验。同一楼房，不同朝向与景观的房子，在规划的一梯八户的结构下最大的差价可达到20%甚至更多，在梯层的垂直分布上，每一层之间相差100～200元。在遇到以4或7字结尾的价格可稍低一些，而较高档的则4层或14层的编号可以取消，以6或8字结尾的价格稍高一些，同一层楼的房号也是如此。

策略三：做好销控

朝向、采光、楼层较差的单位一般要在开盘时就以比较低的价格出售。一般认为一个前期策划较好的项目，在销售高潮，人气旺盛的时期推出楼盘中位置比较差、价格较低的单位，是比较容易吸引买家的，因为楼盘积压除建筑质量、户型结构，立面造型等方面以外，一个重要的原因是价格问题。关于购房的大量问卷调查都得出这样的结论，在楼盘建筑质量能够得到保障以后，影响置业者购房的最主要因素就是价格。一些较差的单元留到最后来卖困难就大得多。

把一个楼盘最难卖的那些户型、朝向有缺陷的房子在开盘初期（热销阶段）以较低的价格出售，等到尾盘时，剩下的房子都是好房子不至于降价太多。

策略四：提高楼盘的“均好性”

在设计的时候，注意避免一些朝向、景观相当差的房子或者室内间隔、采光条件很差的房子，则从源头避免了尾盘的滞销。真正彻底解决的办法是“将尾盘消灭在图纸上”，即在规划设计阶段下足工夫，力求房子的均好性，追求零缺陷。

策略五：开发商要高度重视操盘技巧

对开发商而言，要做一些力所能及的事，不好高骛远，不要抱赌徒心理，不要指望以一些花言巧语、花架子或广告大战哄住客户让他买你的楼。现在的市场是一个成熟市场，市场已经无暴利无热点，无法在销售上取巧，经过市场洗礼之后，消费者已经对市场洞若观火，只有实实在在地把质量做上去，把销售工作做到家，才是成功的大道。

要高度重视操盘技巧，思路清晰，售楼计划既有条不紊，又切实可行。每一期都要注重户型搭配的均衡性，多方推广，成功引导消费者的购买欲。

正如“任何事情都有解决的办法”一样，尾盘不等于死盘，开发商只要能够认真诊断，对症下药，尾盘必将扬眉吐气。当然，最关键的是开发商要未雨绸缪，有先见之明，将尾盘消灭在萌芽期，才是解决尾盘销售的最好途径。

四、尾盘快速清盘的十条突围途径

如何使尾盘尽快被市场消化掉，如何以小博大，成功解套，并没有一剂屡试不爽的灵丹妙药。尾盘的销售应体现针对性与组合性，单击拳与组合拳的综合运用。

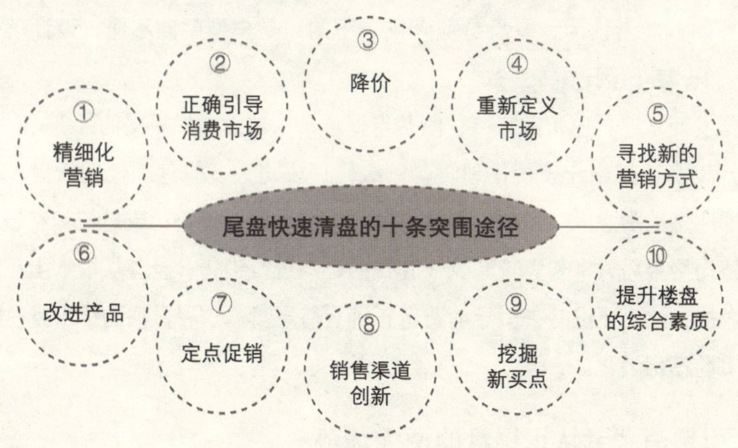

途径一：精细化营销

不同的公司、不同的项目、不同的开发目标导致何时才算进入尾盘阶段的认识也不尽相同。对于“银子卖了个金子价”的项目来说，可能销售超过 75% 以后的都属尾盘，而对于“将金子当银子卖”的项目来说，尾盘量可能不超过 10%。

面对尾盘，大部分人想的第一招就是降价。其实，处理尾盘远不止降价这一简单程式化的模式，逐一分析每个单位成为积压品的问题所在，在对市场深入研究的基础上，实施“精细化营销”才是更高效、更全面解决尾盘问题的方式。

某个高档小区，20 套原本看好的四房却成了库存，策划公司调查后发现原来不少客户认为该户型房间太多而卧室面积又普遍偏小，于是策划公司动员开发商将其改成三房，果然很快售罄。

同样的案例还有，一个是中档偏低的小区，一批“大三房”由于总价较高而无人问津。策划公司调查中发现附近出租房市场需求旺盛且价格相当高，于是将其改为四房，然后“诚征房东”——寻找有意向的投资客，“房东”上门后甚至很快就为其找来了租户。结果自然是四方同喜：开发商消化了库存、投资客找到了收益好安全系数高的投资项目、租户住进了崭新的花园小区。

途径二：引领消费市场

（1）消费市场缺乏对尾盘正确认识的两个原因

大多数的置业者认为，尾盘是别人挑剩下的，是户型朝向不佳、设计落伍、布局不合理的房子，其原因：

一是开发商不愿再出资做宣传，消费者很难辨认尾盘和烂尾楼的区别；

二是开发商选择中介公司代理时，一级代理公司大多只考虑代理新盘，尾盘自然不在他们的注意范围之内。多数的尾盘就被分散给小型代理公司或是任其空置，这些小型的代理公司接手后，本着卖一套收一套钱的心态进行销售，没有从根本上正视和去寻找解决尾盘的方法，更没有去引导消费者正确看待尾盘。这种做法的结果就是事实上尾盘并不被市场真正消化。

（2）引领消费者认识尾盘的两大优势

目前消费市场对尾盘没有一个正确的认识，甚至还存在一定的排斥心理，常将“尾楼”与“烂尾楼”混淆，觉得尾盘就是非常不好的房子。除各种自身条件有限以外，其实尾盘具有两大特点，我们在前面已说过，一是尾盘是绝对现房，一是尾房的物业已提前入驻，置业者可提前获知产品质量，物业服务等关系到其自身利益的问题。

（3）正确引导消费市场的措施——健全尾盘信息发布渠道

尾盘的问题并不完全在项目本身，更多的原因是置业者获得尾盘的信息来源匮乏，致使不能正确认识尾盘。可以通过对尾盘市场的反复研究，决定对尾盘信息进行整合利用，为尾盘提供一个健全的信息发布渠道，使消费者能及时得到相关的购房信息，加深认识，消化尾盘，避免资源浪费。

通过对尾盘信息的整合利用，凭借集中宣传的规模优势，正确、快捷、全方位引导消费者，加深其对尾盘的正确认识，使消费者安全、实惠地购买尾楼，而开发商亦可节省精力、节省成本，加快销售进度，及早回笼资金、实现利润。这首先需要开发商们联合起来，以坦诚的心态面对客户，做捆绑式营销，将现房超市的概念由理想变为现实。

途径三：降价

尾盘促效最常用的手段是降价打折。如果剩余的房源有几十套甚至上百套，为最大限度地获得更多的利润，一般不宜采取整体降价打折，而是从中一次性拿出十套左右的房子，以很低的价格推出，也就是“特价房”。这些房子在户型结构或者朝向方面都有明显的缺陷，但降价幅度大，就具有了相当的性价比，可以让消费者动心。

（1）降价也有技巧

尾盘销售，对于一些急于变现的开发商来说，降价便成了最好的方式。其实降价并非上策，倘若要降价，也有许多技巧，如果一味追求降低售价，有可能适得其反。广州某楼盘，热卖时均价在 4000 ~ 5000 元 / 平方米，因为内部问题，销售受阻，所剩将近 40％的空置房竟以半价推出。一下让市场认为该物业出了严重质量问题，这样不仅给已购的客户利益和精神上带来沉重打击，更损害了开发商的市场形象。此开发商的这一壮举不仅没有推动销售进度，反而让该项目陷入了进退两难的尴尬境地。

（2）降价的两种方式

降价具有很强的诱惑力，能够在较短时间内击中消费者的眼球，鼓舞其购买欲。

但是，降价也是一面双刃剑，不仅使开发商的利润受到损失，而且损害前期购买者利益，进而伤害了开发商品牌形象。我们常说的降价有两种方式，一种方式是明降，还有一种方式是暗降。

1）明降

明降犹如2008年中秋掀起的降价风暴，各大开发商明确提出降价10%～30%，这种降价方式比较猛烈，能非常清晰明了地将降价的优惠传递给消费者。但是，楼市有如股市，大家普遍都有买高不买低的心态，开发商集体大跳水，会传递给消费者一种印象：开发商已经撑不住了，应该还有降价的空间。同时，明降还会引起前期业主的反感，甚至是相关纠纷。

2）暗降

暗降是一种更有人情味的促销方式，通过送花园、送装修、送绿化及无息贷款，为客户提供更周到、便利的服务等方式达到促销目的。这种暗降方式，防止了与竞争对手的价格战，提升了产品的附加值，让消费者真正得到实惠，而且并没有对产品本身的价格体系造成过多的负面影响。

（3）降价的副作用

价格仍是折服消费者的最有力武器之一。尾盘除了朝向、楼层、布局等问题，也可能由于热卖时价格太高，让一些消费者望而却步而造成积压。如果尾盘的确是因为房价问题导致，降价促销可能是最好的办法。但是，降价促销并不是一剂任何时间都见效的灵丹妙药，有些楼盘价格降到了最低点，广告也打了不少，依然是无人理睬，根本无法收回成本，更谈不上利润最大化了。降价始终不是尾盘销售的上策，因为这一法宝的副作用显而易见。

副作用一	副作用二	副作用三
降价使得前期购房客户的利益受损，从而导致开发商的形象受损，不利于开发商品牌的树立	由于你的楼盘降价，迫使周边的楼盘降价，形成价格大战，最终导致开发商利益受损，利润得不到保证	降价会让大部分准客户进入观望阶段，期待着楼盘进一步降价，从而影响楼盘的进一步销售，因此降价不是销售尾盘的上上之策

降价的三种副作用

实战案例01 Combat case

项目J的个性化主题降价清盘策略

项目J位于H市市中心区，总建筑面积约10万平方米，由12栋多层住宅组成，销售均价1990元/平方米；无论规模或市场定位，本案在H市都属于中档楼盘。

在前期销售进程中，本案在综合比较竞争楼盘优劣势、深度发掘楼盘品质的基础上，运用合理的引导性销售说辞，在不到一年的时间里，累计销售了7万多平方米，取得了周边多个楼盘无法企及的成绩。项目尚余总计约3万平方米共240套的单位有待销售。

一、销售背景分析

1. 产品同质化严重

H市的房地产开发项目存在着较严重的同质化情况，尤其是2000～4000元/平方米左右的中高档房产同质化较为严重，已出现部分积压、滞销现象；2002年H市在售住宅项目总计240多个，而几个超大型楼盘更对这容量有限的市场进行了巨大冲击，竞争日益激烈；对一个普通项目而言，每年能达到7万平方米的消化量已属“佳绩”。

2. 市场总体有效需求有限

从大环境来看，H市消费群体十分特殊且总体购买力不强，是一个由少量高端客户、大量低端客户、适量中端客户群体组成的特殊市场，这就决定了H市消费群对中高档楼盘的消化能力有限。H市2003年的开工面积、开盘数量更多，竞争更激烈。

3. 区域竞争激烈

从小环境来看，集项目J所处区域竞争激烈：500米范围内在售项目6个，50米处即有一个竞争楼盘的售楼处；这几个楼盘的定位雷同，区域环境、配套设施也没有很大区别，争夺着相同的客户群。

4. 消费者行为简析

H市人的消费习惯比较传统，喜欢实实在在的东西，消费心理及消费行为相对保守，在住房消费方面存在以下几个特征：

（1）购房心理处于初级向中级发展的过渡阶段，尚不成熟，有一定的从众心理；

（2）一般的购房周期为两个月左右，消费者会反复比较各项因素以区别项目优劣，但购房周期呈现递减趋势；

（3）价格、位置环境、户型仍然是购房者考虑的首要三大因素，其中价格为第一要素。

二、销售阻力分析

1. 市场竞争因素

项目尾盘销售承受着巨大的市场竞争压力。首先在项目J北侧约1.5公里处有一个大型项目将在2003年初开盘，正待开工，工地广告围板已经竖起，吸引了部分目标客户持币观望。其次，周边竞争项目纷纷出台促销措施，折扣优惠、送地下室、送电器等各种方式都有，折合到房屋单价中，优惠幅度在50～120元/平方米之间。

2. 产品因素

因前期销售控制工作有失误及部分特殊情况导致剩余房源大部分是120平方米左右的大户型，单价及总价均较高。

三、应对策略解析

H市房地产市场的传统旺季已经到来，在项目现有条件下，绝不能放过这样一个难得的良机，必须推出强有力的促销措施，力争通过这个销售旺季的强力促销，消化掉大量房源。项目尾盘的产品虽然存在不足，但项目销售面临的最大压力是市场竞争压力。因此，项目制订了应对市场竞争的个性化主题降价策略。

1. 客户定位策略——锁定主力目标客户

通过本案近期来访客户的反馈信息得知：大部分客户希望在离原居住地最近的地方购房置业，给孩子或老人准备，这是区域内客户的一个重要特点。因此本案制定了“抓大放小”的推广策略，即以项目为圆心1公里范围内的长住居民为重点目标客户，将绝大部分介绍、追踪、谈判的精力投入到争取这部分客户的工作上来。

2. 价格策略——强力降价

本案采取了普遍采用的降价措施，原因有三：

降价的三大导因

导因1：尾盘产品单价及总价相对较高

导因2：目标客户对价格最为敏感

导因3：在竞争对手降价的形势下不得不降

因此本案在对竞争项目的促销方式和优惠力度有了充分了解后，决定用最能让消费者感到实惠的价格折扣进行强力促销。

本案有针对性地选择了存量最少的楼层作为让利最大的房源，这样既能增加促销力度，又能降低促销成本。项目降价的幅度非常具有吸引力，最大的让利达到240元/平方米，最少的让利也达到60元/平方米。

3. 销售组织策略——统一销售说辞

前面已经探讨过降价可能引发的老客户的不满和新客户的质疑，因此在降价前必须准备好统一销售说辞。

首先，要向目标客户说清楚降价的原因，不能让他们认为是房子卖不动了才降价。本案的解释是：由于广大客户的厚爱，项目J销售火爆，在总体销售任务已经完成的情况下，这次既是实实在在的让利，也是要抓紧卖完，好开新项目。

其次，要让老客户明白他买的房子没有贬值。本案的解释是：您买的房子是户型最好的、楼层最好的、性价比最高的，您的房子已经升值不少了，他们买的是您挑剩下的，不能简单地和他们比价格。

再次，只有加快进度、提高入住率才能完善物业管理。充分的准备说辞将众多新客户的顾虑和老客户的不满轻轻松松消除。

4. 宣传推广策略

(1)确定“尾盘集中赢”的个性化宣传主题

从前期的客户反馈信息得知：当周边可选择的项目较多时，消费者必定选择销售进度最快、可以尽快入住、物业管理尽快到位的房子。因此，哪个项目能够营造出最热的销售气氛，谁就能赢得客户、获得成功。为使这次促销具个性化，本案经再三斟酌，最后把促销活动主题敲定为“尾盘集中赢”。主动提出“尾盘”概念，加大紧迫感，迫使前期老客户抓紧签单。

(2)项目现场包装策略

为了增加销售氛围，本案首先制作展板、小型布幅等装饰售楼中心，其中最引人注目的是悬挂在售楼中心里的一块倒计时板，上面写着“您还剩XX个选择机会，只剩XX天可以享受优惠”，每天修改一次。倒计时板制造了一种紧迫感，加速了很多意向客户的购买决定。除此之外，本案还制作了几条巨型布幅，在本案所属街道沿途楼体上悬挂，充当临时户外广告，向路人传递信息。

为营造出红红火火的销售氛围、达到最好的传播效果，本案还将红色运用到所有的传播载体上，从传单、促销期间的专用名片、布幅、展板、倒计板到展位背景、导引牌、绶带、地毯等，全是醒目的大红。

(3)讲解式派单宣传

大规模的促销活动，不见得一定要投入很多的广告费用，关键是要把信息准确地传递到每个目标消费者的手中。在小区域内竞争对手众多的情况下，在大家的产品品质相差不大、自己又没有突出特点时，在大众媒体投放广告其实不是给自己做的，是给大家做的。消费者会在广告的指引下，把己楼盘和周边楼盘看个遍。从这个角度看，大众媒体或许还比不上宣传单类的“小众信息载体”。

制作促销主题传单3.5万份（传单单价为0.15元/份，总计5250元），集中置业顾问在项目1公里范围内进行覆盖式派发，所有住户（根据统计约7000余户）必须达到两次以上的收单率。但严格要求置业顾问不能盲目追求派单量，求量更要求“质”，制定了15秒、30秒和2分钟标准销售语，在派单的同时进行讲解，“声”、“图”并茂，加强传播力度。

对宣传工作的评估验证，不能简单计算每天有多少个咨询电话打进来，也不能简单计算来客总量，而要看“反馈质量”。比如，在本案的“讲解式派单”下，来电咨询或登门看房的客户都是意向极准的客户。

（4）营造房展会的热销氛围

除了派单宣传，本案还参加了本市举行的大型房展会，在房展会上营造了火热的销售氛围，取得了很好的销售成果。项目在房展会上的成功得益于以下几点：

其一，选择理想的展位；

其二，展销会的现场包装；

其三，置业顾问的主动出击。

在房展会上，本案制定的工作方针是：简要介绍项目、突出让利幅度，每组客户的接待时间控制在4分钟之内；为节省空间及加强对客户的把握，意向较明显客户均由免费看楼车接到项目现场和售楼中心进行详细讲解。房展会上，本案总计发放宣传材料2万多份，接待客户咨询3500多人次，3部看楼车接送300多位消费者到售楼中心详细咨询，签订购房意向书100多份，签订正式购房合同65份。

四、月均55.66套来之不易

房展会上的成功，为本案的促销战役开了个好头，极大鼓舞了置业顾问的士气和开发商的信心。随着宣传单页的不断派发和悬挂起的巨型布幅不断闯入路人的视线，项目的宣传活动引起了附近居民极大的关注。

在本案采取了一系列针对性策略后，众多持币观望者和前期看过房子的客户纷纷坚定了购买信心，果断地签单交款。在4个月的时间里，本案总计销售96～124平方米的住宅223套，月均55.56套，成交面积2.6万多平方米。

五、降价策略的注意事项

虽然本案通过个性化主题降价取得了尾盘销售的成功，但尾盘销售并不是有了一个新颖、个性的促销主题就会赢得好业绩，关键在于促销中的实际内容——价格优惠；通过诸多实战案例发现，对于中小规模、中低档次的住宅而言，“价格战”的运用在大多情况下是成败的关键。但有些楼盘价格降到极限，广告宣传投入也很大，但仍然没有实效，根本就无法实现成本回收，更谈不上利润最大化了。因此，退一步来说，虽然降价也能使开发商回收部分资金，但降价销售始终是下下之策。

途径四：重新定义市场

重新定义，是指对项目市场、广告媒体、促销方式重新进行界定。重新界定项目市场，一般要求对产品进行改进，但更多的情况改进是微乎其微的。所以重新定义市场，要在软件上下工夫。

第一：广告媒体重新定义

广告媒体重新定位要针对项目市场客户群，经常在其出处的地方举办促销活动。现房的目标客户大多就在项目的周边，所以没必要在大众媒体进行宣传，主要采用路牌、横幅等方式等吸引周边客户前来看房，并在他们经常出入的地方举办促销活动，这样可以以最低的广告费，取得最好的销售业绩。

第二：宣传内容重新定义

一些楼盘在项目收尾期，仍以唯美抽象的概念进行宣传，没有很好地将现房优势表现出来，致使客户对该物业的认识仍停留在初始阶段，这样就难免大量流失目标客户。此阶段的宣传内容一定要以亲切的生活画面来增强与客户沟通的亲和力，主题应着重表现在“家”上。包括宣传工具所表现的内容，更多的应该是使用说明书和质量保证书，而不是华而不实的楼书。另外一个不能忽略的重要媒体是老客户，因为他们的口碑是项目最好的传播方式。所以一定要注重与老客户情感的沟通，经常举办一些答谢会、睦邻活动等，会得到意想不到的收获。

第三：客户群重新定义

位于滨河路的河畔明居，销售热潮过后，代理商便重新定义市场，认为该项目的市场就在周边，客户就在附近。因此，开发商采用路牌、横幅等方式吸引周边客户前来看楼，最后用了极少的广告费就完成了销售。

途径五：寻找新的营销方式

不断创造新颖多样化的营销模式，多方面出击，制造亮点，最大程度吸引买家，使客户有更多的选择余地，降低置业者的资金门坎与心理门坎。

方式一：以租代售

以北京市场为例，市场上租金在4000元/月的租客约占5%，除去暂时性租客（多为1000美金/月以上的外销房客户），估计有3%左右的长期租客，即每年上万套房以高租金出租，而一套50万元售价的住宅，8万元20年按揭月供不到2500元/月，这个层次的租客为何不买房呢？答案很简单，首付20%×50万=10万元，装修加家电约5万~10万元，一次性要支付15万~20万元，使这个客户群对于目前的积蓄来讲难以承担。而每年支付租金5万元以上的客户年收入就在10万元以上。在未来2~4年内，他们将进入购房者的行列。

若有一种付款方式将两年租金5万元/年 ×2年=10万元作为首付款，带精装修总价在50万元以内的房子两年后开始按揭，月贷2500元，只需一次性投入2万~5万元购买家电的费用，这上万个客户将提前2~4年结束租房生涯，而进入购房者行列。

这批客户很少有人进售楼处，更少有人能找到空置房，而处于租赁市场内。将已具备入住条件的空置房用做到上述付款方式的方法，将会消化掉这部分空置房。

方式二：建立房屋折扣超市

市场上的购房主流是工薪阶层，他们对价格性能比比较在意，在价格合适的情况下，可能对其产生足够的购买吸引力。在折扣的区间上可分为9折、8折、7折、6折，若单套购买，使用较高折扣，批量购买使用较低折扣（即批发价），例如共10套剩房，若只买1套，可采取9.5折，买4套，8.5折，全部购买可采取6折等，这样可以使散客形成批量购买，加快尾盘销售速度。

方式三：拍卖竞买

拍卖卖楼是一种崭新的营销方式，在处理一些特殊单位时，甚至是一种更好的销售方式。广州楼市曾出现拍卖卖楼的热潮，反应良好。具体方式是参加拍卖的单位和个人先缴纳一定的押金（保证金）后，凭竞买登记表领取竞买号牌，竞买成功后，押金自动转为房款，未成交的竞买人则退还押金。针对急于变现的开发商，对少量尾盘单元可以采用无底价或有底价的拍卖，视情况分周期拍卖，让投资尾盘的买家竞买，可能是一种值得尝试的办法。

方式四：试住

尾盘销售难的一个主要原因就是买家对尾盘疑虑较多，害怕吃亏，没有信心，若能采取试住的模式，让消费者先行交纳一定费用租住尾盘单元，觉得放心可靠或有能力买房屋产权时，开发商可按先前议定的价格出售，此前的定金及租金总额可抵房款，必定会吸引一些注重实惠与实用的买家会“以身试住”。

方式五：以旧换新策略

所谓“旧的不去，新的不来”，从购房者消费心态来讲，要是原有房产处置不好，其对心仪已久的楼盘也只能望房兴叹。开发商若能够通过收购消费者旧楼，让其抵冲新住宅的首期应付款，让人们“旧的可去，新的可来”，势必会有效促动人们购买物美价廉的尾楼。采取这一策略，开发商最好是与代理商合作，让其在三级市场消化处置旧房，而不要重新背上包袱。

方式六：制定目标各个击破

深圳碧云天的尾盘处理得益于代理商后期介入，代理商与开发商共同制定了认准目标各个击破的战略战术，对每一套剩下的房子进行仔细研究，这样售楼小姐在介绍时，优缺点清楚，成功率大幅提高。如碧云天最后剩一些户型不好的三房，明显感到住家不感兴趣，但对租客有吸引力，于是将户型改为四房、五房，并附近有一个车位，使之符合小型公司员工租住条件，这样代理商又先找租客，租客找好后，再找投资者买家。对一些没阳台的，就送空调，经过这些细致的工作之后，结果才如愿以偿。

实战案例 02 Combat case 深圳某花园尾盘试住方式策划案

一、尾盘问题众多

深圳某花园为现楼，户型结构难进行大的改变，其中一小部分复式（14 套）可改为住宅。从现有 56 套住宅（改造后应为 70 套）、13 间小区商铺内在质量上分析发现问题众多:

1. 尾盘产品质量问题

（1）多层不带电梯的平面户型

三房二厅带阁楼 8 套及不带阁楼的三房二厅 8 套，内部结构合理，各功能区间形状方正，面积比例恰当。C 栋部分朝向较差，其计二房二厅 12 套。

（2）小高层带电梯的平面户型

三房一厅 1 套、二房一厅 4 套的结构及朝向均好。

（3）小高层带电梯复式户型

五房二厅 17 套（168~234 平方米），四房二厅 16 套，其中标号“03”的复式 14 套，这部分因结构上存在问题，对销售阻力最大。

（4）多层不带电梯复式户型

六层三厅 4 套（230 平方米左右），因复式为豪宅，但不具备豪宅的配套，销售上问题也较大。

（5）商铺

小区内商铺 13 间，缺乏商业上应具备的人气和氛围。

2. 解决策略思路

不同特点的户型采取不同的销售组合。所有户型均采用超常规的付款方式解决现有问题。

（1）平面户型销售上压力稍小，对带阁楼平面户型进行提价销售。

（2）一半以上的带电梯复式户型（标号“03”）由于内部结构问题，成为销售的最大阻力。建议标号“03”的复式14套与商铺13间进行组合销售，购买标号“03”的复式，可以同时购买商铺一间，商铺单价1500元/平方米，先购先得，任选。

（3）不带电梯的4套六房三厅复式户型因不具备豪宅设施而可能销售受阻。先以超常规的方式进行销售，而后视情况对销售方式进行改变。

（4）不能以单纯商铺的形式进行销售。如单纯出售，以2000元/平方米的单价进行销售。

二、不同付款方式的效益分析

1. 目的

付款方式设置的出发点在于切实减轻购房者的置业压力，使潜在的置业者有能力提前置业，从而扩大本花园的市场承接面。

2. 前提

地产公司争取做到给予本花园七成15年的银行按揭。

3. 各种不同付款方式对比分析

第一种：延付首期

目的：减轻首期付款压力，把客户装修款与首期款的时间错开。

定金：平面房交付定金2万元，复式房4.8万元。

方式：将原有售价3100元/平方米提高到现有3600/平方米。

首期三成楼款由置业者在3年内向开发商付清。第一年付清8.8折，第二年付清9.2折，第三年不打折。

对延付首期进行例证（以七成15年计）。

例1：A905房，顶层复式五层二厅186.6平方米，以3500元/平方米计（见下表）。

A905延付首期效益表

项目	原先	现在
单价	3100元/平方米	3500元/平方米
总价	578460元	671760元
首期	173538元	201528元
月供	3441.80元	3996.97元
剩余（除定金）	123538元	151528元
开发商套现款	518236元	
开发商套现款占原售价比例	89.6%	

例 2：A1302 房，三房二厅 118.3 平方米，以 3600 元 / 平方米计（见下表）。

A1302交付首期效益表

项目	原先	现在
单价	3100元/平方米	3600元/平方米
总价	336730元	4258800元
首期	101019元	127764元
月供	2003.54元	2533.99元
剩余（除定金）	81019元	107764元
开发商套现款	318116元	
开发商套现款占原售价比例	94.47%	

例 3：A3705 房，二房一厅 82.2 平方米，以 3600 元 / 平方米计，以七成 15 年计（见下表）。

A3705装修款抵首期效益分析

项目	原先	现在
单价	3100元/平方米	3600元/平方米
总价	254820元	295920元
首期	76446元	88776元
月供	1516.18元	1760.72元
剩余（除定金）	81019元	107764元
开发商套现款	2217144元	
开发商套现款占原售价比例	89.14%	

采用延付首期方式，开发商可立即套现 90% 左右的现款。余额 10% 相当于空置 2

年的利息。大大减轻消费者首期的压力，消费者可将迟交的首期款用于装修。从不利的方向看，开发商可能会遇到首期款拒交的问题，途径一是采用法律手段，二是停水停电。开发商指定装修公司，开具的装修发票会增加税费负担（约占装修款的8%）。

第二种：装修款抵首期

目的：用装修款冲抵首期款，减轻客户首期付款负担。

方式：装修款可冲抵首期款。

例1：A905房，顶层复式五层二厅186.6平方米，以3100元/平方米计（见下表）。

A1905试住效益分析

装修分三等次	500元/平方米	800元/平方米	1000元/平方米
装修款	93300元	149280元	186600元
总价（含装修）	671760元	727740元	765060元
首期（含装修）	201528元	88776元	229518元
月供（含装修）	3996.98元	1760.72元	4552.12元
月供（不含装修）	3441.83元		
应交首期款	108228元	69042元	42918元
套现款	470232元	404922元	535542元
开发商套现款占原售价比例	81.3%	88.06%	92.58%

例2：A1302房，三房二厅118.3平方米，以3100元/平方米计（见下表）。

A1302试住效益分析

装修分三等次	500元/平方米	800元/平方米	1000元/平方米
装修款	59150元	94640元	118300元
总价（含装修）	425880元	461370元	485030元
首期（含装修）	127764元	138411元	145509元
月供（含装修）	2534元	2745.15元	2885.93元
月供（不含装修）	2182.04元		
应交首期款	68614元	43771元	27209元
套现款	298116元	322959元	339521元
开发商套现款占原售价比例	81.29%	88.06%	92.58%

例3：A3705房，二房一厅82.2平方米，以3100元/平方米计（见下表）。

A3705试住效益分析

装修分三等次	500元/平方米	800元/平方米	1000元/平方米
装修款	41100元	65760元	82200元
总价（含装修）	295960元	320580元	337020元
首期（含装修）	88788元	96174元	101106元
月供（含装修）	1760.96元	197.45元	2005.26元
月供（不含装修）	1646.18.04元		
应交首期款	47668元	30387元	18906元
套现款	207132元	224433元	235941元
开发商套现款占原售价比例	81.29%	88.07%	92.58%

采用装修款抵首期，从开发商方面出发，建议装修款只采用800元/平方米和1000元/平方米，开发商可得到90%左右的现款。消费者不用交定金及首期款，签合同后直接月供即可。从不利方向看，消费者月供压力大，对销售不利。开发商可能会遇到首期款拒交的问题，途径一是采用法律手段，二是停水停电。

第三种：试住

1）目的

降低购房门槛。

2）主要内容

客户采用试住计划需交纳一定数额的定金及签署《预购（试住）合同书》，在签署《预购（试住）合同书》以后至入伙期间，开发商自行供楼。在入伙后客户正式试住物业，每月按已规定的租金交纳月租，试住期限为3年，在3年试住期间任一时间内，客户可将之前交纳的月租金抵作首期房款，在补齐首期房款后即可签署《地产买卖合同》办理产权过户及银行按揭手续，进入供楼阶段，3年试住期满后，如客户不想购买，开发商退回定金，收回物业。

3）操作要点

定金收取：平面2万元，复式5万元；月租计算方法：复式3000元/平方米，三房二厅1800元/平方米，二房二厅1500元/平方米。

客户交纳月供方法：开发商发放统一存折，客户每月自行存入。

4）操作存在的问题

A. 3 年内客户要退房。试住 3 年要求客户必须住满 3 年才能退房，如果客户在 3 年内就要提出退房，那么他交纳的定金不予退还。

B. 3 年后客户不买房，物业面临再销售，客户退房后，将物业回收后再次发售，其销售途径有二：

一是三年后楼市反弹，可将物业重新定价后交由三级市场销售，则可以赢取意外的利润；

二是三年后楼市大跌，可将物业作为福利，出售给内部职工，则损失部分利润。再次销售物业比较小，无论是出售给内部职工或者交由三级市场，对开发商的影响都不大。

5）操作举证分析

例 1：A905 房，顶层复式五层二厅 186.6 平方米，以 3600 元 / 平方米计（见下表）。

A905试住效益分析

<table>
<tr><td>户型</td><td>五房两厅</td><td>面积</td><td>186.6平方米</td></tr>
<tr><td>单价</td><td>3600元/平方米</td><td>总价</td><td>671760元</td></tr>
<tr><td>首期款</td><td>201528元</td><td colspan="2" rowspan="2">3年试住租金总额：108000元</td></tr>
<tr><td>租金标准</td><td>3000元/月</td></tr>
<tr><td>试住月供款</td><td>4022元</td><td colspan="2" rowspan="2">3年试住月供总额：144792元</td></tr>
<tr><td>定金</td><td>50000元</td></tr>
<tr><td>买房</td><td colspan="3">3年后交纳,首期款与定金之差额:201528-50000=151528元；</td></tr>
<tr><td>不买房</td><td colspan="3">3年后退还定金；3年试住款与租金标准之总差额:144792+50000-108000=86792元；</td></tr>
<tr><td>开发商加收资金</td><td colspan="3">近期回收520232元，回收89.93%楼款。如3年后购买，则再加收151528元，总回收楼款为原楼款的116.13%（包3年利息）。如3年后退房，也收回了租金108000元，且回收的是装修好的房子</td></tr>
</table>

例 2：A1302 房，三房二厅 118.3 平方米，以 3600 元 / 平方米计（见下表）。

A1302试住效益分析

<table>
<tr><td>户型</td><td>三房两厅</td><td>面积</td><td>1118.3平方米</td></tr>
<tr><td>单价</td><td>3600元/平方米</td><td>总价</td><td>425880元</td></tr>
<tr><td>首期款</td><td>127764元</td><td colspan="2" rowspan="2">3年试住租金总额：64800元</td></tr>
<tr><td>租金标准</td><td>1800元/月</td></tr>
<tr><td>试住月供款</td><td>2550元</td><td colspan="2" rowspan="2">3年试住月供总额：91792元</td></tr>
<tr><td>定金</td><td>20000元</td></tr>
</table>

续表

买房	3年后交纳，首期款与定金之差额：127764－20000＝107764元；
不买房	3年后退还定金； 3年试住款与租金标准之总差额：91792＋20000－64800＝46992；
开发商加收资金	近期回收318130元，回收86.74%楼款。如3年后购买，则再加收107764元，总回收楼款为原楼款的116.13%（包3年利息）。如3年后退房，也收回了租金64800元，且回收的是装修好的房子

例 3：A3705 房，二房一厅 82.2 平方米，以 3600 元 / 平方米计（见下表）。

A3705试住效益分析

<table>
<tr><td>户型</td><td>两房一厅</td><td>面积</td><td>82.2平方米</td></tr>
<tr><td>单价</td><td>3600元/平方米</td><td>总价</td><td>295920元</td></tr>
<tr><td>首期款</td><td>88776元</td><td colspan="2" rowspan="2">3年试住租金总额：54000元</td></tr>
<tr><td>租金标准</td><td>1500元/月</td></tr>
<tr><td>试住月供款</td><td>1772元</td><td colspan="2" rowspan="2">3年试住月供总额：63781元</td></tr>
<tr><td>定金</td><td>20000元</td></tr>
<tr><td>买房</td><td colspan="3">3年后交纳，首期款与定金之差额：88776-20000=68776元；</td></tr>
<tr><td>不买房</td><td colspan="3">3年后退还定金；
3年试住款与租金标准之总差额：63781+20000-54000=29781元；</td></tr>
<tr><td>开发商加收资金</td><td colspan="3">近期回收227114元，回收89.14%楼款。如3年后购买，则再回收68776元，总会收楼款为原楼款的116.13%（包3年利息）。如3年后退房，也收回了租金54000元，且回收的是装修好的房子</td></tr>
</table>

三、“试住”效果分析

只需要交 4 万元押金，就可以入住，在 3 年内决定是否购买此房子。如果购买，试住期的房租可以抵首期款；如果不买，退还押金，并且退还已交出的超过普通房租钱，这样使消费者可以零风险置业；并且可以以旧换新，以旧房折价给开发商，这些办法使潜在的消费者提早浮出海面。此种方式的效果比较明显，本项目二期尾盘销售曾几度降价，广告也打了不少，但是市场几乎没有什么反应，采用试住这一方式后，仅两两周时间便完成了销售，55 套住宅全部售出，同时单元售价比原来上涨了 15%。

对于开发商而言，试住的经济性有几个方面：一是可以为开发商套现大部门房款，一般为七成；二是试住没有首期款的压力，符合消费者的消费心理，可以避免直接降低，也没有所谓的一次性购买打折或按揭带来的降价。实践证明，试住这一策略可以有效提高尾盘的销售率。

但也要注意到试住的策略，有资金回收较慢与存在退房可能性的风险。因此，开发商要具有相当的实力，对楼盘的品质有足够信心，并有承受退房的心理压力。

途径六：改进产品

对产品进行改进，维持持续销售期，避免提前进入尾声是尾盘处理的常用妙计之一。对于一些户型结构有问题的尾盘，可以找出其问题点，再有针对性地寻找解决方法。个别单位可迎合有需求的置业者的喜好，进行改建。比如复式可以改为平层，小面积打通改大，四房改为三房，阳台改为空中花园。

改进产品这一方式对写字楼和商铺来说，运用较多，但住宅产品有其特点，其户型的改动比较困难，而且需要追加投入，开发商的利润空间将受到一定影响。

主题案例　改进产品使项目起死回生的三个经典案例

南山金融中心，原名辉煌大厦，在停工三年之后由知名策划代理公司世联介入。世联所做的第一件事就是重新定义市场，经过调查分析，该项目的市场在周边，是一批中小企业主。世联针对这些客户的特点建议开发商对产品进行了改进，如取消集中空调、将面积变小，并编写了一本《完全工作手册》，在该手册里，十分详细地列出了在该栋大厦办企业的种种优势，如周边有哪些政府部门、有哪些运动场所、有哪些酒楼、周边商家的服务范围，甚至给出这些部门、商家的电话号码、联系方式，详细地告知买家在该大厦办公周末是否必须付空调费这些细节上的问题，最后，仅凭这样一本手册就完成了销售。

深圳某区有个楼盘，开发商先是自销，结果不太理想，后又交给某中介代理商代销，结果还是一样。销售了两三年还没达到60%的销售率。像这种地理位置好、环境优美、价格适中、配套设施都比较齐全的楼盘，没有理由不好销？为此，开发商和中介商做了市场调查，发现不少顾客有个共同的看法是户型结构不太好。有些是厨房在房屋正中，有些是卧室过于拥挤，针对这些问题，开发商进行了结构性改造，使户型结构焕然一新。当开发商再次“开盘”时，其销量也一度看好。

又如某个高档小区，20套原来看好的四房却成了库存，调查后发现，原来不少客户认为该户型房间太多而卧室面积普遍偏小，于是开发商将其改成三房，果然很快售罄。

途径七：巧妙利用宣传推广

开发商常用的宣传推广策略，主要包括促销活动、广告、人员推销和公关活动四种。但是，由于房地产产品价值高，消费者购买理性，这就需要采用各种不同的组合策略，深度而又频繁地将产品价值有效传递给消费者。因此，开发商在具体运用某种策略时不仅要追求创新和产品的个性表现，更要注意推广方式的组合传递，将各种策略的优势完满互补，立体化地对市场实行营销攻击，以达到推广目标。

面对尾盘，同样不能忽略宣传推广手段的有效性，实际上它是处理尾盘的基本方法。

项目B沉稳推广快速清除滞销尾盘

一、尾盘销售的背景

项目B是开发商S的系列名盘之一，建筑面积5万余平方米，是中国岭南艺术风格建筑典范。

1. 前期销售形势良好

项目B在开始内部认购期间就登记80余套，公开发售期间每天平均保持3套的销售记录。共售出230余套，占总量的51%。前期的良好销售形势主要得益于项目在建筑风格与项目案名两方面的创新。

（1）项目案名

项目B的命名就是缘自范仲淹的一首词“碧云天，黄叶地，秋色连波，波上寒烟翠”，这种颇具文化特色的案名，为其目标市场定位起到了画龙点睛的作用，对项目前期的热销也起到很大的辅助作用。

（2）建筑风格

项目B之所以引人注目和它的建筑风格有着直接的关系。岭南风格的定位赋予楼盘岭南建筑特有的简洁、明快、轻灵、实用的风格，不仅在功能上较好地满足人们对通透、开扬等功能的实际要求，而且在审美趣味上刚好迎合现代青年的飘逸、自然、个性的文化心理诉求。

2. 后期销售困难重重

项目前期销售取得了预期的成绩，但由于营销推广的失误，使项目在后期销售中面临着重重困境。项目在营销推广中存在以下几方面的失误。

(1) 过于盲目乐观

开发商因前面的碧荔花园的成功，因此对这个项目非常乐观，寄予的希望颇高。然而盲目乐观的结果是项目 B 的销售一波三折，挖坑卖楼，广告投入太大，以致造成市场推广成本过高。结果是前三个月卖 100 多套后，后劲跟不上，出现一个停滞期。

(2) 概念炒作过大

在营销策略推广上，一味地强调卖名字、卖风格，从而忽略了实实在在地对楼盘根本素质、使用功能和生活方式进行夯实、提升。再加上广告的大吹大擂，给予人一种虚和飘的感觉。

(3) 推广失误

在项目前期置业的客户类型来看并无明显的港人置业倾向，但开发商却到香港进行了推广，单广告花了 150 万元，结果一套房子都没卖出。

二、重新调整方案化险为夷

项目化险为夷的办法是重新熟悉本地市场，对每一套剩下的房子都进行仔细研究，有的放矢地对前期暴露出来的问题提出解决方案，最后制定出各个击破的战略。通过产品策略、广告策略以及公共关系策略的综合运用，在不到四个月的时间里，项目剩余的 200 多套房子全部销售出去，远远超出开发商的预期效果。

1. 产品策略——有的放矢地改进户型

从项目 B 已登记的客户来看，私企老板约占 25%，公司中高层职员约占 69%，政府公务员占 4.8%，业主中，当地居民并不多，而是“散落”在深圳的各地人士，无明显的港人置业，有港人背景的在所有客户中只占 2 户。此外，在买家中，98% 以上用于自住，绝少用于投资炒作，所购房型以三房和二房为多数。

但是在最后剩下的一些户型不好的三房，原先所定位的目标客户群已经不感兴趣，因此需要重新研究市场，根据项目 B 的楼盘特色对租客很有吸引力，并结合租客的需求特征，当机立断将户型改为四房、五房，并附送一个车位，使之符合小型公司员工租住条件。

2. 广告策略——绝佳广告创意＋沉稳推广策略

针对前期广告工作不足，开发商对后期的广告推广做出调整和改进。在操作过程中牢牢地把握住以下两个原则。

（1）原则A：贵精不贵多

把较唯美抽象的广告画换成能体现项目本身特征的、很亲切的生活画面，增强与客户沟通的亲和力；并集中利用特区报主力媒体强势宣传，给买家留下了深刻的印象。

（2）原则B：注重感情的沟通

项目在调整后的广告宣传十分注重“客人”情感的沟通和交流。项目打出“搬来了高科技许多新邻居”的广告，宣布18日开始公开发售；同月24日打出广告“让孩子的眼光更辽远”、“欢迎生活专家鉴赏”；9月29日在特区报打出整版广告，主题是“回家看看”，其怀旧的色调，勾起人们对童年的回忆，对家的向往。9月份的广告较为频密、力度较大，主题表现在“家”上，这呼应了项目B的开发思路。

3. 公共关系策略——情感攻心术

利用国庆、中秋两节之机，项目B不失时机地进行了促销活动。对碧荔花园的业主（也算是老开发商的客户）派送月饼、水果等，并对项目B的客户赠送往返机票。进入10月份下旬和11月份上旬的广告中，把诉求重点转移到付款方式等方面，当然也没有放弃“家”的营造。

在面对尾盘时，最重要的是要结合具体的项目加以认真分析其滞销的原因，只有在找出其滞销的真正原因后，才可以制定出具体的营销推广方案，做到有的放矢把项目尽快地销售出去，以实现项目利润的最大目标化。

途径八：销售渠道创新

不同的销售渠道针对不同的客户，传统销售渠道是以人际营销中的开发商销售或代理商销售为主，当卖点挖掘完、传统渠道用尽时，如果在人际营销渠道中挖掘客户营销、关系营销，在大众传播渠道中挖掘DM、POP等，又开辟电子商务渠道等，将会扩大胜算的概率。

譬如，发动老客户带动新业主，作用不可小看。因为业主对楼盘的优缺点了如指掌，他们出面对楼盘点评对其身边的人影响力大、可信度高、说服力强。业主实际成了楼盘的推销员。如果老业主推介成功的可及时获得相应的奖励，将会取得良好的效果，甚至可以把这种优惠模式制度化，万科的万客会、金地会都属于这种模式。

如果剩余的套数实在太少，可委托一些中介进行租售，直接进入三级市场，以期合理地省时省力，因为仍然由开发商、代理商销售是不经济的。

（1）充分利用中介机构优势

把“尾盘”交给中介机构代理，有不少优势。一是中介机构在营销上的实际操盘能力往往比开发商要强得多，这也由中介机构本身的性质及面临的市场竞争因素所决定；二是中介机构接触的楼盘多、客户源广，对楼盘的营销有一定的潜在优势。把“尾盘”交给中介机构，则可充分利用中介机构的这些优势，因而不失是最省心的一种办法。

但寻找代理商，并不是越大越有名的公司就越利于尾盘销售。一般大的代理商其业务的重点在新盘及热销盘上。与代理商合作过的尾盘开发商往往会发现这样的事实：

在开盘前的好房多，广告费充足，产品在当时较新、价格低的情况下，有不止一家代理商主动要求合作。在代理期过后，代理商结了佣金后离去，留下了挑剩的房，此时广告预算已用了大多数，房子已不再先进、现房价格已涨到最高点的尾房。他们不愿、也没有办法单独为一个既难销又赚不到钱的尾盘进行推广。

当我们明显感觉代理商已经有心无力，切不可优柔寡断，而是应该立即更换代理商，重新寻找双赢的合作者。

主题案例 中海华庭更换销售代理成功实现20%以上外销目标

中海华庭其目标市场中有20%～30%是外销的。以前是聘请经纬公司共同努力进行策划。中海华庭的主要竞争者是黄埔雅苑与深业花园，黄埔雅苑有其巨大的品牌实力和社区规模优势，深业花园具有成熟的配套，在这种非常不利的形势下，中海华庭已卖出约70%的单位，可以说是相当不错的，但是在香港的销售的比例一直未达到理想的状态。而相对而言，中原地产代理公司在香港有庞大的销售网络，有100多间分行。在中原接手中海华庭以后，经纬公司把精力集中在云顶翠峰和星河名城以及长丰苑等个案，获得极大的成功。中原接手中海后，充分发挥了其手中的客户资源，销售率很快就提高了10个百分点。

（2）善于利用群众，走群众路线

发动群众主要是针对已经入住的业主。这些业主对此楼盘的优缺点了如指掌，对楼盘最有发言权，他们对同事、亲戚、朋友做介绍，可信度高、说服力强，肯定能事半功倍，是楼盘最好的推销员。只要介绍成功后免掉介绍人一年或半年的管理费，或者给购买者多加2%的折扣，或者给双方在一定时间免费使用小区的会所，有些则干脆给介绍人以真金白银的奖励。当然也有一些公司将此方法制度化，比如成立一个购房协会，或是××会，凡是会员购买公司的房子有2%的额外优惠。

如果只剩下少数几套房时，可以委托一些中介公司进行销售。因为此时无论是开发商或代理公司进行销售都不值得，而委托具有三级市场业务的中介进行销售，可以省力省时。但是一定要有一些能督促代理公司致力于销售的措施。

（3）小型活动促销

小型活动促销显奇效：在封顶庆典、入伙庆典、公司司庆、业主联谊等有可能形成会客高峰的时机，由开发商、代理商搜寻一些有效目标客户参与，适当用一些有奖促销配合，奖励可以是家电、物业管理费、买房现金折扣、会所会费、免费旅游、适量保险、现金或其他实物。这些有效目标客户通常不会一人来，要么家人，要么亲友陪同而来。楼盘外立面、规划、卖场、样板间、现场气氛等会激发一些有效的购买力。

例如可以举办热闹的业主入伙庆典仪式，或者入伙100天庆典，在此仪式上，开发商和代理商公司积极搜寻一些有效的客户，这些仪式一般而言业主都会邀请一些亲朋好友参加，楼盘良好的规划布局，美不胜收的中央庭园、无微不至的物业管理、典雅华贵的居室、其乐融融的气氛都会激起人们对美好生活的向往。

主题案例 万科俊园的小型促销活动实例

万科俊园是这类小型促销活动的实行者和受益者，万科俊园在业主入伙仪式上确实是卖出去好几套房子。最有代表性的是横岗康乐花园别墅的销售。在业主入伙时有 20 多幢别墅尚未销售出去，但在业主入伙仪式以后不到半个月时间全卖完了。有一幢业主为庆祝入伙在别墅里摆了几桌大宴宾客，其中有几个客人对康乐花园的优美环境和良好的物业管理产生了极大的好感，吃完饭以后就有 3 个人去交定金定了 3 套别墅。

途径九：挖掘新卖点

密切关注政治经济形势、行业变化趋势、城市产业结构调整、城市规划动向、楼市变化等。如亚洲金融危机、中国加入 WTO 以及城市区域热点问题，可以将其提炼成为卖点，对楼盘销售产生较大的影响。

深圳华侨海景山庄，由于东部盐坝高速公路的开通，罗湖区到达华侨海景山庄的路程由一个多小时缩短到半个小时左右，由于交通的便利，华侨海景山庄的尾盘不仅没有降价反而由于人气急升而不断提价。

途径十：摆正销售心态，加强人员推售技巧

（1）开发商尾盘销售心法

开发商卖尾盘时不要遮遮掩掩，要坦诚以待，善于“露丑”。根据实践经验，消费者认为只要开发商对尾盘有一点点隐瞒，客户立马就会打退堂鼓。

开发商要有一个平衡的心态，要舍得“放弃”，敢于“流血”。房地产有更新换代的周期，房子像时装一样，夏季卖冬装当然要打折，不要认为开盘卖了 1 万元 / 平方米，降价时只卖 7000 元 / 平方米，不能接受，无法向老客户交待。

开发商只有摆正态度，才能变“烫手山芋”为“美味大餐”。

（2）销售人员的尾盘销售心态

尾盘销售中销售人员的心态也尤为重要，没有卖不出去的房子，只有卖不出去房子的售楼员。所以必须调动每一位员工的积极性、创造性，集思广益其同消灭困难。

1）告诉售楼员必须要具备尾盘销售的能力

从能力提升方面，告诉员工尾盘遇到的问题相对较多，比如朝向、楼层、价格、户型、物业等都会出现问题，而且频率较高，只会卖客户要的房子，那最后的房子谁来卖？这样的销售人员只能是推销员，不能称之为置业顾问。

2）树立尾盘销售的信心

从信心方面，要树立置业顾问的信心，正视尾盘现实。如果一个小区卖了三四年还有很多房子，那这个小区肯定有问题，老百姓也肯定不敢买。正因为我们项目好，所以剩的房源才不多，才会进入尾盘阶段。

3）将尾盘销售当做工作的有机部分

从职业生涯方面来讲，一定要把工作当事业，假如这个项目是自己的，最后的房子也必须卖。如果有了这段经历，将来再遇到同样的问题就可以迎刃而解。

总之尾盘并不可怕，可怕的是不敢面对现实。销售没有永远的一帆风顺，没有经历过尾盘销售的置业顾问就不是一名合格的置业顾问，他的销售生涯就不完整。

（3）尾盘销售人员的调整之道

对地产开发商来说，绝大部分利润都在于尾盘，如果说前期的销售只是收回了成本，那么尾盘销售的好坏则决定了利润的多少。所以，快速地清除尾盘房源，是操作整个项目的点睛之笔，是得到老板赏识的最佳机会，也是谋求利润的关键一招。

1）态度第一，点石成金

毋庸置疑，每一个置业顾问都是有经验的销售人员，对自己的产品了如指掌，一旦到了尾盘，置业顾问们不但无精打采、信心不足，更甚者在售楼部内部宣传负面信息，诸如“肯定卖不掉”、“提成太低，懒得卖”等消极情绪，这几乎成了所有尾盘销售的通病。

遏止消极情绪在售楼部内部的传播，重点整治一些负面典型，是销售经理事先需要解决的核心问题。但是，要让销售人员对于尾盘仍旧保持积极向上的态度，首先需要给他们一个充分的理由相信产品是优秀的。

任何事情都具有两面性，诸如多层产品的顶楼一样，尽管闷热、容易漏水，但是却有视野开阔、空气清新、无压抑感等优势，就看如何点石成金。

首先，销售人员要改变观念，剩余房源是“保留的房源”，而不是“还剩下的房子”；是“别人买不起的房子”，而不是“不想买的房子”，对这些保留房源充满自信。

其次，进行强制性培训活动，统一口径，说明这些保留房源的来历，并使客户相信。比如说，这些房子是消防公安部门团购下的，由于恶性压价，导致开发商不得不放弃团购，使得客户有机会购买这些保留的房源等。

2）诱惑性促销

对于尾盘房源的优势，相信再优秀的广告也是说不清楚的，仅凭几张图片或者几篇软文也是不会有人相信的，因此，对于尾盘的诱惑性促销，从产品本身下工夫简直是徒劳。但是，如果拿一套具有价格优势的房子来说事儿，吸引公众的关注，保证可以起到意想不到的效果。

某多层住宅项目，针对一个小户型房子做了一期夹报促销广告，题目为“首付 3 万，与上层社会为邻”，当天竟然带来了 80 多批来电客户，持单来访客户更是络绎不绝，堪称尾盘价格促销广告的经典之作。

3）有技巧地布置销控板

楼盘房源的示意图俗称销控板，销控板不是给内部销售人员看的，而是给客户看的；销控板不是一张图纸，而是一种辅助销售工具。

充分利用顾客的中庸习惯、从众心理、安全心理，有技巧地布置销控扳，并适时地展示给顾客，可以使推销过程事半功倍。

4）销售说辞是要艺术的

所谓“兵来将挡，水来土掩”，销售也一样，成功的销售人员总是想客户之所想，说客户之所说，把客户担心的问题都解决了，客户都不好意思不买了，这就是推销的策略。

销售人员在一线作战，但整个售楼部的人员素质参差不齐，各有长短，有的擅长卖顶楼，有的擅长卖一楼，有的擅长卖高楼层的，有的擅长卖西北朝向的。但是，在客户进入售楼部的那一瞬间，没人知道他想买什么样的房子，如果推销重点错误，就浪费了一个客户资源，因此售楼部的每一个置业顾问都必须是全才，可以解决客户可能要提出的任何棘手的问题。

对于尾盘，问题更多，所以我们要把所有棘手的问题归结起来，做专业性的应付，即专门的销售说辞。

实战案例 04 Combat case 项目 M 尾盘营销推广策划案

项目 M 已基本完成前三期的销售，进入尾盘阶段。在一、二、三期的楼盘销售过程中，通过有节奏、分阶段的市场营销推广手段的配合，M 的品牌形象已在消费者心目中树立并成熟，楼盘形象也在目标市场建立了相当的影响力，成为 H 县的知名项目。但与此同时，由于本项目销售周期相对较长，且一、二、三期的形象策略已经持续了很长时间，显得相对陈旧，对消费者已缺乏吸引力与新鲜感，广告效果已经不太明显，难以再促进销售目标的完成，剩余房源的销售似乎只能依靠前期销售惯性维持，因此，急需针对 M 剩余房源，以及项目现有状况，及时调整营销推广策略，对项目进行全新的包装，寻找新颖而独特的诉求点，有效促进销售。

一、市场简析

1. 项目 M 区域住宅市场现状特征

（1）受区域范围限制，H 县目前市场需求有限，各住宅项目为了在有限市场内尽可能大地争取市场份额，纷纷尽力提高综合操作水平。

（2）住宅的配套水平均已逐渐向舒适型转化，不再是简单地满足住宅的使用功能。

（3）各项目营销手段各有特色，开发商在运作项目的时候，不再是简单地盖好房子等人来买，而是从项目的定位、宣传等方面下工夫，并开始意识到品牌对于销售的促进作用。

（4）就小区域而言，武原镇现正有一些新盘陆续开发，包括 M 附近的天鸿名都，及商业项目新天地广场，但各项目的跟风现象仍比较严重，并不排除产品同质化的弊端。

2. 项目 M 区域市场发展趋势概述

（1）以 M 为中心，周边地区将发展为 H 县的热点开发区域：M 位于 H 县经济开发区中心，其周边吸引大量新兴产业及经济实体的迁入，为该区域经济发展及繁荣带来了动力，同时开发区内相对高收入的人群的入驻，将在一定程度上引导 H 县住宅市场的发展。

（2）该区域有望成长为 H 县具有吸引力的中高档居住区：该区域集中了 H 县目前最新开发的一些楼盘项目，已有一万余人入住。同时，天鸿名都等住宅项目的开发，新天地广场的开发、业已入驻的苏宁电器、汽车一条街等商业项目，以及周边业已建成的政府机构、中小学等生活配套，均预示着该区域可观的发展潜力。随着周边配套的更加完善和新盘的陆续交付，该区域将成长为H县新兴的、成熟的、大规模的居住区。

（3）随着经济发展、区域板块的成熟以及大量高知人群的迁入，该区域发展趋势开始向规模化、品质化和多元化迈进，有成为一座城中新城的态势。

3. 市场竞争项目分析

（1）天鸿名都

项目名称	天鸿名都
占地面积	45866.896平方米
总建筑面积	59627平方米
车位	250个
销售进度	已经销售9%左右
价格	三月推出的3#、5#、7#、9#楼，3000元/平方米起
促销手段	首付30%优惠20元/平方米；首付50%优惠50元/平方米；一次性付款优惠80元/平方米

指数测评

测评因素	建筑形式	建筑设计	户型	开发商	规模	配套	景观	物业	商业配套	总分
本案	11	10	9	10	11	10	9	10	8	88
天鸿名都	10	9	8	8	8	9	8	9	8	77

（2）金汇·名仕花苑

项目名称	金汇·名仕花苑
占地面积	63333.65亩
总建筑面积	90000平方米
建筑类型	多层、小高层、联排别墅
销售进度	多层550套（已售90%）；小高层248套（未售）；联排别墅58套（已售95%以上）
价格	3000元/平方米起
车位	43.44平方米/个；约6万元/个
促销手段	一次性付款优惠70元/平方米；顶层带阁楼优惠总房款的2%

指数测评

测评因素	建筑形式	建筑设计	户型	开发商	规模	配套	景观	物业	商业配套	总分
本案	11	10	9	10	11	10	9	10	8	88
名仕花苑	11	9	9	9	10	10	9	9	7	83

（3）H县新天地

项目名称	H县新天地
总建筑面积	3.5万平方米
建筑类型	低层围廊式商铺
功能	购物、住宿、餐饮、娱乐、商务、休闲、旅游度假为一体
价格	典型商铺的价格为1.2万元/平方米，总价每个商铺15万元左右。
商铺结构	门面宽2～4米，进深2～4米，层高4.8米

定位为国内首家县级ShoppingMall的H县新天地广场集购物、住宿、餐饮、娱乐、商务、休闲、旅游度假为一体。H县新天地广场的商铺产权与经营管理权分离。该商铺于年前正式开盘后即广受投资者关注。与普通沿街小商铺相比,H县新天地广场统一规划，配套更完善，更容易形成商业氛围。

商业类物业指数测评

测评因素	建筑形式	开发商	户型	规模	价格	配套	总分
本案	14	14	15	14	15	12	84
H县新天地	14	15	14	15	11	13	82

二、项目产品透析

1. 项目M尾盘项目概况

项目M尾盘项目共有75000余平方米销售面积，相当于H县一个普通住宅小区的面积，包括排屋、多层公寓及小高层公寓和商铺。目前整个项目内部配套全部完成，有3000余业主已入住，且尾盘均已进入准现房或现房销售阶段，是一个成熟的、大规模居住区。

2. 尾盘项目SWOT分析

（1）Strength（优势）

1）M目前已基本完成社区建设，配套齐备、成熟，且三期剩余不多的房源均为现房，四期也预期进入准现房销售阶段，能保证消费者很快入住，为尾盘的顺利推广及销售制造了先决条件。

2）四期小高层在当地市场尚属于较为新鲜的建筑类型，容易迎合部分追求新鲜感与时尚感的消费群体的购房心理。

3）目前将推出的小高层及排屋，从产品本身而言具有相对超前性与特殊性，能体现居住的尊贵感。

（2）Weakness（劣势）

1）M前几期户型上面的某些缺陷，通过已入住业主及口碑传播，已被大部分目标人群所知，在推广过程中，应尽量规避前几期户型在消费者心目中形成的心理阴影。

2）项目所在区域虽定位为新开发区，但区域尚处于成长阶段，区域潜力价值未被所有消费者认知；在当地消费者心中仍属于郊区，被市场完全接受尚需要一定时间。

3）尾盘建筑形式上差别较大，不利于形象推广和产品营销的统一性。

4）商铺在目前尾盘的销售中占据了部分份额，并且是利润回收的关键，在销售过程中，如不注意推广销售战略的实施，很可能会累及整个销售目标的达成。

（3）Opportunity（市场机会点）

1）M可观的区域成长性及周边已入住人群带来的居住人气。

2）H县目前大多数楼盘宣传推广，很少有跨出城区销售的促销及广告活动，为M推广向周边郊区及农村扩展提供了良好前景。

3）凭借M业已建立的品牌优势、形象知名度，使销售推广具有了延续性与基础性。

4）目前，区域内尚没有楼盘，能在配套、规模与居住条件的成熟度上与M竞争。

（4）Threaten（市场威胁点）

1）市场容量有限，有效需求有限。

2）现有新开发项目对尾盘销售造成一定影响，特别是邻近新建的天鸿名都，不仅同样有小高层这一建筑优势，更可能会凭借其入市不长、规划较新等优势，分流尾盘的消费群。

3）M前几期持续、单一的推广已让市场对M反应疲乏，再依靠从前的营销推广套路，很难再在市场上激起反响。

4）相对消极的金融政策的影响，将使市场竞争日益激烈。

三、现有消费群分析

1. 现有目标市场消费特征分析

（1）消费群总体购买力不强，是一个由有少量高端、大量中端、微量低端客户群体组成的消费群，这就决定了本项目消费群对楼盘的消化能力有限。

（2）消费观念与消费行为相对保守，对住宅的认知并不完善，喜欢实实在在的东西，在购房时习惯于反复比较各项因素以区别项目优劣，容易以价格高低来衡量楼盘品质。

（3）对新盘的关注度与接受度较高，而开发周期相对较长的楼盘，如果缺乏新鲜的、富有吸引力的卖点，则很难引起其购买意向，购房周期呈现递减趋势。

（4）购房心理处于初级向中级发展的过渡阶段，尚不成熟，有一定的从众心理，在购房行为上普遍跟风，受舆论及媒体的影响较大。

（5）购房时仍以自住、第一居所为主，少量存在的投资行为也容易因政策、舆论及口碑传播的影响而迅速变化，几乎不存在第二居所的购买心理。

（6）价格（第一因素）、位置环境、户型仍是大部分消费者考虑的三大首要因素。

2. 消费对策分析

（1）尾盘的操作其实是一个对楼盘再定位的过程，需要重新定位项目概念与形象。M的品牌宣传早已到位，针对目标群体的消费特征，建议将尾盘从前期营销阶段的推广策略中独立出来，重新寻找更有吸引力、更新鲜的卖点，使之脱离前期“法国心情、花园绿街、浪漫之城”的概念，树立全新的产品形象。

（2）在现有市场可挖掘消费力已相对不足的情况下，尾盘销售实施放长线、钓大鱼对策，将销售范围扩大到周边地市，一方面继续吸引本地剩余购买力，一方面将重新定位后的项目迅速推广至J市区，乃至温州市区，吸引投资客购买。

（3）针对消费者喜欢选择销售进度最快、可以尽快入住、物业管理尽快到位的房子的购房心理，营造热烈的销售气氛，加快营销推广步伐。

（4）充分发掘老客户的价值，做好原有客户资源的重新整理，多进行电话和客户访问，对介绍新客户并成功购买房子的老客户予以一定的奖励。

3. 项目尾盘目标消费群定位

综合以上分析可以看出，H县本地可供挖掘的消费潜力已相对薄弱，鉴于本项目已进入尾盘销售这一特殊阶段，结合项目特征，M尾盘销售所针对的客户群体，无需再进行形式化的细分，目前最关键的问题是面对整个市场，迅速转变推广策略，争取尽可能多的市场份额，实现销售目标。因此，将M尾盘销售的客户群体定位为：

（1）整个嘉兴及H县地区，有购房意向，对大规模成熟社区有认同感，注重实际的购买者；

（2）对成熟社区品质有深切认同感、能预见到潜力增长价值的投资者。

四、核心策略

1. 项目核心价值定位：新城市增长板块的理性主义成熟社区

之所以这么定位，它有三个价值支撑点：

（1）新城市增长板块：具有可观增值潜力的区域性质，具有成长性与较大发展潜力的城中新城，已形成一定规模的新兴居住板块，拉近与投资者的心理距离。

（2）理性主义：依托现房及准现房概念，能在最快时间内入住的房屋，倡导眼见为实的理性购房行为，迎合消费群体的购房心理。

（3）成熟社区：拥有成熟居住人气，齐全的居住配套以及优质的物业管理，吸引目标市场的购买冲动。

2. 尾盘推广主题语：醇熟社区，理性居住

“醇熟社区，理性居住”推广主题语，它的诉求支撑点是什么呢？我们重点分析一下“醇熟”和“理性”两词的深意。

（1）醇熟，既暗示购房者品位醇熟，又明显表示出成熟社区这一独特优势；

（2）理性，传达尾盘准现房销售的独特卖点，也是消费者选择房产品时最需要具有的一种眼光。

五、推广策略

1. 营销推广战略目标

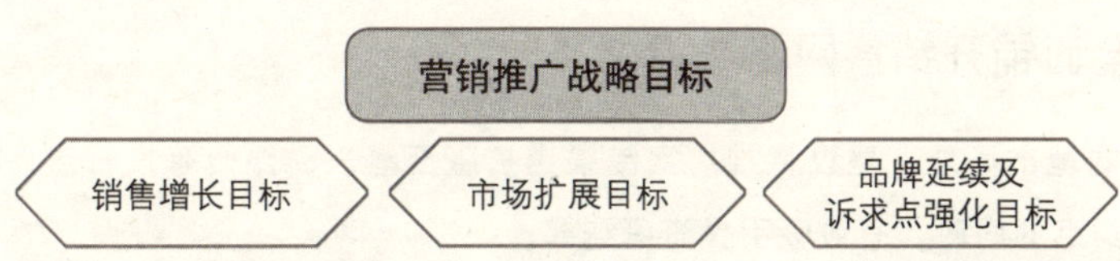

(1)销售增长目标

提高楼盘销售业绩，顺利实现尾盘销售，按开发经营计划完成销售目标。

(2)市场扩展目标

通过户外广告活动及实地销售推广，展开以H县县城为中心，以周边乡镇及城市为辐射点的销售市场，按渐进式广告战略吸引更多潜在消费群购置M。

(3)品牌延续及诉求点强化目标

继续延续M的楼盘形象，再次提升海欣房产的企业形象；向消费者更深入地诠释本案“醇熟社区，理性居住”的卖点，掀起消费者对M的再次关注以及置业热潮。

2. 营销推广手段概述

(1)即时展开各项促销活动

促销活动能够有效吸引消费者，实在的利益驱动在不违背销售目标的前提下，能有效促成销售升温，加快实现销售目标。

(2)充分运用广告手法

广告按阶段、有条理地展开，配合促销活动进行诉求，强化促销活动的影响力，并有效传递楼盘信息，可考虑销售前期和中期不太使用的电视广告。同时，考虑到目标群体媒体影响较大，可选择投放报纸的软性广告，同时配合户外路牌广告、主要路口的灯箱道旗广告以及推陈出新的售楼书，使得有意购买者能较为全面地了解项目卖点，以及促销活动的利益亮点，并且逐渐地吸引更多的潜在买家。

（3）及时收集有效市场信息

在售楼现场，销售人员注意收集来访客户的资料，以便后续追踪并最终达成购房意向。

（4）全面铺开销售网络

除针对本地市场外，建议将推广宣传渠道扩张至嘉兴、温州等投资热点城市，在鲜明宣扬项目卖点的同时，有效吸引投资者购买。

3. 推广战略

战略一：差异化战略

突出 M 尾盘销售准现房特点，精准定位，形成竞争优势，通过系列性的广告宣传将准现房这一卖点全面推向市场，与市场同类产品相区别。这一战略是项目尾盘销售阶段推广手段的重中之重，具体实施方案详见后面的“M 尾盘阶段性媒介投放计划”。

战略二：推拉战略

所谓“推”，即指利用促销活动的利益亮点，驱动消费者的购房热情和兴趣，推动销售目标提升；“拉”，指依据促销活动的不同阶段，有效而有序地配合广告发布，将促销主题广泛宣传，从而进一步拉动销售。

1）方案一

A. 促销活动主题：“宜家 · 浪漫情缘”。

B. 活动方案：在限定时间内（如 2005 年春节期间），签定购房合同书，在购房同时免费获赠钻戒一枚。考虑到投入产出比及销售目标的实现，这里为业主准备的钻戒不需太昂贵，在 2000 元左右为宜。以“安家”与“浪漫”相配合的主题推向市场，吸引客户群前来购买。

C. 配合广告主题：相约M，相约今生浪漫。

D. 广告诉求点：突出此次活动的优惠亮点进行理性诉求，同时有效结合M的浪漫进行感性诉求。

E. 媒介投放：在H县当地报纸上投放整版广告，同时在H县县城主要道路悬挂横幅和道旗，考虑到优惠措施对于周边乡镇的农村居民也有部分吸引力，可以在农村主要集市或道路上悬挂横幅。

2）方案二

A. 促销活动主题："宜家 · 浪漫之旅"

B. 活动方案：在限定时间内，签定购房合同的客户，可免费享受由M提供的境外游一次。境外游听起来比较有吸引力，且在H县市场应该比较受追捧。通过调查，我们发现各个旅行社团队形式的境外游收费不是很高，可以选择价位相对偏低的境外游，在活动计划实施前，可事先联系旅行社，将同一批签定合同的人以团队形式组织旅行，即可形成较为广泛的口碑传播，亦能节省部分支出。

C. 配合广告主题：相约M，尽享免费浪漫之旅。

D. 广告诉求点：突出"宜家 · 浪漫之旅"活动的利益亮点，同时配合M四期小高层的相关产品优势。

E. 媒介投放：在H县当地报纸上投放整版广告，同时在H县县城主要道路悬挂横幅和道旗，考虑到优惠措施对于周边乡镇的农村居民也有部分吸引力，可以在农村主要集市或道路上悬挂横幅。

3）方案三

A. 促销活动主题："宜家 · 欢乐购房节"。

B. 活动方案：在限定时期内，最好是在春节期间，购置M四期小高层，即赠送现金红包一个。这一活动主题比较适合新春这一阶段，且现金也具有相对实际的吸引力。红包内现金的数额可以根据购房者所支付的数额来定。

C. 配合广告主题：M，欢乐购房节，红包等你拿。

D. 广告诉求点：紧密配合欢乐购房节活动，突出红包现金这一优惠措施。

E. 媒介投放：在H县当地报纸上投放整版广告，同时在H县县城主要道路悬挂横幅和道旗，考虑到优惠措施对于周边乡镇的农村居民也有部分吸引力，可以在农村主要集市或道路上悬挂横幅。

4）方案四

A. 促销活动主题："宜家 ·'电'力出击"。

B. 活动方案：在限定时间内，凡购置 M 四期小高层，免费赠送苏宁电器购物券。这一方案既能满足大部分消费者在购置房屋的同时，购置家电的需求，又能显示 M 对面就是苏宁电器这一便利性。可以与苏宁电器协商，购物券的数额在 2000~3000 元左右。

C. 配合广告主题：M，"电"力出击，魅力席卷而来。

D. 广告诉求点：M 与苏宁电器联手推出优惠活动，为消费者安家提供更多便利和优惠。

E. 媒介投放：在 H 县当地报纸上投放整版广告，同时在 H 县县城主要道路悬挂横幅和道旗，考虑到优惠措施对于周边乡镇的农村居民也有部分吸引力，可以在农村主要集市或道路上悬挂横幅。

战略三：撒网战略

在目标市场范围内广泛撒网，拓展推广宣传渠道，挖掘更多潜在客户群，促进销售进一步提升，具体方法如下：

1）在 J 市及 H 县县城区内主要干道上设置灯箱、道旗，配合项目卖点进行宣传。

2）建议将推广范围扩大至温州市区，通过对项目投资潜力、成熟性、规模性等卖点的整合传播，吸引温州市场的房产投资者前来购房。

4. M 尾盘阶段性媒介投放计划

（1）广告表现手段

1）广告整体形象统一

在广告发布版式和风格上，尽量做到统一，特别是内容核心的统一（如推广主题）达成前后连贯性，使广告效果得到最大发展。

2）广告内容传达具有提示性

为了使受众更好地了解项目及销售信息，在特殊阶段（如促销活动、公关活动、社区活动及组团开盘期），采用具有提示性的广告传达方式。

3）主题统一，同时层次分明

考虑到本项目的广告投放将持续一年，在系列广告的表现上，应尽量保有一个鲜明且有力的推广主题，在这一主题下，再有层次、有条理地展开卖点诉求，各篇广告都应该在统一主题下，充分展现个性特征，让市场对项目有深入、透彻的了解，从而使各篇广告既能相互照应、前后配合，又能相对独立。

4）传达USP“独特的销售主张”

针对项目优势，进行独特而有力的卖点诉求，充分表述并传达项目优势特征。

5）推广阶段的随机应变

由于项目在销售及推广过程中，往往有不可预计情况发生，在具体操作时，可以在本计划为参照的基础上，灵活把握。

（2）具体实施方案建议

1）媒体组合

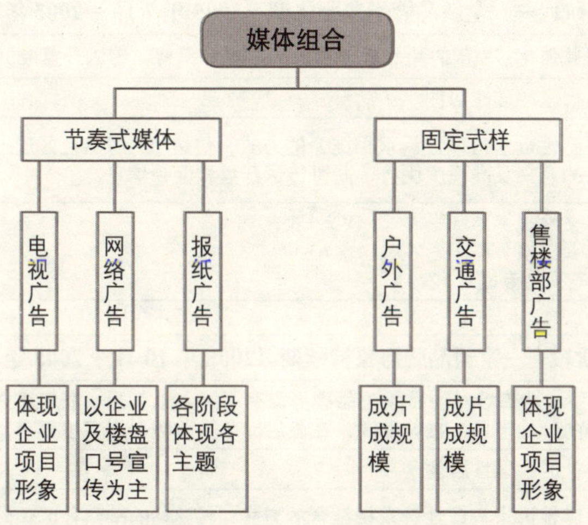

2）广告计划

第一阶段——品牌铺垫期（2005年2月～2005年3月）	
阶段目标任务	巩固前面销售阶段已建立的M品牌形象，并铺垫消费者对于本案尾盘核心价值的认知
广告主题	新城市增长板块的理性主义成熟社区

续表

广告内容	通过对于M在尾盘营销阶段的核心价值的诉求，传达给消费者全新的项目品牌形象，在消费者心目中树立全新的认知，主要以理性诉求为主，从新城市增长板块，理性购房及成熟社区几大卖点分期进行诉求。
媒介投放	《××晚报》整版彩2次； 《××日报》整版彩2次

第二阶段——全新品牌形象推出期（2005年4月～2005年6月）	
阶段目标任务	强力推出M尾盘全新的品牌形象，树立并广泛传播 醇熟社区、理性居住的产品理念
广告主题	醇熟社区、理性居住
广告内容	1.到目前为止，还没有哪个社区，能像M一样，让您在入住时，就已经拥有3000位邻居（同可配合组团开盘，介绍组团开盘信息）； 2.到目前为止，还没有哪个社区，能像M一样，让您在入住时，就已经坐享成熟配套（同可配合组团开盘，介绍组团开盘信息）； 3.到目前为止，还没有哪个社区，能像M一样，让您在购房时，不用“看图说话”（同可配合组团开盘，介绍组团开盘信息）； 4.到目前为止，还没有哪个社区，能像M一样，让您刚一入住，就已经坐享体贴完美的物管服务（同可配合组团开盘，介绍组团开盘信息）
媒介投放	《××晚报》整版彩 2次，半版彩 2次； 《××日报》整版彩 2次，半版彩 2次； 《××日报》软文1次； H县主干道灯箱及道旗布置

第三阶段——全新品牌形象强化期（2005年7月～2005年9月）	
阶段目标任务	巩固并强化“M”的新品牌形象，同时配合销售，传达开盘或促销活动信息
广告主题	醇熟社区、理性居住
广告内容	通过感性诉求与理性诉求相结合的方式，传达M的醇熟社区理念，使消费者认知理性购房的意义及准现房优势，同时传达开盘和促销信息
媒介投放	《××晚报》半版彩3次，软文1次； 《××日报》整版彩2次； H县电视台专题片1次

第四阶段——全新品牌形象持续期（2005年10月～2005年12月）	
阶段目标任务	在H县本地市场对项目尾盘品牌形象有了深入认知后，将M建立起来的新品牌形象广泛推向外地市场，推波助澜，在最后冲刺阶段吸引更多投资者，尽快实现资金回笼
广告主题	醇熟社区、理性居住
广告内容	通过感性诉求与理性诉求相结合的方式，传达M的醇熟社区理念，使消费者认知理性购房的意义及准现房优势，同时传达促销信息
媒介投放	《××日报》半版彩4次； 建议考虑在温州主要媒体上投放报广和软文； 建议在温州组织为期一周的理性购房活动

第七章
CHAPTER SEVEN
住宅尾盘突围
精密技术

住宅尾盘突围精密技术

本章使用指南

住宅作为一种房地产最常用的产品形态，也是出现尾盘最为常见的形态。如何让住宅起死回生、化险为夷是一个严肃的课题。甚至很多策划代理公司专注于住宅的尾盘的诊断和解困，显然这种细分市场的利润背后暴露出全国的尾盘大量存在的现状。本章针对住宅的不同产品形态，以及出现的众多症状，一一提出破解之策，希望为众多对号入座的项目找到良药。

一、户型突围精密技术

1. 户型设计的常见缺陷

随着人们住房消费意识的增强，在位置、环境等因素不可改变的情况下，房型越来越成为人们挑剔的焦点。一个成功的楼盘，设计是重中之重。

目前的滞销住宅，房型设计不合理是空置的主要原因之一。当前滞销户型设计上的缺陷主要有以下十四种：

（1）客厅大而不当，对着客厅的门多，无隐蔽空间；

（2）客厅的采光口小或采光口凹槽深，使客厅较暗；

（3）客厅视野差，窗正对墙面；

（4）客厅的形状不好或尺度不合理；

（5）入户无过渡空间；

（6）餐厅面积过大或过小；

（7）主卧室的宽度小于 3 米或面积过小；

（8）户内交通线长；

（9）卫生间距主卧室远或对着客厅的卫生间无前室；

（10）四居室的户型，主卧室不带专用卫生间以及无储藏空间；

（11）功能分区不合理；

（12）各功能空间面积比例不当；

（13）跃层户型室内楼梯的位置不当；

（14）卫生间、厨房宽度不够等。

2. 户型设计的基本行为准则

好房型，是消费者和开发商共同追求的目标。

（1）房型设计要考虑“六性”

房型设计应体现舒适性、功能性、合理性、私密性、美观性和经济性。好的房型在布局上，社交功能、私人空间应有效分隔。

一般说来，客厅、餐厅、厨房是住宅中的动区，应靠近入户门设置；卧室是静区，应比较深入；卫生间设在动区与静区之间，以方便使用。

（2）房型设计还应考虑住房的“时期消费”

即针对不同的家庭结构、不同的年龄层次，设计出合适的住宅生活空间。年轻人组织家庭，这是小家庭的时期消费；当孩子长大，有分室要求了，又是一种时期消费；小孩子成家了，老夫妻需要适应老年生活的住宅，这又是一种时期消费。根据满足适时、实际的需求，设计出不同功能或互有兼顾的房型，是开发商努力的目标。

3. 综合户型尾盘推广策略解密

尾盘阶段，往往各种户型都会出现剩余单位，这已经是普遍状态。在采取任何措施之前，需要首先对各种户型的状况进行认真分析，具体分析的内容应该包括户型分布、套型、面积、朝向、单价及总价等因素。通过这种分析找出其潜在滞销因素，以便于采取针对性的解决之道。一般来说，在一个项目中，一房和两房的小户型可以尽量通过营销和推广的变化来消除，而对于三房、四房等大户型可以通过降低置业门槛，赠送一些提高附加值的奖品（如送装修和家电等）等大力度优惠措施，直接切中消费者心理预期。具体从推广秩序上，可以大户型为重点突破户型，同时将小户型作为保留户型，伴随大户型逐步放量，交相配合。

YLY 项目处于一个尾盘阶段，根据项目整体“短、平、快”的销售思路，将剩余的 208 套单位进行专题分析，总结尾盘单位的总体与个体特点，根据其不同的特点，分阶段、分户型，采用最适宜的调整与推广，争取在尾盘阶段打出一个漂亮的结尾战，实现项目百分百销售。

（1）树立以虚变实，以进攻替温和的推广思路

在项目的前期推广中，为了保持项目整体的可调性，与小户豪宅升值潜力大的物业形象，多以形象推广为主，销售手法也较为温和，现在项目进入尾盘阶段，策划公司建议针对剩余单位进行专题分析，根据其不同情况采取销售力度更大，更具有噱头的销

售手法（如买房送现金等），加快尾盘单位的销售进度。

（2）开展低成本和高效的推广方式

项目进入尾盘阶段，考虑到开发商的利益，策划公司以低成本的推广方式为目标。项目以优惠策略的调整作为推广的切入点，通过网站传播、户外广告与少量的报纸广告投入三大块来联合展开。

（3）知己知彼——剩余户型分析

1）剩余户型汇总分析

分栋分析			
栋数	总单位数（套）	剩余可售单位（套）	剩余比例
A	243	40	16.46%
B	216	61	28.24%
C	518	52	9.50%
D	336	65	18.15%
合计	1313	208	15.84%
分户型分析			
户型	总单位数（套）	剩余可售单位（套）	剩余比例
一房	493	43	8.72%
二房	547	54	9.87%
三房	273	111	40.6%
合计	1313	208	16.07%
以上单位内容剩余单位是指除足定、临定、样板房及开发商销售单位后的可售单位，其中足定单位1051套、临定单位44套、样板房9套			

2）剩余一房尾盘分析

一房的销售情况较为理想，基本没有销售难度较大的单位，剩余单位以高层露台连卧室的单位为主。一房一共还有 43 套剩余单位，其中露台连卧室单位 39 套，露台连客厅单位 4 套。

① C 栋 A 座剩余一房尾盘分析

<table>
<tr><th>单位</th><th>剩余楼层</th><th>剩余数量（套）</th><th>朝向</th><th>折前均价（元/平方米）</th><th>面积（平方米）</th></tr>
<tr><td>01</td><td>29</td><td>1</td><td>东南</td><td>6263</td><td>42.04～43.06</td></tr>
<tr><td colspan="6">销售分析：此单位户型、朝向都较好，销售情况也较为理想，目前只剩下一套顶层单位，剩余单位没有销售压力</td></tr>
<tr><td>02</td><td>29</td><td>1</td><td>西南</td><td>6323</td><td>42.04～43.06</td></tr>
<tr><td colspan="6">销售分析：此单位户型、朝向都较好，但单价也较高，销售情况比较理想，目前只剩下一套29层露台连卧室的单位，剩余单位没有销售压力</td></tr>
<tr><td>03</td><td>29</td><td>1</td><td>西南</td><td>5736</td><td>41.04～41.75</td></tr>
<tr><td colspan="6">销售分析：此单位户型、朝向都较好，但单价也较高，销售情况比较理想，目前只剩下一套29层露台连卧室的单位，剩余单位没有销售压力</td></tr>
<tr><td>04</td><td>19、23、25、27、29</td><td>5</td><td>东北</td><td>5212</td><td>41.04～41.75</td></tr>
<tr><td colspan="6">销售分析：此单位户型质素一般，但拥有一定的价格优势，销售情况一般，目前只剩下层露台连卧室的高层单位，剩余单位没有销售压力</td></tr>
<tr><td>05</td><td>24、28、30</td><td>3</td><td>东南</td><td>5305</td><td>42.92～43.41</td></tr>
<tr><td colspan="6">销售分析：此单位户型质素一般，但拥有一定的价格优势，销售情况一般，目前只剩下层露台连卧室的高层单位，剩余单位没有销售压力</td></tr>
<tr><td>07</td><td>19、21、23、25、26、27、28、29、30</td><td>9</td><td>西南</td><td>5507</td><td>44.87～45.43</td></tr>
<tr><td colspan="6">总计：C栋a座共剩20套一房单位，基本是露台连卧室单位的高层单位。露台连卧室单位18套；露台连客厅单位2套</td></tr>
</table>

② A 栋剩余一房尾盘分析

<table>
<tr><th>单位</th><th>剩余楼层</th><th>剩余数量（套）</th><th>朝向</th><th>折前均价（元/平方米）</th><th>面积（平方米）</th></tr>
<tr><td>05</td><td>24、26、28、30</td><td>4</td><td>西北</td><td>5228</td><td>51.17～51.87</td></tr>
<tr><td colspan="6">销售分析：这是面积较大的一房单位，户型质素一般，但总量也很少，而且具有一定的价格优势，现在销售情况一般，在一房可选择越来越少的情况下，剩余单位销售压力不大</td></tr>
<tr><td colspan="6">总计：A栋共剩4套一房单位，全是露台连卧室单位的高层单位。露台连卧室单位4套；露台连客厅单位0套</td></tr>
</table>

3）剩余二房尾盘分析

二房的销售情况跟一房单位的情况基本一致，较为理想，基本没有有销售难度的单位，而且露台连客厅的单位消化更为彻底，剩余单位以高层露台连卧室的单位为主。

二房一共还有 54 套剩余单位，其中露台连卧室单位 53 套，露台连客厅单位 1 套。

① A 栋二房尾盘分析

单位	剩余楼层	剩余数量（套）	朝向	折前均价（元/平方米）	面积（平方米）
01	5、27、29、31	4	东南	5761	68
销售分析：此单位户型质素较好，但总价也较高，目前剩余单位为5楼与高层露台连卧室单位。销售压力不大					
04	30	1	西北	5587	60
销售分析：此单位户型质素一般，但拥有一定价格优势，目前剩余单位只剩30楼。销售压力不大					
07	31	1	东南	6001	62
销售分析：此单位户型质素一般，但拥有较大价格优势，目前剩余单位只剩30楼。销售压力不大					
总计：A栋共剩6套二房单位，全是露台连卧室单位的高层单位。露台连卧室单位6套；露台连客厅单位0套					

② B 栋二房尾盘分析

单位	剩余楼层	剩余数量（套）	朝向	折前均价（元/平方米）	面积（平方米）
01	5、13、15、23、25、27、29、31	8	东南	5730	70
销售分析：此单位户型质素较好，但总价也较高，目前剩余单位为5楼与高层露台连卧室单位。销售压力不大					
03	24、28、30	3	西南	5828	61
销售分析：此单位户型质素较好，但总价也较高，目前剩余单位为高层露台连卧室单位。销售压力不大					
04	24、28、30	3	西北	5577	61
销售分析：此单位户型质素一般，但价格也相对较低，目前还剩高层露台连卧室单位，销售压力不大					
06	5、25、29、31	4	西北	5951	70
总计：B栋还剩余18套二房单位，全是露台连卧室单位。露台连卧室单位18套；露台连客厅单位0套					

③ C 栋二房尾盘分析

单位	剩余楼层	剩余数量（套）	朝向	折前均价（元/平方米）	面积（平方米）
06	5、21、23、25、27、29、30	7	西北	5623	52
销售分析：此户型是项目最小的二房单位，室内布局一般，价格也较高，但在样板房的引导下，销售正常，目前剩余单位以高层露台连卧室单位为主					
09	27、29	2	西北	6077	52
销售分析：此户型与06单位相似，室内布局一般，价格也较高，但在样板房的引导下，目前只剩27、29两套单位					
总计: C栋还剩余9套二房单位，基本都是露台连卧室单位。露台连卧室单位8套；露台连客厅单位1套					

④ D 栋二房尾盘分析

单位	剩余楼层	剩余数量（套）	朝向	折前均价（元/平方米）	面积（平方米）
01	5	1	东南	5420	67
销售分析：此户型与A栋01、02，B栋01、06单位相近。销售情况较好，目前仅剩5楼总价较高的单位					
03	24、26、28、30、32	5	西北	5390	65
04	24、26、28、30、32	5	西北	5489	64
05	26、28、30、32	4	西北	5521	64
06	26、28、30、32	4	西北	5658	65
销售分析：03、04、05、06单位情况相似，户型质素一般，但价格也相对拥有一定优势，有又A栋此户型样板房引导，销售情况也较为正常，剩余单位为高层露台连卧室单位。在二房可选择空间不大的情况下，剩余单位销售难度不大					
09	31	1	东南	5963	67
销售分析：此单位户型朝向较好，而且价格适中，目前剩余单位是31楼露台连卧室单位。销售压力不大					
12	31	1	东北	5970	68
销售分析：此单位户型质素与价格都比较适中，目前剩余单位是31楼露台连卧室单位。销售压力不大					
总计：D栋还剩余21套二房单位，全是露台连卧室单位。露台连卧室单位21套；露台连客厅单位0套					

4）剩余三房尾盘分析

通过前期实行对业务员销售三房单位进行现金奖励和加强三房信息传播以来，三房单位的销售情况已经得到明显的好转，从 5 月 28 日至今，共销售三房 50 套。但从剩余单位户型分析可以看出，三房单位仍然是项目尾盘销售中的重点与难点，三房一共还有 111 套剩余单位，其中露台连卧室单位 97 套，露台连客厅单位 14 套。

① A 栋三房尾盘分析

单位	剩余楼层	剩余数量（套）	朝向	折前均价（元/平方米）	面积（平方米）
06	5、11、13、15、17、19、21、23、25、27、29、31	12	西南（主卧西北	5516	94.32～95.77
销售分析：此单位价格较为实惠，偶数层单位全部售罄，剩余全部为露台在卧室的奇数层户型					
08	5、7、11、13、15、17、19、21、23、25、29、31	12	西南（主卧西北	5714	87.88～89.04

续表

单位	剩余楼层	剩余数量（套）	朝向	折前均价（元/平方米）	面积（平方米）
销售分析：此单位价格虽较高，但户型质素较好，朝向也理想，偶数层单位全部售罄，剩余全部为露台在卧室的奇数层户型。					
09	5、13、23、25、27、31	6	东南（主卧西东南	5851	88.55～89.67
销售分析：此单位有样板房作为引导，户型质素、价格都与08单位相似，偶数层单位全部售罄，剩余大多为露台在卧室的高层奇数层户型					
总计：A栋还剩余30套三房房单位，全是露台连卧室单位。露台连卧室单位30套；露台连客厅单位0套					

② B 栋三房尾盘分析

单位	剩余楼层	剩余数量（套）	朝向	折前均价（元/平方米）	面积（平方米）
02	5、17、19、21、23、25、30、31	8	西北	5377	86.56～87.67
销售分析：此单位有样板房引导，户型质素也较好，B栋推出时间不长，现在低楼层的偶数层销售较为理想。					
05	5、21、23、25、27、28、29、30、31	9	东北（主卧西北）	5637	86.56～87.67
销售分析：此单位与02单位户型结构相同，相比02单位朝向处于劣势但具有一定的价格优势					
07	5、11、13、15、17、19、21、23、25、27、29、31	12	东南/东北	5837	88.80～89.91
销售分析：此单位与A栋08、09单位户型结构相同，A栋样板房对其有一定的引导性，现在的销售情况还稍好于其他三房单位					
08	5、13、15、17、19、21、22、23、24、25、26、27、28、30、	14	东南\西北	5302	89.42～90.61
销售分析：此单位与07单位结构近似，且具有一定的价格优势，但从销售效果来看并不理想，主要由于其采光不理想，且与其他单位具有较大的对视影响。前期销售很不理想，在实行业务员奖励以后，业务员加强此单位的引导，现在销售情况开始好转					
总计：B栋还剩余43套三房单位，露台连卧室单位为主。露台连卧室单位35套；露台连客厅单位8套					

③ D 栋三房尾盘分析

<table>
<tr><th>单位</th><th>剩余楼层</th><th>剩余数量（套）</th><th>朝向</th><th>折前均价（元/平方米）</th><th>面积（平方米）</th></tr>
<tr><td>02</td><td>5、15、17、19、21、23、25、27、28、29、30、31、32</td><td>13</td><td>东南</td><td>5688</td><td>87.34～88.25</td></tr>
<tr><td colspan="6">销售分析：此单位有样板房的引导，在所有三房单位中属于中等质素，朝向比较理想，价格适中，现已售的单位基本是露台连客厅的户型</td></tr>
<tr><td>10</td><td>5、7、9、11、13、15、17、21、24、25、27、28</td><td>12</td><td>东北（主卧东南）</td><td>5857</td><td>107.44～108.75</td></tr>
<tr><td colspan="6">销售分析：此单位有11号单位的样板房做引导，偶数层单位还有24层。奇数层单位销售情况一般。</td></tr>
<tr><td>11</td><td>5、7、9、11、13、17、19、21、24、25、27、29、31、32</td><td>14</td><td>东南（主卧东南）</td><td>5880</td><td>107.44～108.75</td></tr>
<tr><td colspan="6">销售分析：此单位与D栋10单位相同，而且样板房对其有一定的引导性，现偶数层单位还有32、24层，奇数层单位销售情况一般</td></tr>
<tr><td colspan="6">总计：D栋还剩余39套二房单位，全是露台连卧室单位。露台连卧室单位34套；露台连客厅单位5套</td></tr>
</table>

5）总结分析——三房是难点

从最新的分析我们可以看出，剩余单位以一房、二房的露台连接卧室的高层单位与销售难度较大的三房单位为主。

第一，一房、二房基本上只剩下露台连接卧室的单位（一、二房单位露台连卧室单位92套，露台连客厅单位5套），因此在尾盘的推广中可以不计算其与露台连接客厅户型的差异，不必再在额外折扣点上体现，收回额外折扣，转换成其他的促销优惠。

第二，三房的销售仍然是整个尾盘的销售重点与销售难点，除传统的降低置业门槛以外，加大三房客源的拓展，加快三房信息的传播将是推广中的一个关键；三房剩余单位中仍然有大量露台连接客厅单位，因此三房仍然保留其与露台连接卧室单位的折扣差异（三房单位露台连卧室单位97套，露台连客厅单位14套）。

第三，在尾盘的推广中如何让三房客户感觉购买过程中真实的优惠，感觉YLY三房的吸引力，也将是尾盘消化的重要因素。

（4）推广总略——内外兼修

在7～8月的尾盘推广中，将在整个推广过程贯彻内外兼修的推广思路，对内加强售楼现场的把控以及产品对客户的吸引力，对外加强客源的拓展以及促销手法的运用。

1）对内

第一，加强对销售人员的现场管理，提高销售人员的工作积极性，继续销售三房对销售人员的现金奖励。

第二，加快项目工程进度，根据工程进度，7 月底可以装好电梯看现楼，对于销售高层单位增加有利因素，加强准现楼销售的优势，增强客户的购买信心。

2）对外

① 加强实销广告的传播

虽然项目已经属于尾盘阶段，但一定量的报纸广告的投入还是很有必要的，于是广告主题围绕三房信息与尾盘销售动态展开，更有效、更大范围地拓展客源。

报纸广告采用三房系列性广告，深度挖掘三房单位的卖点，对销售难度较大的三房单位进行重点信息传播。

后期媒体投放计划

时间	媒体选择	版面	主要内容
7月16日（周五）	南方都市报	专题软文（1/3版）（报社免费配）+2/3版广告	软文：YLY社区文化为主题+户型卖点； 平面广告：整体三房系列广告+单个户型推荐
7月23日（周五）	南方都市报	专题软文（1/3版）（报社免费配）+2/3版广告	软文：YLY社区文化为主题+户型卖点； 平面广告：剩余单位促销信息+三房信息

② 更换户外广告牌

在 7 月上旬，以热销和三房信息为主题。

③ 优惠策略调整

根据当前的销售情况，调整优惠政策，对具有销售难度的单位加强进行促销。为了整个尾盘推广更有序、更有效地进行，将优惠调整分两个阶段来执行。

（5）三阶段推广，步步推进

第一阶段：（7 月 10 日 ~ 8 月 15 日）

新客户购买一房、二房保持以往优惠，暂时不做调整。主要促销针对三房单位。

措施 1：新客户购买三房收回额外折扣和物业管理费的赠送，改送等额的现金。

6 月 1 日 ~ 6 月 30 日购买三房可享受如下优惠。

房型	优惠
露台连客厅单位	付款方式折扣+额外2%折扣+半年物业管理费
露台连卧室单位	付款方式折扣+额外4%折扣+半年物业管理费

措施2：购买三房单位可参加抽奖

从7月10日（周六）~8月15日（周日），购买三房单位就可参加抽奖（交完足定才能领取奖品），第一周奖品为6台空调，以后每周奖品为5台空调，每周星期天6点抽出本周的获奖单位（如一周内购买的三房单位未满5套或正好5套，则这周客户无需抽奖即可获得空调，剩余空调自然卷入下一周）。具体方案如下：

第一：7月10日~8月15日起购买三房（86.56~99.57平方米）可享受如下优惠。

房型	优惠
露台连客厅单位	付款方式折扣+15000现金+空调抽奖机会
露台连卧室单位	付款方式折扣+20000元现金+空调抽奖机会

建筑面积在86.56~99.57平方米之间的剩余三房单位共84套，露台连客厅单位10套，露台连卧室单位74套。折前总价42342900元，每套均价48792800÷84=504082元/套。半年物业管理费约1500元。

露台连客厅单位额外2个点+半年物业管理费，相当于10081+1500=11581元；

露台连卧室单位额外4个点+半年物业管理费，相当于20163+1500=21663元；

优惠总额：21663×74+10×11581=1718872元；

改变优惠策略后优惠总额：20000×74+10×15000=1590000元。

第二：7月10日~8月15日起购买三房（107.44~108.75平方米）可享受如下优惠。

房型	优惠
露台连客厅单位	付款方式折扣+ 15000元现金+空调抽奖机会
露台连卧室单位	付款方式折扣+30000元现金+空调抽奖机会

建筑面积在107.44~108.75平方米之间的剩余三房单位共27套，露台连客厅单位4套，露台连卧室单位23套。折前总价17115000元，每套均价18434200÷27=633888元/套。半年物业管理费约1800元。

露台连客厅单位额外2个点+半年物业管理费，相当于12677+1800=14477元；

露台连卧室单位额外4个点+半年物业管理费，相当于25355+1800=27155元；

优惠总额：27155×23+4×14477=682473 元；

改变优惠策略后优惠总额：30000×23+15000×4=770000 元；

目前三房优惠总额：1718872+682473=2401345 元；

改变优惠策略后优惠总额：1590000+750000=2340000 元；

剩余可作推广费用：2401345 － 2340000=61345 元；

剩余费用可以用于“买三房，抽名牌空调”的促销活动；

三菱 1 匹空调 2350 元 / 台，61345÷2350=26（台），可作为五周的抽奖奖品，第一周奖品为 6 台空调，以后每周奖品为 5 台空调。

策略评析：该方案合理保障了开发商的利益，开发商不需要在尾盘阶段额外地再出推广费用。从客户角度出发，额外的折扣直接在总价中减去，感受不强烈，但直接给现金，感觉上就是意外收获，而且可以直接从首期中减去，减少客户购房压力，更具吸引力。而且每周都有的抽奖，奖品相对丰厚，中奖率也较高，刺激客户购买欲望与现场气氛。

第二阶段：（8 月 16 日 ~ 9 月 15 日）销售策略调整

一房： 8 月 16 日 ~ 9 月 30 日起调整购房优惠。

房型	优惠
露台连客厅单位	付款方式折扣+全屋家电
露台连卧室单位	付款方式折扣+全屋家电

一房全屋家电建议：卧室空调、客厅空调、电冰箱、电视机、全自动洗衣机。

二房：8 月 15 日 ~ 9 月 30 日起调整购房优惠。

房型	优惠
露台连客厅单位	付款方式折扣+全屋家电
露台连卧室单位	付款方式折扣+全屋家电

二房全屋家电建议：主卧空调、客卧空调、客厅空调、电冰箱、电视机、全自动洗衣机、DVD、音响。

三房：8 月 2 日 ~ 8 月 31 日起根据前一阶段的活动效果再调整购房优惠。

4. 尾盘户型拆分突围模式

尾盘阶段需要拆分的户型一般是大户型，这类户型表面上是面积过大，而实际上却是前期客户定位失误造成。如前期锁定的客户群要么是无购买实力，要么就是这类客户人群的基数太少，根本无力消化，还有可能是没有通过有效的营销推广手段将产品信息有效传递给这类客户。户型的拆分一般都是不得已而为之的手段，对于开发商来说，它会增加开发商的成本，另一方面，由于前期的建筑结构的影响，拆分之后的户型往往会出现相关的硬伤。基于以上两点，所以在进行拆分之前必须要认真思考并要努力解决如下问题：

第一：如果不拆分户型，有没有其他办法消灭尾盘？

第二：拆分后户型的客户群是谁？他们能否接受该类户型？如何对他们进行宣传推广？

第三：如果客户群定位准确，拆分后的户型是否能满足这类客户群的需求？

第四：拆分会不会大额增加建设成本，会不会造成工程难题？

如果以上四个问题都得出了清晰的结论，那么就按照户型拆分的办法操作。项目NHZX就是因为面积偏大、价格偏高采用了户型拆分策略，最后取得不错的效果。

（1）尾盘特征分析

1）楼层较高

NHZX保留单位中，分布在不同楼层、户型的单位共有15套，其中10层以上（含10层）的单位12套，比例为80%，10层以下的单位3套，比例为20%。但这一数据与售楼处现场人员提供略有偏差，现场销售人员反映未售单位仍有30余套，另有一部分单位为开发商自用，未售部分均为大户型。

楼层分布及比例表

楼层	座别/楼层/房号	比例（%）
10层以上（含10层）	A座：25K，22J，16C，13H； B座：28L，24K，22I，21F，15E，14C，14A，10F	80
10层以下	A座：7C，6F； B座：9G	20
合　计	15	100

2）户型偏大

NHZX 保留单位中，面积在 74 ~ 100 平方米的单位 6 套，比例为 40%，100 平方米以上的单位 9 套，比例为 60%。

面积分布及比例表

面积	座别/房号/面积（平方米）	比例（%）
74 ~ 100平方米	A座：16C/96.28；13H/96.47；7C/96.28； B座：14C/96.28；14A/74.35；9G/97.30	40
100平方米以上（含100平方米）	A座：25K/213.48；22J194.89；6F/106.04； B座：28L/193.87；24K/213.48；22I/149.72； 21F/106.04；15E/107.34；10F/106.04	60
合　计	1948.04	100

3）价格偏高

NHZX 尾盘单位中，均价最高的是 A-25-K 单位，折前均价为 16678 元 / 平方米，按照首期三成付款，8 折优惠后的价格为 13342 元 / 平方米；均价最低的是 A-7-C 单位，折前均价为 13062 元 / 平方米，按照首期三成付款，8 折优惠后的价格为 10450 元 / 平方米；售价表中所反映的可售总面积为 1948.04 平方米，总售价 29161458 元，折前均价为 14969 元 / 平方米，8 折后均价 11975 元 / 平方米。

价格参考表

价格项目	折前均价（元/平方米）	折后均价（元/平方米）
均价最高单位	A-25-K：16678	13342
均价最低单位	A-7-C：13062	10450
总价款（元）	29161458. 00	
总面积（平方米）	1948.04	
总均价	14969	11975

4）使用年限偏短

NHZX 自 1993 年获得土地使用权开始，实际使用年限只有 50 年，那么到现在为此，剩下不到 42 年的使用权，实际使用年限偏短，加之房屋建成后按年均 2% 的折旧率进行折旧的过程，所以综合估价时，不得不充分考虑 10% 以上的折价因素。

（2）周边物业销售情况对照分析

1）周边物业的三个特征

周边物业存在着区域性概念化明显的投资化特征：

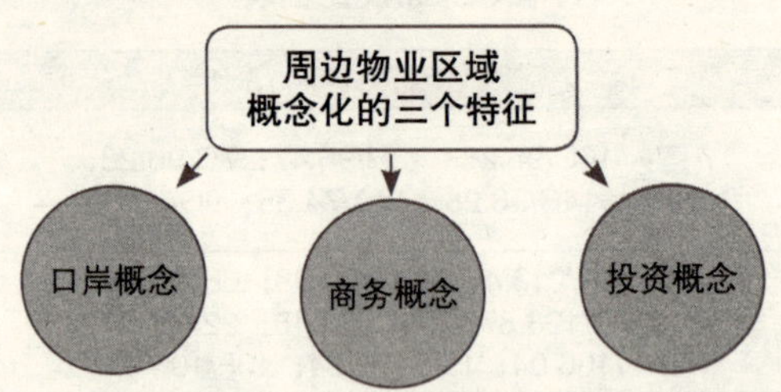

① 口岸概念

该类物业基本位处深圳的几个通关口岸，借助口岸港人、物流、配套、自然景观等综合优势，构造以外销型为主的小户型物业，形成了大量配置高档、业绩突出的代表性楼盘，如金鼎大厦、旺业豪园、云峰豪园、长丰苑等。

② 商务概念

该类物业基本位处深圳商务活动发达的区域，为满足往返特区与内地、深港两地的商务人员所特设，定位的立足点和广告销售的重点都放在商务中心、“三流（人流、物流、信息流）迅速”这一卖点上，代表性楼盘有金园、聚龙大厦、源兴居、名仕阁、TCL 阅读缤纷、汇展阁等等。

③ 投资概念

投资概念类物业多半居于人口众多的区域（如工业区等），本身无配套或少配套，对周边市政配套的依赖性非常强，但市场对物业的短期需要也比较大，有良好的租赁需求，出租率高、回报快，是该类物业典型的特征和诉求重点，如八卦岭、泥岗一带，是小户型投资概念的代表性区域，翠竹路华达园某一业主，一次性购买 100 多套，投资行为非常明显。

2）罗湖物业供求状况分析

① 外销市场领头羊地位开始动摇

相对于罗湖面临土地的供应不足，皇岗口岸，就藉着新的发展机遇，外销市场不断做大。皇岗，拥有便利的交通环境，而且将来的深圳地铁直接与香港的西北铁路、港九东铁以及地铁机铁衔接，届时深港联成一体。便利的交通为深圳居住，香港上班提供进一步的可能，另外，皇岗口岸与深圳中心区只有几步之遥，不但可以享受其完善的市政设施，还可以享受其国际商务中心的优势，有理由相信这一口岸将会吸引更多的香港人。而且根据一项调查表明，福田皇岗已经成为港人的第一待选地区。

② 外销市场的面积选择——仍以中小户型为主

2000 年以后，港人传统置业习惯开始发生变化，已经不再局限于单身公寓，单房及二房的小户型物业。小三房，大二房，80 平方米到 120 平方米，开始有市场需求，就像 JHW、东海花园、东湖豪庭这类物业也开始有人购买。种种现象表明，香港人对深圳置业的兴趣与信心越来越强，而且香港的中产阶级开始问津深圳的百万元大面积高档物业，但是这只是一种初始现象，还不是市场的主流。

③ 外销置业阶层——仍以中低阶层为主

随着海悦华庭、金海湾的热销，已经使人们觉得市场正在发生变化。就从这两个楼盘的购买者来看，金海湾的香港业主主要用其来度假，而且这些人都从事律师、设计、证券等职业，追求品位，对生活的质量要求高，是他们的共性。但海悦华庭是一个名副其实的香港楼，购买者都是香港的公务员，他们主要是购买来用做养老之用。这些仍然说明置业阶层还是以中下阶层为主。

④ 外销置业用途——投资仍占很大比重

由于早年在深圳买房的是一些低收入人士，他们要么是买不起香港楼，要么经常在大陆，所以他们选择在深圳置业，主要以自住为主，度假、投资只占其中一部分，但比重越来越重。其实由于深圳的生活水平相对香港要低得多，因此这部分低收入人士只要有几十万元就能度过晚年。

3）罗湖在售楼盘对比状况分析

下面就罗湖东门一螺岭区域在售的代表性楼盘，如聚龙大厦、旺业豪苑、丹枫白露等做一些对比分析，以便对供应状况有一个比较清晰的了解。

聚龙大厦

名称	位置	户型及面积	均价	付款方式/折扣	开发商	入伙时间	销售率	车位户/个
聚龙大厦2期	罗湖文锦中路	一房一厅41平方米 两房两厅65平方米 三房两厅86平方米	7400元/平方米	一次性82折/按揭88折	香港沿海物业集团/沿海绿色家园发展有限公司	2002/10	70%	2

续表

名称	位置	户型及面积	均价	付款方式/折扣	开发商	入伙时间	销售率	车位户/个
智能化管理	楼面照明自控，保安、消防监控，红外线波探测系统值班管理；大门出入口设防盗密码控制系统，停车场及电梯间装有闭路电视摄录机							
优势	港资开发商，提供纯港式优质物业管理；城市配套完备							
劣势	临近城市主干道，嘈杂、污染严重；户型偏大							

旺业豪苑

名称	位置	户型及面积	均价	付款方式/折扣	开发商	入伙时间	销售率	车位户/个
旺业豪苑	东门中路交笋岗东路雅园立交西侧	一房一厅40.81平方米 一房两厅51.7平方米 两房一厅50.25平方米 两房两厅66.46平方米 三房两厅81.01平方米	6200元/平方米	按揭95折，之后再97折	旺业地产（深圳）有限公司	2002/10	70%	2
智能化管理	可视像对讲系统							
优势	价廉，交通便捷；城市配套完备；租金优厚。							
劣势	临近城市主干道，嘈杂、污染严重；有些户型偏大							

丹枫白露

名称	位置	户型及面积	均价	付款方式/折扣	开发商	入伙时间	销售率	车位户/个
丹枫白露	深南东路三九酒店旁	一房39.87平方米一房一厅69.03平方米两房两厅95.07平方米	7500元/平方米	一次性支付18万	深圳市三九房地产（集团）有限公司	2002/10	70%	2
智能化管理	酒店式物业管理							
优势	产权式酒店，号称“一次性付款18万，永不供楼”							
劣势	价格高，户型大							

环岛丽园

名称	位置	户型及面积	均价	付款方式/折扣	开发商	入伙时间	销售率	车位户/个
环岛丽园	罗湖华丽路	1房～4房3厅37.5～188.5平方米	28层以上10000元/平方米	七成按揭97折	深圳冠懋房地产开发有限公司	2002/3	70%	2
智能化管理	火警自动报警及消防联控，红外线波探测系统防盗；大堂、平台花园、停车场及电梯间装有闭路电视摄录机							
优势	港式设计，名牌物业管理；城市配套完备							
劣势	临近城市主干道，嘈杂、污染严重；价格偏高							

由以上个案分析可以看出：罗湖区在售中小户型楼盘，大都配套完善，交通便捷；管理越来越趋于完善化、港式化、人文化；装修精美；户型趋于中小型化、多样化，非常适合来源广泛的不同阶层的客户群体；但是与此同时，因为入市时间短等各种因素影响，除万科俊园外，目前的销售率都只在 50% ~ 70%。

由于市场重心的转移，罗湖区已经向市场次中心转化，主要表征是价格回落，中小户型畅销。外销市场仍是罗湖中小户型销售强势之所在，加上罗湖区域内三级市场比较活跃，租赁繁荣，形成了强大的市场支撑，增大了本片区物业的投资空间和稳定回报。所以，本项目推出后务必将外销和投资作为重点加以推介，从中小户型的角度做好市场推广等各个细部方面的文章，力求尾盘销售方面出奇、出新、出效果。

（3）NHZX 尾盘营销调整建议

建议 1：户型拆小

从市场投资交易或租赁的情况来看，大户型并不适合作投资出租使用，因为直接影响租金的高低。NHZX 保留单位的户型明显偏大，既不利于出售，也不利于出租；再者，根据有些业主反映，NHZX 所有户型中，客厅的面积都普遍偏大，而大多数的厨房、卫生间空间显得拥挤，不具备厨房阳台良好的通风性，而有的卧室更是显得拥挤。

结合户型特点，建议将 NHZX 保留单位中面积超过 120 平方米、房间数目超过 4 个的单位，进行户型拆小处理。

① 拆分理由

户型偏大，影响售价和租金偏高；中小户型物业是投资首选。

② 拆分方法

方法 1 ∶ 1 ∶ 1 或 2 ∶ 3 拆分法

根据房间的实际特点，将房间数目及客厅进行 1 ∶ 1 或 2 ∶ 3 拆分，即将原来的 4 房 2 厅拆成 2 ~ 3 套 2 房 2 厅或 3 房 1 厅，5 房 2 厅拆分为 2 ~ 3 套 3 房 2 厅或 2 房 2 厅。

户型拆分表

可拆分大单位	原有户型及面积（平方米）	拆分后户型及面积（平方米）
A-25-k	4房：213.48	3套2房：70~80
A-22-J	4房：194.89	3套2房：70~80
B-24-K	4房：213.48	3套2房：70~80
B-28-L	4房：193.87	3套2房：70~80
B-22-I	3房：149.72	2套2房：70~80

显然，从上表拆分后的户型和面积来看，面积已经控制在 70 ~ 100 平方米以内，户型在 2 房、3 房中间，已经属于市场上投资出租畅销的户型。

方法 2：控制成本，讲究方正

户型方正是 NHZX 较大的特色，曾经成为 NHZX 的卖点。因为现行拆分并不涉及卧房的拆分，仅在整个单位及客厅作拆分，所以房间的方正可以、也必须得到保全。同时在进行装修时，也可以沿用原有装饰风格，将成本控制在 400 元 / 平方米价位以内，以便更好地核算成本，指导售价。

比如，A-25-K 单位的改造，改动幅度较大的是将主人卧房区域的储藏室或衣帽间改造为厨房，其他主体结构或水电布控，均不需要做大范围的改动，所以，改造的成本控制在 400 元 / 平方米，是完全可以做得到的。

建议 2：价格调低

通过上面大量对比分析 NHZX 周边及东门—螺岭区域在售物业的情况，可以看出，NHZX 的售价比在售楼盘环岛丽园 28 楼以上 10000 元 / 平方米的最高价还高出 120% ~ 170%，这种价格明显不太符合现行市场的基本市价。尽管当初的较高价位是适合当初的外销市场行情的，但是到现在，明显显得价高和寡，现有的业主中，也有人慨叹价值背离。

再者，港人置业存在明显的价位关口，购置深圳物业，对小户型、中大户型的心理价位关口基本控制在 30 万 ~ 50 万元和 80 万 ~ 100 万元两种价位。

所以，结合市场整体价位特点及港人的价位关口，建议将 NHZX 保留单位进行调价处理。

① 调价理由

房屋自然折旧，9 年折旧幅度至少为 18%；同时，尾盘折价（作为尾盘给予市场的调价暗示），又加之进行过户型改造，折价幅度至少为 25%。而且，纯位置物业，景观较差，且为纯毫宅化定位，限制了内销市场的放大可能。

② 调价方法

调价方法 1：理论方法

理论方法即是指，根据上述调价理由中的折旧、折价幅度，暂不考虑其他影响因素，纯理论推算。

NHZX 总体折后均价为 11975 元 / 平方米，按照折旧 43% 推算，则现在的折后均价应该为：

11975 元 / 平方米 ×(1-43%)=6825 元 / 平方米≈ 6800 元 / 平方米(四舍五入取整)。

可见，依据折旧方法，将价格调整为 6800 元 / 平方米是有完全理由的。

调整方法 2：售价比较方法 。

周边在售物业中环岛丽园等楼盘的销售均价为：

(10000+7400+7500+6200) ÷4=7775 元 / 平方米≈ 7800 元 / 平方米 (四舍五入取整)。

可见，依据售价比较方法，将价格调整为 7800 元 / 平方米也是有完全理由的。

调整方法 3：投资回报分析方法 。

众所周知，住宅出租的回报率一般在 8% ~ 12%，来自伟业地产东门租赁分行的信息资料显示，东门片区住宅租赁的价位一般在 60 ~ 70 元 / 平方米。假设 NHZX 的出租回报率约为 10%，租金价位约为 65 元 / 平方米，那么通过下述公式可以推算出 NHZX 的销售均价。

租赁回报率 (%) = 年租金收入 ÷ [单位面积售 (均) 价] × 100%。

NHZX 单位面积均价 = 年租金收入 ÷ 租赁回报率 (%) × 100% = (65 × 12) ÷ 10% × 100%=7800 元 / 平方米。

③ 调价结果

参照上述三种比较或分析方法，可以推算出 NHZX 最为合理的销售均价应该为 7500 元 / 平方米 (已作四舍五入取整)。

(6800+7800+7800) ÷ 3=7466 元 / 平方米。

回过头来再看 NHZX 总价位情况，经过面积拆分和价格调整后的 NHZX，面积最大的是 B-15-E 单位，面积为 107.34 平方米，调整后的总价 805050 元，非常符合港人置业 80 万 ~ 100 万元的关口价位。

建议3：调整营销策略

策略1：强化客户定位

第一：外销群体

根据本项目中高档次中小户型之市场新定位，结合历年片区住宅市场的外销比例，预测其外销比例约为50%，并锁定目标客户群为香港的中等或偏低收入阶层，具体细分如下：

a. 往返深港两地商务人士；

b. 在深工作的港人；

c. 香港工作，深圳居住者；

d. 香港投资客、炒家；

e. 深港家庭；

f. 赠予亲朋。

港人在深购房赠予亲朋好友多为小户型。

第二：内销群体

a. 中产阶级：私营企业主、个体户及金融、证券成功人士，年收入足以负担该类住宅；

b. 高级白领：企业高级管理人员、单身贵族或收入较高的工薪族年轻夫妇等。

策略2：强化投资特征

租赁投资是罗湖最为突出的特点，也是目前较之于其他几个行政区域更为有利的优势，强化投资特征当是NHZX，中心走向市场的重要营销手段，更何况港人看重罗湖东门的投资升值空间；罗湖区政府已经着手构思、促成口岸经济为罗湖的特色经济，构建东门－人民南路大商业圈，引进世界范围内的服务业、咨询业、金融业等进入，加之东门地铁及东门—莲塘空中连廊的构建，东门的经济前景必将更为广阔，强化投资特征，也使NHZX春光明媚。

策略3：刺激羊群效应

由于港人置业具有明显的羊群效应，一个人购买了某个物业，往往带动一大帮亲朋好友、同事同学前来购买。所以，建立业主购房协会，给予适当的成交奖励，进一步刺激羊群效应。

策略4：加大香港推广力度

根据本项目之市场定位及外销市场目标客户定位，本项目在香港推广时实行“低成本，高覆盖率”的推广策略。

二、顶层阁楼的尾盘突围技巧解密

顶层曾经是人们避之不及的房源，因为顶层受太阳直射面积大，下雨天易积水，出现散热差、容易渗漏的几率比较大，因而住顶楼被形容为处于水深火热之中。近年来，过去少人问津的顶层住宅，因配了阁楼而受到消费者追捧，一时成为抢手货。从老虎窗、大盖帽发展到今天的露台式阁楼，顶层住宅以其独有魅力而备受购房者宠爱。

1. 阁楼的设计和使用

早期住宅的屋顶设计和施工比较简单，隔热、防水、承重效果都不是很好，现在商品房的屋顶隔热层在设计上比原来复杂很多，一般都能过关达标，尤其是由知名施工单位建造的工程都不会有太大问题。在目前的房地产市场，使用斜屋顶窗的楼盘种类丰富多样，有经济适用房，也有多层住宅，还有 Townhouse，这些楼盘无一例外地采用了斜屋顶设计，并使用了斜屋顶窗作为采光来源，一改传统的老虎窗所带来的沉重呆板的风格，与此同时，采光和通风也得到了与老虎窗相比很大的改善。

2. 消费者阁楼置业心态把握

拥有斜屋面的阁楼虽然看似复杂难用，却有它与生俱来的优点。阁楼空间丰富，富有趣味和变化；阁楼平均层高低，因此更使人感觉亲切、温暖，富有安全感；阁楼不仅有效地解决了顶层隔热和防水的问题，而且可以丰富建筑立面效果。只有充分了解消费者的消费心态才能更好地为他们提供合适的置业产品。

（1）居住顶层阁楼九大利好

1）视野开阔，对保护视力也有好处；

2）通风、采光效果好，阴雨天能节省照明用电；

3）价格往往比较便宜，可以把节约下来的钱用来更好地布置自己的房间，或者为空调交电费；

4）因穿行的人少，楼道比较卫生，而且个人空间较多；

5）在梅雨季节比较干爽，不用除湿；

6）蚊虫较少；

7）私密性好；

8）没有电梯的多层住宅经常爬楼梯可以锻炼身体，每天来几个上下，比跑步还好，对每天缺少运动时间和运动缺乏的人来说，可以锻炼身体；

9）受外界噪声影响小，没有楼上住户的噪声干扰，也不会受楼道邻居上上下下的干扰，更不会被楼下铁门的轰鸣骚扰，比较安静。

（2）居住顶层阁楼七大弊端

1）夏热冬冷，夏天要比低层单位多耗费电资源和水资源；

2）如果屋顶的建筑质量有问题，首当其冲要受害，容易出现渗水、裂缝；

3）水压一般比较小；

4）高层住宅的顶层最怕停电，公摊电梯运行费以及电梯维护费用比较多；

5）没有电梯的高层顶楼，爬楼梯比较辛苦，不适合有老人的家庭；

6）卫生间会散发出异味，因为通风管在顶上，所有的异味从一楼向上涌；

7）顶层隔楼增加装修成本。

3. 阁楼的消费市场定位

在销售中我们常说的一句话就是："我们的产品谁会来买？为什么要来买？买来做什么用？如何用？"对于经济适用房的购买者来说，斜屋顶加层确实增加了不少使用的面积，因为一般顶层的面积开发商都会打折销售，而设计合理的斜屋顶间却往往是家庭中最明亮宜人的生活空间，一般家庭都作为儿童间，让孩子享受到更多的阳光和空气。而对于多层住宅以及别墅等住宅来说，更吸引他们的可能就是不仅仅是面积，而是斜屋顶窗带来的明媚阳光，新鲜空气以及开阔的视野了。以北京奥林匹克花园为例，开发商特地在多层住宅的坡屋顶采用了威卢克斯斜屋顶窗，不仅使建筑物的外观更加时尚、新颖，更在不改变日照间距的前提下增加了居住面积。

对于阁楼来说，以下六种客户群是其主要针对客户。

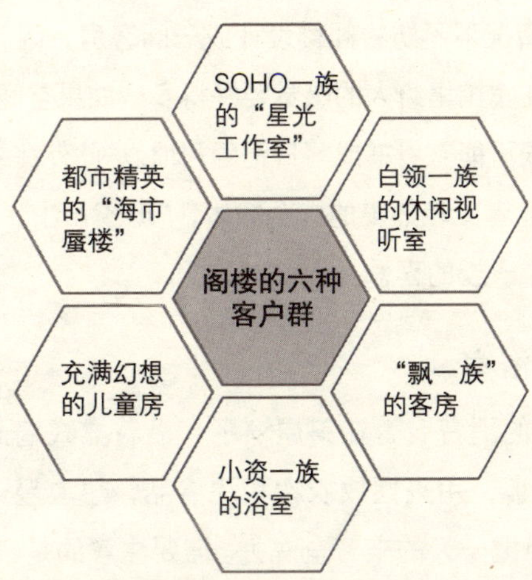

（1）SOHO 一族的“星光工作室”

对在家办公的人来说，将阁楼作为自己的办公区域是最恰当不过的了，因为这样可以使工作和生活分离开来，以免相互干扰。但派这样用场的阁楼最好面积够大，至少能放下工作时所需的一切设备和资料，由于在家办公的人的职业特征通常是设计类和管理类，所以绝不能因为需要楼上楼下跑而打断自己的灵感和思路。另外，这里的空间最好能比较通透，采光和通风对于办公环境来说是非常重要的，因为在工作劳累的时候，可以站起来看看窗外的风景，舒展一下筋骨，放松一下心情，以提高下一时段的工作效率，而黑暗狭小的空间容易造成疲劳感。

（2）白领一族的休闲视听室

尽管楼下的空间肯定会有个起居室，是家里来客人时闲聊的好场所，对精神生活要求较高的白领一族来说，可能需要一个更私密一点的空间来和自己最亲密的朋友相处。这时将面积并不大的阁楼设计成会客区间肯定不错，当然它只对很特别的朋友开放。这样的会客区并不需要很大的空间，只要能容纳两把舒适的椅子或沙发、一个小小的书架即可，因为彼此间的距离并不需要那么大。对这样的阁楼同样也要求有足够大的窗户，能保证良好的采光和通风，并且在装修时最好在地面铺上地板或地毯，因为它能让主人和朋友更随意。

（3）“飘一族”的客房

对那些生活在异地大都市的漂一族来说，买了房子以后可能会经常有家乡的亲戚、朋友来拜访，在这样的情况下不妨将阁楼设计成一间客房，因为无论这里的空间怎样，总比将朋友或亲人安排在宾馆里给人的感觉要好得多。如果空间还允许，可倚墙放置一张小书桌椅，因为客人很可能有看书或写日记的习惯。此外在经济比较发达的大都市，独立式阁楼也是投资置业者比较热衷的一个载体，“麻雀虽小，五脏俱全”的设计，使阁楼用来做出租房备受漂一族的喜爱。

（4）小资一族的浴室

如果主人是很小资的消费者，在斜屋窗下，沿着立式墙面安装一个大浴缸，浴缸旁还可以设计一个搁板，用来摆放衣物和洗浴品，想浪漫一把的时候可以点上几支蜡烛，在飘摇的烛影中把一天的辛苦全洗去。需要注意的是一些阁楼并没有上下水，所以关于管线的改造你要明确地体现在合同附件中并和相关部门协商好，否则后患无穷。

（5）充满幻想的儿童房

儿童房要求最好选择通风比较好、阳光充足、周围环境安静的房间，而阁楼正好满足了儿童房的这一需求。为孩子们在斜屋顶下创造一个儿童乐园确实是一个明智的选择。不规则的室内更符合儿童活泼的天性，而斜窗亦能带来明媚的阳光和新鲜的空气，有利于孩子的健康成长。

（6）都市精英的“海市蜃楼”

非常传神的一句话就是：“买跃层，登露台，为她摘下满天星。” 利用主人的无限遐想，打造深度跃层空间，更重要的是它所体现的那种简洁清爽，自然淳朴的异域风情，一种更加接近自然的生活方式符合都市精英的生活品味。

4. 阁楼的营销战术

（1）居住概念和居住理念创新

“地产 + 文化”实现在营销的利器，我们倡导“用产品吸引人，用文化感动人”的方式把阁楼介绍给消费者。阁楼单位肯定有市场，但它必须有适当的包装。渲染了居住顶层尊贵的色彩是前几年惯用的销售战术，在香港居住阁楼它就是身份的象征之一，如像乌节路一带最豪华的“楼王之王”叫价可达 1000 万元。

（2）阁楼“文化展示会”

开发商通过高质量的样板间，引导消费者在欣赏风格各异的阁楼文化的同时，还能够听到物业管理服务公司和装饰装潢专家们的最新的居家理念的介绍，经过双方的沟通交流，会收到了良好的促销效果。

（3）赠送露台

很多消费者在买房时都抱有浪漫的想法，认为有了露台就可以在晚上坐在上面赏月、聊天，或做一个私家园林，增加活动面积，又能享受田园风光，正是这种心理让很多买家对赠送露台的顶层住宅情有独钟。

5. 阁楼的装饰装修技巧

掌握一定的阁楼装修技巧非常有利于和消费者沟通，在良好的建议下，洽谈的气氛会让沟通异常地融洽，双方由于某个话题产生共鸣而签单的案例不胜枚举。

实战案例01 Combat case 春天花园的阁楼尾盘清盘揭秘

从2004年6月到2006年初，春天花园成功消化了总量的80%，远远超过当时计划的销售速度，与春天花园计划清盘时间仅余半年之遥时尾盘阶段宣告到来。剩余房源主要集中在多层阁楼与位置不好的部分小高层户型上，销售难度开始逐步增大。

一、市场不利因素

1）在春天花园项目3公里以内已经为现房和即将入市的住宅项目就有4个，大量工地的施工和大肆宣传，吸引了相当一部分目标客户持币观望；

2）周边项目纷纷出台促销计划，折扣优惠和赠送等方式应有尽有，折合房价大约在每平方米优惠50～200元之间；

3）因受前期客户需求和特殊情况造成的推广失误导致剩余的15%的房源中绝大多数是位置不好，或者户型与总价整体性价比不高的单位，基本呈现积压现象。

二、滞销深层次对策分析

通过对市场的分析和对剩余房源的实地考察，得出如下结论：

第一，尾盘的操作其实就是项目再定位的一个过程，需要重新圈定目标客户。但是在房源较差时，即使圈定了客户有针对性的推广和优惠意义也不是很大。

第二，通过与来访客户观察，发现来访的客户中一半以上是新婚夫妇或即将结婚的年轻人，在与他们的沟通中发现，他们当中绝大多数准备购置新房作为婚房，并且生活或工作在附近，希望总价控在40万元以内，对面积的需求控制在90～100平方米左右。春天花园剩余房源总价太高或者户型实用性较差是滞销的关键原因。

三、方案制定——以“巧户型”迎合市场需求

策略1：给优惠找个借口

在剩余房源中，位于小区北侧沿街的某栋小高层户型面积在93～96平方米，由于靠近街道三层以上能够看到铁路，消化速度一直较缓慢，但从户型角度和价格承受力上看，较接近两口之家或即将新婚的年轻人的胃口，为此进行以“即购即住，轻松成家”、“轻松

成家，购房有礼"为主题的系列推广，进行赠送地下室活动。地下室面积6～11平方米不等，采用先购先得的形式进行赠送。按照地下室购买单价计算，每套总价在9000～19800元，平均到房价中平均每平方米客户可以获得优惠100～200元。对年轻客户的吸引较大。在客户群锁定精确，推广与促销得力的情况下，短短两个月内37套全部消化一空。

策略2："巧户型"提升性价比

在大多数房源几近清零时，两栋多层近16套阁楼一动不动，没有客户问津。

（1）阁楼的症结

1）一是春天花园多层采用坡屋顶设计

层高最高点为5米，最低点为2米，对于居住来讲，缺乏亲切感与安全感，购买客户难以接受。

2）二是阁楼面积较大，单价较高

根据房型和景观差别，单价在3910～4450元/平方米，面积在86～90平方米之间。经过计算，最小最便宜的一套也要30万元以上，性价比极低，接受抗性极大。

（2）"巧户型"激活市场

在与前期已购买阁楼的业主沟通的过程中，意外地发现一位年轻客户在客厅里竟然打造了个"跃层"，将客厅5米的层高划分成了上下两层，即增加了使用面积，丰富了功能空间，这成为开发商"巧户型"激活市场的重要灵感。

由于考虑到开发商成本投入及年轻客户对装修改造将会有不同风格和需求，开发商没有对产品进行实际改造，而是结合设计公司的设计效果图和业主装修改造的实地参观并结合"享受生活，格调由你"、"巧户型，巧生活"、"一层价格，二层生活"等感性推广主题进行引导，在销售环节中，聘请专业设计、施工公司为购买客户提供专业设计和装修预算（跃层改造，施工加材料每平方米控制在400～500元左右，在客厅加个20左右平方米的跃层空间仅在8000～10000元，面积由80～90平方米增加到100平方米以上），大多数年轻客户都为之怦然心动。

"巧户型"的提出，凭借实用、适用及个性鲜明的产品主题和超高附加值大大超越了同类竞争产品，甚至还吸引了不少本来欲购买90～100平方米的客群。

三、进驻成本过大导致的住宅尾盘解决之道

进驻成本是购房者必定要精打细算的。一般来说，一个购房者的购房成本包括首付款（一般为总价款的 30%），税费（如契税、印花税、维修公积金），装修费用，家具购置费用。也就是说，购房者要想能成功搬进房子，必须要在这四个方面有所花费。这些花费加起来可能已经达到总房款的 50% 以上，这就让购房者的进驻成本大大增加。无形中，一批年轻的有潜力的客户将会因为这个门槛而被排除之外。如果发现进驻成本过大，开发商要果断采取措施，从各方面切实降低购房者的门槛。如可采用以下四种办法：

第一：降低首付比例；

第二：代为支付各种税费，或者延迟支付各种税费；

第三：将房子装修，以成品房出售，装修以赠送或半赠送形式；

第四：家具购置可以采用赠送、半赠送，或者与第三方合作降低购房者的购置费用。

项目 GJHT 当初就面临进驻成本过大的问题，经过多管齐下的措施实行，最终将尾盘予以成功处理。

GJHT 尾盘总货量 150 套，户型分布范围：98 平方米，120 ~ 140 平方米户型。起价 3720 元 / 平方米，均价实现 4200 元 / 平方米。开发商计划四个月时间将 GJHT 的尾盘销售 90% 以上。

1. 消费心理分析

可以看出，GJHT 的尾盘集中在中、小户型上。我们可以简单计算：按常规指标住进 GJHT 这些户型的消费者需要的资格。以中间指标 120 平方米、单价 3800 元 / 平方米作为样本：

总价格：45.6 万元；

首付 20%：9.12 万元；

其他税费等：1 万元；

八成 20 年按揭总额：37.48 万元；

月供：最低 1500 元；

即在办理按揭合同前至少需要资金：10.12 万元接近 11 万元。

因为 GJHT 交付的是毛坯房，按每平方米装修价格 600 元计算，装修总价：7.2 万元。

（1）消费者应该具备的条件

为了达到这种资格，消费者应该具备以下条件：

1）家中存款不低于 20 万元（或直接变现能力不低于 20 万元），以支付首期及装修款。

2）家庭月总收入不低于 5000 元。

3）家庭年收入在 6 万元以上。

而 GJHT 的尾盘，其消费群在家庭构成这个指标上相对集中：二人世界或三口之家、二次置业群（35 ～ 45 岁）。

（2）不同户型购买人群的基本特征

那么，他们到底是一群怎样的人？

根据上述家庭构成指标，并结合成都住房消费型态，GJHT 的消费族群将以 120 平方米户型作为明显的分水岭。

120平方米以下	120平方米以上
首次置业居多； 处于奋斗期，只是基础相对同龄人更好； 35岁以下； 生活比较时尚、潮流化，在消费时更冲动； 对于各种传播信息都很关注，媒介接触范围广； 社交圈不固定，广泛接触各阶层以寻求发展	二次置业居多； 希望拥有更好的生活、居住环境和居住空间； 集中在35~45岁年龄段； 关注身份、地位，但不可以显露； 消费很理性，会比较价值与价格之间的关系； 传统媒介是首选； 基本形成固定的社交圈，看重口碑传播

（3）消费者购房的心理价格分期

消费者在决定购买某一住房时其对价值、价格的综合比较关系如下图所示。

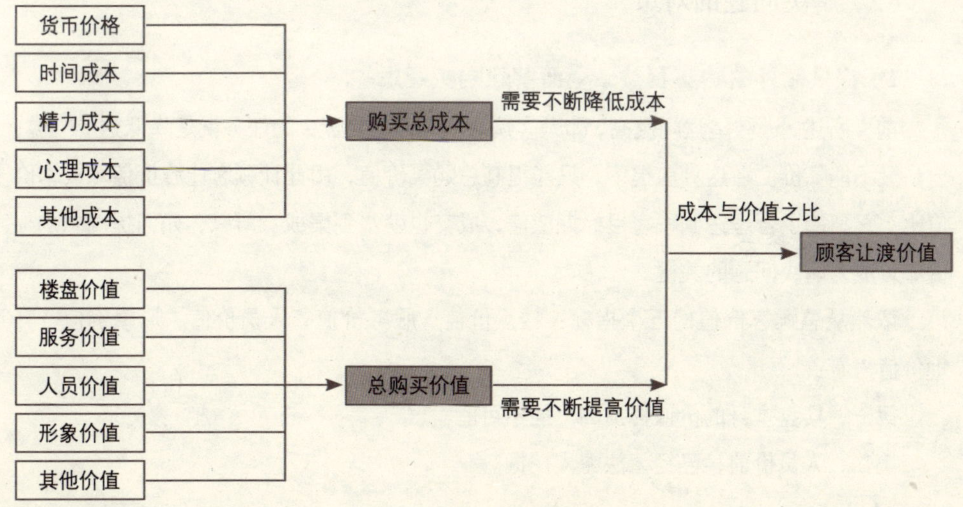

从上述两个方面，我们就可以相对清晰地看出目前 GJHT 尾盘面临的问题。

2. 尾盘面临的问题

问题 1：进驻成本大

这是最大也是最核心的问题。从前文可以看出，要住进 GJHT，代价是非常大的。造成的矛盾是尾盘的供应量与市场的实际需求不平衡，造成供需脱节，所以滞销。实际上，这也是市中区 18 个楼盘面临的同样的问题。

问题 2：楼层朝向问题

楼层、朝向一定存在目标消费群体不满意的地方，但这只是次要的问题。

3. 解决问题的对策

（1）解决问题的原则

原则 1：GJHT 的知名度、美誉度及品牌好感已经完全具备，而且楼盘品质、优势已经深入人心，所以尾盘清扫时已经无需强化。此时，刺激销售成为要务，对应的广告传播也必须摈弃务虚的主题，直接提供实在的购买动机。

原则 2：不在价格上让步，维持现有价格体系。降价势必损伤 GJHT 业已建立的良好形象和高品质感，不但会引起前期客户的反感，甚至会进一步加剧市场的观望态度。

（2）解决问题的对策

1）提供额外的购买利益，全面解除购买疑虑

前文所述，进驻尾盘门槛高，即顾客购买成本高，要解决的任务就是降低这个门槛，但是又不能降价。在这种前提下，只能提高总购买价值，由此让顾客让渡价值（成本价值比）逐渐趋于合理达到顾客目标期望值，成交也就水到渠成。所以，如何提高总购买价值，成为解决问题的关键。

依然从总顾客价值的五个指标：楼盘价值、服务价值、人员价值、形象价值、其他价值来看：

第一，楼盘本身的价值再提高已经不可能。

第二，人员价值，已经无法深入挖掘。

第三，形象价值，GJHT 已经发挥到了极致，所以进一步提高也很困难。

第四，提升服务价值，成为我们惟一可行的途径。

所以，共同提升服务价值，才是解决尾盘的问题。

2）通过降低门槛的工作，消除顾客首付压力

① 降低首付款压力

降低首付款不是变相降价，是因为 GJ 地产具备了雄厚的实力并抱着体贴消费者的精神，对消费者的一种关爱。

具体做法是：消费者落定签约，只需支付房款总价的 10%，即可办理有关手续。仍以 120 平方米、单价 3800 元 / 平方米、总价 45.6 万元为例：

首付 10%：4.56 万元（剩余 10% 首期在 2002 年 4 月支付，跨度一年）。

手续费等：1 万元。

② 与“怡和家装”合作，由其为消费者提供装修按揭并组织施工

仍以 120 平方米作为样本，家装成本 7.2 万元。消费者在签定购房合同时，立即在售楼部办理装修按揭：交定金 1 万元，余款按揭。

之后，消费者只需 7.56 万元就可以立即成为“GJHT”的新贵主人。

3）通过家装大赛，解除住户入住前的实际问题

考虑到目标消费群体可能无法在装修上花更多的时间、更多的精力，与怡和家装联手举办 GJHT 精品户型家装设计大赛，邀请前期住户或社会公众参加，对尾盘货量提出对应的设计方案，最后决出四等奖项，方案如下：

一等奖	1名	奖金1万元	颁发证书
二等奖	2名	奖金8000元	颁发证书
三等奖	3名	奖金5000元	颁发证书
入围奖	10名	奖金500元	—

活动直接总费用 4.6 万元（奖金），所有收到的参赛方案最后择优在现场展示，免费提供给住户作为自己居室的装修方案。

4）针对投资者做重点诉求，进一步扩大市场需求

GJHT 一直没有针对投资者做清晰的诉求，这可能取决于当时的销售形势（大户型走俏）。但是，现在的尾货户型集中在中小户型上，已经是投资者青睐的户型。对比周

边区域同等类型物业（90平方米电梯公寓）的租赁市场分析发现：

毛坯房月租：高于1500元。

简单装修后：高于1800元。

全装修并配齐家具等：高于3000元。

比较而言，投资者首付压力低，而且每月的房租已经远远高出月供款，这个市场是巨大的；而且，因为成都发展格局的变化，地块价值还会上涨，即使今后转手也有足够的回报，这是投资者最青睐的。

为了进一步增加投资者的信心，还可以与二手房联合进行，替业主代办租赁，进一步赢得投资者的好感。

5）通过“为业主办理蓝印户口”，解决市中区其他消费主体的实际问题

根据市中区住宅消费统计，购买市中区住宅很大一部分是成都边缘郊区、郊县的人。

他们之所以喜欢市中区的住宅，是想尽快获得成都的认同，他们需要取得与成都土著一样的地位、待遇和权利。

目前成都办理入户费用大约1.5万元/人，视活动的效果和消费者反馈意见，可以考虑为住户交此费用。

4. 对应的风险分析

（1）首付一成

因为剩余10%的首期允许住户在2002年4月交付，将由开发商支付10%首期款的资金利息。

按120平方米、单价3800元/平方米、10%即4.56万元为例，1年的资金利息（按5%年息计算）是2280元，150套是34.2万元。

相反，如果成交延迟一个月，所占的资金利息是2000元左右，150套就是30万元。

比较之下，开发商是非常值得的。当然，市场会认为这是变相的降价，这就需要在传达此主题时，同时传达开发商此举的出发点以及因为开发商强大的实力才有如此大手笔的活动。这样，今后策略调整也有了说辞。

（2）家装按揭

开发商的风险已经成功转接到家装公司。实际的风险就是在支付活动时付出4.6万元的奖金。但是因为与怡和家装合办，包括媒介费用理应双方承担，降低了风险。

（3）针对投资者

因为工作内容已经移交二手房，所以 GJHT 工作相对不会太复杂，风险趋于 0，只需监督二手房，保证住户的租金收入，所以可行。

（4）办理蓝印户口

实际上很多城市都有购房入户政策，GJHT 只是针对性的诉求，不存在任何风险。如果后期支付入户费用，按 150 人计算，费用为 225 万元，投入高，所以必须视销售状况而定。

相对销售积压而言，上述风险已经很小，所以操作非常可行。

5. 对应的广告策略

（1）广告推广的原则

1）全力促销，但是依然兼顾形象，以免市场对楼盘的品质和形象置疑，产生观望心态。

2）诉求主题直接、有力，排除过往务虚的推广主题。

3）针对居住者和投资者的诉求重点各有侧重，但要求诉求信息单一。

4）在主题确定和表现形式上，将采用“良心广告战略”模式，打消顾客购买疑虑，唤起心理感受、刺激销售。

（2）准备出现的诉求主题安排（报纸广告）

主题一：成为国嘉的主人，现在只要 7 万元；

主题二：只需 7 万元，10 月，我们住到 GJHT 去；

主题三：“以租养供”，国嘉让你的回报更高更大；

主题四：GJHT 一站式，购房、家装按揭一体化，首付 4.5 万元签合同、定金 1 万元即装修，10 月成为 GJHT 新主人；

主题五：国嘉新业主，成都新主人，即办“购房入成都户口”手续即做成都主人。

6. 费用预算与媒介计划

（1）费用投入总额

150 万元广告推广费用（含公关活动、新的宣传资料等）。如下表所示：

大众媒介	小众媒介	机动
报纸：成都商报50万元（硬性广告40万元、图文结合文章10万元）、华西都市报30万元； 电视：15万元（制作5万，投放后边缘时段10万元）	新的宣传单张（夹报派发）：20万元（含出租车后窗车贴5万元）； 时尚消费资讯：具体名称待定，预计费用5万元； 现场户外广告更换5万元； 现场包装及活动15万元	10万元

（2）4 月、5 月媒介计划及发布主题

4月份媒介发布计划

形式	发布规格与内容	发布时间	媒介选择	备注
硬性广告	首付一成——半版彩色	19、20日	商报、华西	
	首付一成——半版彩色	26日	商报	
		27日	华西	
软性宣传		19日	商报	半版图文
		26日	商报	半版图文
		27日	商报	半版图文
小众媒介	新的宣传资料到位	4月20日前		
	现场包装完成	4月20日前		
电视广告	15秒促销广告	4月30日前		制作完成

5月份媒介发布计划

形式	发布规格与内容	发布时间	媒介选择	备注
硬性广告	以租养供——半版彩色	10、11日	商报（11）、华西（10）	
	装修按揭——半版彩色	18日	商报	
		17日	华西	
	蓝印户口——半版彩色	25日	华西	
		31日	商报	
软性宣传		17日	商报	半版图文
		24日	商报	半版图文
		31日	商报	半版图文
小众媒介	夹报宣传	每周五	商报	
电视广告	15秒促销广告	每天8次	15、33频道	

7. 推广计划分阶段进程与对应费用分割

（1）推广进程线条结构图

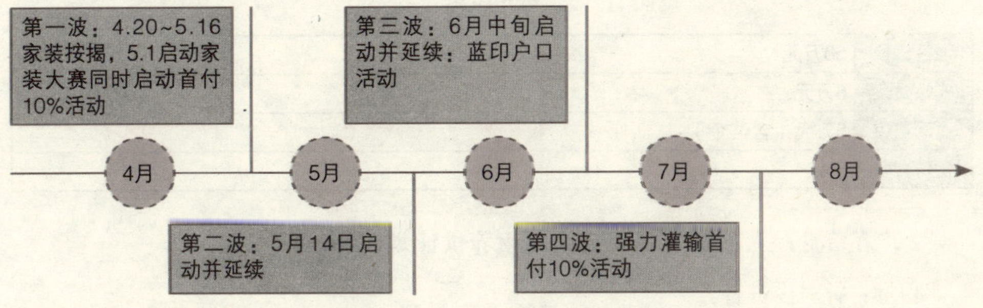

（2）推广进程整合行销传播框架一览表

时间 分类	4月	5月	6月	7月	8月
硬性广告	配合各阶段活动主题进行诉求，主要表现为强销型广告				
软性宣传	开发商的责任感、实力，配合阶段活动以图文结合形式进行报道				
促销活动	家装按揭活动首付一城		蓝印户口	7月强力灌输首付一成	

续表

时间 分类	4月	5月	6月	7月	8月
公共关系	家装大赛				
事件行销	二手中介活动信息				
包装展示	更换户外广告	现场气球、插旗、横幅氛围营造等配合活动			

（3）推广进程阐述

1）第一波：家装按揭 / 首付 10%、家装大赛活动

目标：降低入住门槛，为住户创造价值、减轻置业压力。

时间：4 月 20 日启动按揭 / 首付 10% 活动，5 月 1 日开始家装大赛活动，10 日截稿、16 日活动结束。

需要支持的工作：在启动“家装按揭 / 首付 10%”活动前，必须进行软性文章的铺垫，以避免市场产生 GJHT 降价的错误认知，而上升到“国嘉地产强烈的责任感、雄厚的实力支撑而采取的体贴、关心消费者的做法”这个高度。

动用所有的媒介，强势传达“低入住条件”信息，要在短时间内家喻户晓，引起社会的广泛关注和媒介的炒作。

费用概算

硬性广告	50万元
软性文章	6万元
活动费用	5万元（含奖金）
宣传资料	待定

2）第二波：二手中介联手启动以租养供计划

目标：针对投资者。

时间：5 月 14 日开始一直延续至项目清盘。

需要支持的工作：与金丰易居制定详尽、切实可行的合作办法，保证住户的租金收入不受到威胁。

费用概算

硬性广告	30万元
软性文章	6万元
宣传资料	待定

3）第三波：购房即办“成都入户手续”

目标：周边郊县购房者。

时间：6 月中旬开始一直延续至项目清盘。

需要支持的工作：尽可能协同政府职能部门在最短时间之内让住户成为成都人。

费用概算

硬性广告	15万元
软性文章	5万元
宣传资料	夹报派送，数量待定

4）第四波：强化“低首付、即入住”

费用概算：硬性广告——10 万元。

世纪城
GLOBAL HOUSE
国际公馆Ⅱ期
公馆生活，与世界同步

国际公馆二期以联排别墅之传世大宅、台地别墅之原生尊邸、
叠加别墅之庭院 HOUSE、及公馆洋房共同缔造公馆人文居住典范

世纪城国际公馆

8. 工作推进计划表

工作推进计划表

工作内容	要求完成时间	责任方
递交“尾盘清扫计划”及平面表现初稿、提案	2001年4月13日下午	策划公司
递交合作方案讨论稿、讨论	2001年4月16日上午	策划公司、国嘉地产
签署合作方案	2001年4月17日	策划公司、国嘉地产
讨论确定“尾盘清扫计划”	2001年4月18日	策划公司、国嘉地产
平面报纸广告出街	2001年4月19、20日	策划公司
新宣传资料设计、确定	2001年4月23日	策划公司
现场包装方案制定、审议	2001年4月24日	策划公司
新资料制作完成	2001年4月28日	策划公司
现场包装完成	2001年5月8日	策划公司
电视广告创意提交、审定	2001年4月24日	策划公司
电视广告制作	2001年5月4日	策划公司
电视广告投放	2001年5月8日	策划公司
制定“家装大赛”执行计划	2001年5月7日	博思堂、国嘉地产

四、处于知名企业包围的尾盘突围之路

处于知名企业包围中导致的尾盘和滞销盘的出现，这已经完全成为一些中小房地产企业非常头疼的问题，因为相比知名企业，广大中小房地产企业具有明显的劣势，具体表现在：

第一，品牌号召力不够。

第二，产品规模难以匹敌。

第三，推广实力不够。

虽然各方面处于劣势，但是并不是只有被动挨打的份，知名企业有知名企业的优势，同样也有其劣势。中小房地产企业在营销策略的执行和推售手法上可以更灵活多样，从而成功突围。并且名企业在决策效率上等多方面的影响，往往在促销和推广的节奏上并不占优势。世纪城国际公馆和JQ花园作为中小房地产开发项目通过不同的策略成功突围。

实战案例02 Combat case 世纪城国际公馆剩余单位营销计划

世纪城国际公馆位于东莞，项目已售套数292套，已售面积71920.85平方米，已售金额404684362元，剩余套数38套，剩余面积11292.64平方米，剩余金额65526691元。

一、分月销售情况

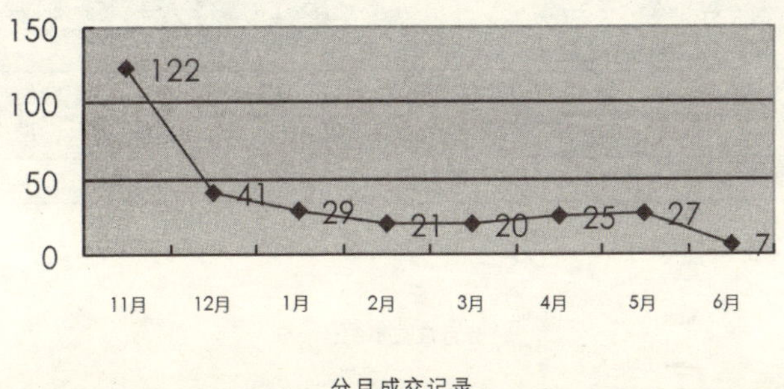

分月成交记录

从上图中可以看出，世纪城6月份的成交数量从5月份的27套迅速滑落到7套，销售量较以前各月明显减少。分析原因，这主要是由以下两方面原因造成的：

1. 客户上门量减少

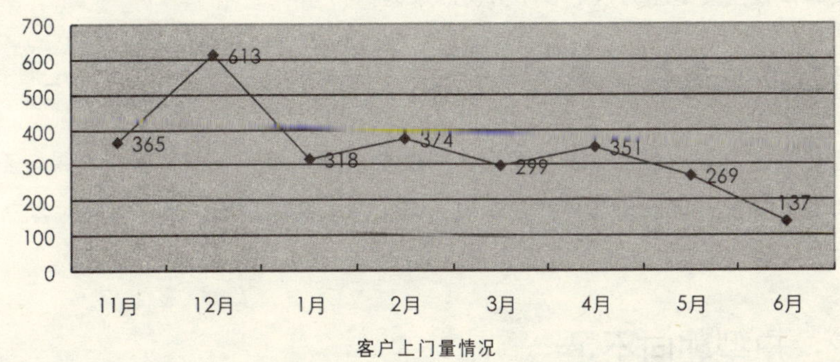

客户上门量情况

如上图所示，1～5月的平均每月有322批客户上门，而6月份仅有137批客户上门，比前5个月的平均上门量减少了57%，比前一个月的上门量减少了49%。

上门量的减少主要是因为以下3个方面的原因：

第一，报纸和电视广告全部停止，使楼盘销售信息未能广泛传播；

第二，目前交楼的153户单位中，共申报工程整改单2000余份，老业主对工程问题不满，不但不愿意介绍新业主上门，反而使项目产生负面口碑；

第三，天气炎热，客户尽量减少白天出门活动。

2. 成交率降低

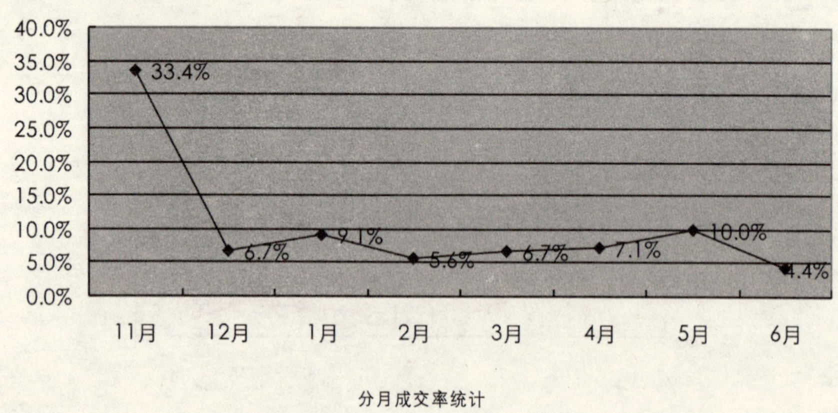

分月成交率统计

如上图所示，1～5月份的平均成交率为7.7%，而6月份的成交率仅为4.4%，比前5个月的平均水平降低了43%，比前一个月降低了56%。

二、造成滞销的自身原因诊断

成交率降低主要是因为以下3个方面的原因：

原因1：产品展示较差

随着样板房单位的售出或样板房所在户型的售罄，目前仅剩下展示效果较差的I户型样板房对外开放，难以使客户产生认同；园区内水循环系统关闭，景观对客户造成的冲击力下降；墨尔本区产品与悉尼区的展示效果存在较大差距。

原因2：户型朝向不足

剩余产品经过了7个多月的客户挑选，在户型、朝向以及风水方面大多存在一定的不足，例如在货量较大的A、B户型售罄的情况下，I户型仍剩余18套，占剩余套数的47%，总量为10套的C户型目前仅售出2套。

原因 3：价格高居不下

项目在销售期间共进行过 6 次价格调整，虽然前期每次价格调整对销售起到较大的帮助作用，但也造成剩余单位价格居高不下。此外部分客户认为项目进入尾盘期应会有较大的促销政策出台，因而持币观望。

三、激烈的市场竞争

1. 现有竞争对手

通过统计《东莞日报》、《南方都市报》、《广州日报》三种报纸媒体，6 月份共刊载地产广告 41 次，见报楼盘为 17 个，其中 19 个为住宅广告，17 个商铺广告，5 个写字楼广告；世博广场商铺列为本月报版广告发布频次及发布量第一位，地王 · 康景台列第二位。

（1）楼盘广告投放次数前五位的楼盘

世博广场（9 次：5 次硬广、3 次软文、1 次套红）、地王 · 康景台 \ 雍景台（6 次：5 次硬广、1 次套红）、鸿禧中心（4 次：2 次硬广、2 次软文）、蔚蓝星湖（4 次：3 次硬广、1 次软文）、城市假日（3 次硬广）。

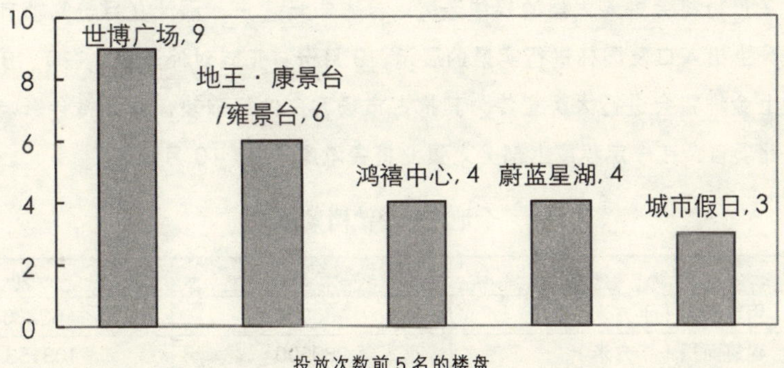

投放次数前 5 名的楼盘

（2）楼盘广告投放版面排名前五位的楼盘

世博广场 10.5P、地王 · 康景台 \ 雍景台 9P、鸿禧中心 8P、蔚蓝星湖 7P、城市假日 6P。

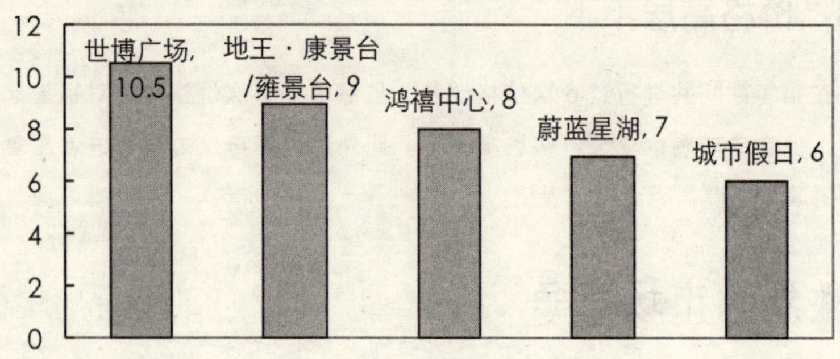

投放版面前5名的楼盘

上图中可以看出，本项目在售的竞争楼盘，如御花苑、水映长堤等在近期都没有大的动作。来自外界的竞争压力并不是非常大。

2. 新推竞争楼盘动态

在7月后推出的金地格林小镇、万科 · 城市高尔夫花园在一定程度上会直接影响到市场客户的关注，其大户型产品将会对本项目剩余单位形成一定竞争，其主要概况如下：

（1）金地格林小镇

作为深圳金地房地产进入东莞市场的首个项目，其将项目定位为东莞新城区标志性名宅，在7月份将会进入大量的媒体造势，抢占市场客户，预计8月份其项目将封顶并且会将部分主出入口及园林进行实景的展示，9月份将正式对外开放，在7、8月媒体及营销活动上金地将会进行大势宣传为其抢占市场客户做好辅垫，估计将会影响一定的白领关注于此项目，在一定程度上部分人置业将会考虑于9、10月份。

金地格林小镇档案表

指标	项目指数	一期
用地面积（平方米）	136000	63286
建筑面积（平方米）	260500	103156.2
容积率	1.9	1.63
覆盖率（%）	—	16.29
建筑密度（%）	24	24
总户数（户）	2000	800

金地项目一期大部分为院落式高尚白领住宅，其必将会进行大势宣传并将其产品做

得较为细致，其宣传预计会促使不少市场客户关注此项目，影响到不少客户会考虑置业的时间推后。

项目户型配比

户型	一期（套）	总数（套）
两房两厅一卫	173	218
三房两厅一卫	10	56
三房两厅二卫	351	1174
四方两厅二卫	252	536
四方两厅三卫	10	10
复式	4	6
合计推出货量	800	2000

(2) 万科·城市高尔夫花园

首次进入东莞，但在5月份始已进行了大规模的高格调宣传及入万客会营销活动，因东莞并无较为主流的媒体，其宣传较多为广告牌，在东莞"万科在中国"高调宣传造势，再且通过万客会进行品牌的口碑式宣传，万科开始挟其轻车熟路的会员制营销和成熟的万客会操作模式，建立自己的客户网络和传播渠道，并通过这种不断扩大的客户网络和专属的传播渠道源源不断地向东莞的消费者渗透万科的地产文化，并建立自己的口碑；预估8月份后其将会进行项目的实质性造势宣传。

万科·城市高尔夫花园定位于高尔夫边上的上层建筑，占地面积123509平方米，建筑面积185263平方米，位于属东莞传统高尚住宅片区——黄旗山片区，紧邻市区惟一高尔夫球场——峰景高尔夫，西靠五环路，南接西南路、松山湖大道，东邻莞深高速。

9月份开始，万科、金地两个新推楼盘将吸引大量的眼球，因此世纪城国际公馆一期必须抓住市场空档，在7、8月进行有力的宣传及营销活动、口碑宣传，继续领跑市场，促进项目的快速销售。

四、阶段性营销策略

1. 销售目标分解

在提出策略之前，首先明确我们的目标：8周时间销售40套；每周销售5套；按照8%

成单率计算，每周需要63批上门客户。

2. 营销策略思考

为了完成目标，让我们再次回顾销售的循环回路：

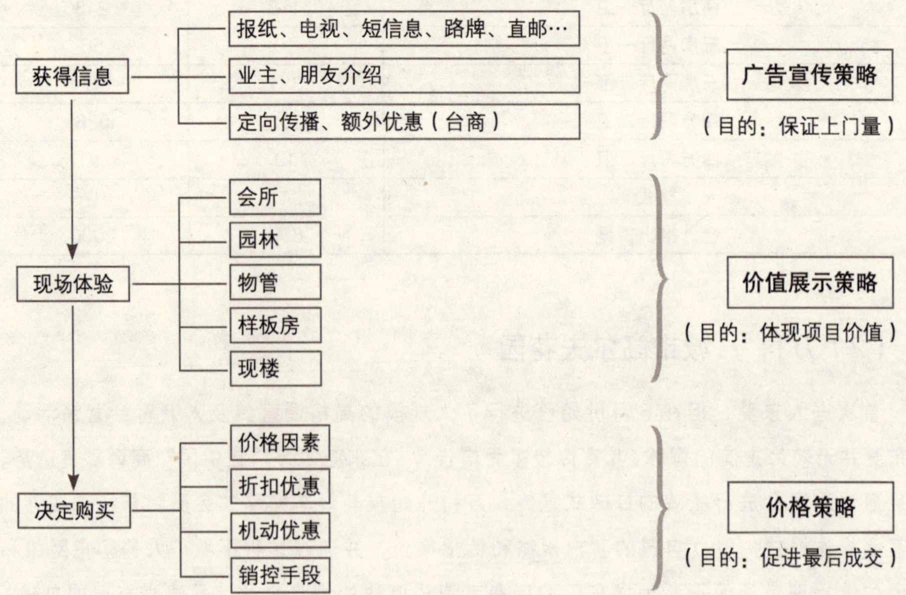

根据销售的循环回路，这个时候我们需要思考：

（1）我们是否进行了有效的宣传和推广，为售楼处提供了有效的、足够的上门客户？

（2）我们的工程园林实景、样板房是否足够体现我们项目的品质？是否能够引起客户的购买欲望？

（3）我们的现场活动组织是否能够打消客户的顾虑给客户对项目的信心？

（4）我们是否有给到销售人员有效的促销工具去完成最艰难的临门一脚？

（5）我们的销售服务过程及售后服务是否令客户满意，是否能为我们带来良好的口碑？是否会为我们带来新的客户？

（6）为了整个销售环路的高速、通畅，我们还应该做些什么？

销售是一个环环相扣，站在战略的高度综合配置资源的过程，任何一个环节的脱节或不到位，对结果都起到重要影响。如何将各个环节有机地结合、贯通？使销售既平稳延续，又有阶段性的亮点？

3. 营销策略总纲

营销策略总纲

借助商业销售，发出市场声音
强化销控手段，利用价格杠杆快速均衡销售
创新活动营销拓展客源，深度挖掘客户潜力

（1）借助商业销售，发出市场声音

利用商业推广的机会，在各种媒体上发出声音，传递一期仍在销售的信息。

（2）强化销控手段，利用价格杠杆快速均衡销售

充分利用现有优惠政策，主动掌握销售节奏，形成阶段性突破点。

（3）创新活动营销拓展客源，深度挖掘客户潜力

以营销活动扩大口碑传播，强化卖场气氛，提高上门量及成交率。

五、阶段工作计划要点

1. 媒体

（1）常规媒体

利用商业街即将发售的有利时机，在推广商业的同时推广一期尾盘：根据商业部分推广计划，在7月至8月投放如下：

1）半个月的东莞电视台新闻简报标版（内容为维多利亚商业街现正接受咨询/热销中，墨尔本区珍藏单位全面推出）；

2）半个月的香港无线裴翠（TVB）、香港亚视（ATV）晚间新闻中段插播；

3）6次广州日报头版半版；

4）4次南方都市报半版；

5）4次东莞日报半版；

6）4 次配合活动的 20 万条 / 次短信息投放。

（2）新增媒体

在原有常规媒体的基础上增加以下传播途径：

传播途径 1：信息速递

10 万份 / 次，投放 2 次，对象为东莞市各主要住宅小区居民；总费用为 7 万元。

传播途径 2：楼宇电视

东莞市 146 家高档写字楼、酒店的电梯液晶电视广告，每天播放 80 次，建议播放 15 秒电视广告片，费用为 2.3 万元 / 周。

以上费用除信息速递的 7 万元主要为 1 期服务外，其余均以商业街推广为主，已计入商业街推广成本。

2. 现场包装

（1）银湖大道更换以商业为主的路旗，洋房朝东莞大道面，商业街针对宏伟大道面悬挂“7.28 维多利亚商业街接受咨询，墨尔本区保留单位全面推出”巨幅条幅，沿路拦截视线。

（2）商业街包装展示吸引眼球。

（3）长期悬挂空飘造势增加卖场气氛。

（4）不定期更换“欢迎 xx 考察团”的条幅，增加客户信心。

以上费用均已包括在商业街推广内。

3. 工程

（1）及时整改业主提出的工程问题，客户反映问题 24 小时内给出反馈意见，体现开发商认真态度。

（2）近期会组织世联全部现场主管以上员工对世纪城工地现场进行步行考察，及时发现现场存在的不足，整理后报工程部整改。

（3）针对提出工程质量维修的客户，借助中餐厅开业前空隙，邀请前来试菜，每户赠送一桌宴席，并由营销部经理梁军亲自接待。

（4）尽快完成样板房及天井花园装修。

（5）加快墨尔本区道路施工进度。

（6）加快墨尔本区园林施工进度。

（7）增加园区内保安人数，尤其是墨尔本区。

（8）控制二期工地施工造成的余土污染。

（9）完成全部已完成施工且未售出单位的内部清洁。

费用合计：中餐厅试菜按500元/桌，200户计算成本，该项费用约为10万元。

4. 销售政策

（1）由于天气炎热，将售楼处接待时间延长到晚8：00，方便客户在下班后看楼；如园区内灯光能够配合，建议延长至晚9：00，此项措施以短消息及信息速递方式告知客户。

（2）项目销售到现在，销售代表整体状态会有所下降，目前已完成对各项目销售代表的互换，同时对销售代表进行培训，统一不使用尾盘的说法，保持销售代表整体精神面貌。

（3）在整体销控的基础上，有针对性地使用现有优惠措施，在不增加销售成本的情况下促进优惠单位销售，例如某周推出10套单位，其中3套特惠单位享受3万元优惠及1.5万元现金券，其余单位均不享受优惠；某周购买I户型可享受赠送天井花园装修，其余单位均不享受优惠。

5. 营销活动

（1）刨冰节

活动时间：7月25日；

活动内容：活动当日现场提供各种雪糕、冰激凌供客户免费食用，老客户上门赠送家庭装冰激凌蛋糕；

合作单位：初步确定为“天使冰王”；

开发商配合：会所西餐厅提供部分餐饮，冰柜配合、服务生。

（2）红酒品鉴讲座

活动时间：8月1日；

活动内容：现场教授红酒知识，提供红酒供客户品尝，老业主赠送法国红酒一支；

物料支持：讲解用红酒（10 种不同年份品牌，各 1 支），业主用酒 100 支，高脚酒杯 100 个；

人员支持：红酒品鉴师 1 名，酒水服务生 2 名。

（3）陶艺制作

活动时间：8 月 8 日；

活动内容：现场陶艺制作，业主可将自制陶艺交开发商代为烤制并刻名，完成后交还客户；

物料支持：现场陶艺专用转台 10 台，现场陶艺专用泥供 100 人用，现场陶艺专业陪训人员 5 人；

人员支持：由御膳房提供酒水服务生 2 名；

费用合计：每次活动约 1.5 万元，举办 3 次活动共计约 4.5 万元。

世纪城国际公馆广告墙

五、价格问题导致的住宅尾盘突围攻略

价格问题是尾盘滞销调查过程中普遍反映的问题。但是如果调查就此终止，那实际上还没搞清楚价格问题的实质。价格问题一般又包含三个核心问题，一个是单价问题，一个是总价问题，一个与竞争对手的比较价格问题。单价过高一般可以采用明降或暗降等措施；总价过高，可以减少首付比例、赠送附加值降低购房者的进驻成本来解决，或者将户型拆分将总价降低；而对于与竞争对手的比较价格问题，一定要慎重，这是因为，如果楼盘品质比竞争对手好，还采用大幅降价等措施，购房者反而会认为房子存在质量问题或其他问题；如果楼盘品质没竞争对手好，还采用高定价的策略，那么滞销是肯定的。

所以，当出现价格问题导致的尾盘产生时，切忌不可盲目地制定拉升价格或降低价格的措施，认真调研，找出价格问题后面的复杂关系，谋定而后动才是正确的处理之道。

项目 Z 利用降价与未来升值组合解套策略实现尾盘扫尾计划。

1. 一期销售情况总结

一期总房源 908 户，销售 753 户，剩余 155 户，一批次剩余 50 户，二批次剩余 105 户。剩余房源户型分布情况为：一批次 93 平方米余 27 户，103 平方米余 7 户，91 平方米余 13 户，92 平方米余 3 户；二批次 93 平方米余 34 户，103 平方米余 36 户，92 平方米余 33 户，85 平方米余 2 户。剩余最低楼层为 11 楼 91 平方米和 92 平方米。

剩余房源汇总表

户型	93平方米	103平方米	91平方米	92平方米	85平方米
剩余房源	61套	43套	13套	36套	2套

（1）改变宣传

首先提出核心主题，感受到楼盘所处板块为城市功能集中地带，展现未来生活空间想像，并提出居住口号与生活亲密接触。宣传的主题语展现出未来的居住环境，周边校园经济圈以及楼盘品质等，让客户大大减少了对本楼盘的抵触心理，让消费者感受到强烈的居住氛围。对劣势的规避，项目新站的建立，地铁二号线的规划以及本楼盘的楼车让消费者感受到了与项目之间的零距离；政府规划的高档住宅区，周边楼盘以及将建用地展现出周边居住大氛围；用本楼盘的双花园打造突出，以建筑形态等掩盖公摊问题。

在宣传方面全面进行宣传，户外、公交车身、公交电视广告、报版、SP 活动、展点、夹报、派单、短信以及售楼部的重新整理等，灵活利用媒介整合，对楼盘做不同的宣传，让消费者更多了解我们。

（2）对竞争对手分解

竞争对手 A 由于距本项目较近，对售楼部周围的包装，造成视觉吸引。竞争对手 A 的一期一批次开盘打破了部分人的购房愿望，长时间的等待期让客户偏向于我们。竞争对手 A9 月 22日 开盘与本项目二批次开盘时间一样，由于蓄客量过多，开盘当天无法有效地控制，可巧妙传播信息，分解其客户。

（3）利用时间差

7、8 月，竞争对手 A 无小户型售卖，促使 55 ~ 86 平方米的户型销售顺利；9 月，竞争对手 A 整体均价上涨，从而本项目的价格成为我们的绝对优势。

（4）形成策略

定位客户为中上层客户群体，25 ~ 40 岁年龄段为主，对这部分客户群来说需要的是物美价廉，但面对比比攀升的房价，需要的是低首付，工作不久的人没有多余的钱来支付首付款，投资的人不愿意把钱一下投资过多，所以提出首付分期付。这样大面积吸引成都客户，影响带动竞争对手 A 的客户。

2. 价格问题成为目前楼盘滞销的导火索

10 月 29 日价格上涨后，半个月出售 5 套，目前二批次房源最低价格为 3425 元 / 平方米，最高价格为 3925 元 / 平方米。

11 月 1 日 ~ 11 月 12 日，共接待登记客户为 72 组，星期一到星期五 43 组，周末 29 组，客户群 53% 为普通职员。80% 的客户对单价关注，90% 的客户对总价关注，其次为交通 50%，配套、环境各 30%。

（1）价格问题

目前价格突然提高让消费者无法接受，总价上涨 1.5 万 ~ 2 万元，对总价来说上涨并不高，但是单价上涨幅度太大。现在需要的是一个时间等待，等待大区域价格上涨稳定，时间大概为一个月。

（2）尾盘房

目前处于尾盘房，剩余的房源楼层偏高，朝向、户型都不是很理想。

（3）优惠不够

目前对按揭无优惠，一次性优惠 3%，对大部分购买者来说觉得不是很吸引人，建议投放优惠，对优惠时间加以限制，吸引客户。

（4）宣传终止

宣传终止对客流有明显的影响，虽然处于尾盘中，需要做的是逐步减少宣传，让楼盘热度持续下去，为二期加温。

（5）常规问题

公摊偏大、交通不便等，对销售人员加强灌输本楼盘优势，让他们更有效地对客户洗脑。

3. 周边楼盘情况

楼盘 A：现售卖枫桥岛组（9 月 22日 开盘），均价在 3500 元 / 平方米，剩余户型为 100 ~ 120 平方米。

楼盘 B：一期二批次预计 11 月 24 日开盘，可售户数为 130 户，户型面积为 80 ~ 130 平方米，价格范围预计 3800 ~ 4300 元 / 平方米，本次推出面积较大。

楼盘 C：11 月 18 日正式排号，可售户型为 200 户，面积范围为 85 ~ 167 平方米，价格范围预计 4000 ~ 4500 元 / 平方米，预计 4500 元 / 平方米。

楼盘 D: 总户数为 150 户，面积范围为 84 ~ 225 平方米，均价预计为 4200 元 / 平方米。

楼盘 E：总户数面积范围 80 ~ 140 平方米，均价格预计 3600 ~ 4000 元 / 平方米，总价控制在 50 万元以下。

楼盘 F：总户数为 442 户，面积范围为 71 ~ 110 平方米，均价预计为 3800 ~ 4000

元 / 平方米。

由以上楼盘可看出，11 月大多数楼盘价格突破 4000 元 / 平方米，目前本项目均价控制在 3700 元 / 平方米，在 12 月初再看尾盘价格就不显得价格过贵，需要的是耐心等待潜伏期过去，迎接新价格的到来。

4. 尾盘推广计划

由于进入尾盘期间，等待的是自然销售，但是由于开发量大，剩余房源显示过多，现在处于价格过渡阶段，受政策、大环境影响，二期的逼近，需要将对尾盘进行加速清盘处理。

(1) 分析成交折线图

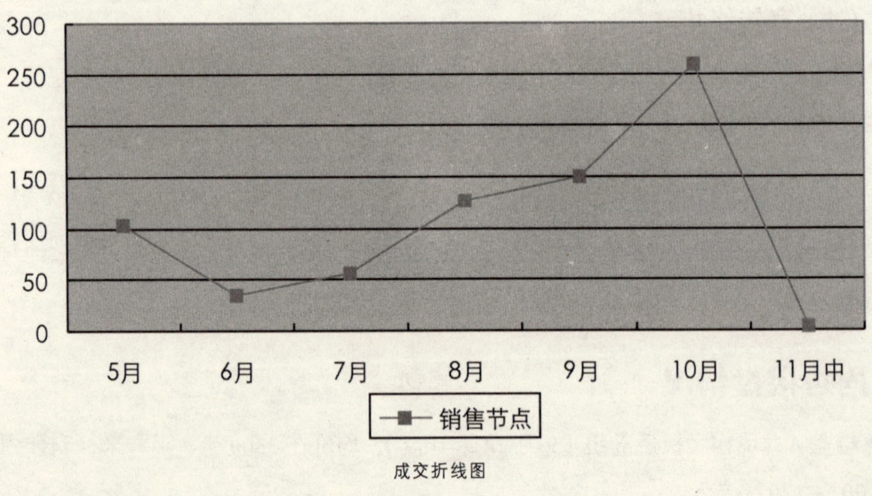

成交折线图

自从价格上涨后，基本不可谈成交量，价格成了决定性因素，从另一方面成为本片区的嫁衣，反而成为竞争对手的一个跳板。

(2) 尾盘清盘策略

155 套房源中，先把难卖户型 91、92 平方米清理出来，然后在 93、103 平方米里面找出难卖户型，一共需要清理出 100 套房源，剩余 55 套封存保留。

将 100 套房子拿来促销，每套优惠 1 万元，如采用“赢在春秋，100 万元优惠进行中”，通过短信投放，用实在的优惠吸引人气，达到轰动效益。目前均价为 3700 元 / 平方米，

100 套优惠去掉 100 万元，等待年初区域价格稳定后，将剩余 55 套上涨 300 元 / 平方米，共计面积为（93 平方米保留 30 户，103 平方米保留 23 户，86 平方米保留 2 户）5331 平方米，价格上涨后均价将达到 4000 元 / 平方米，溢出 159.93 万元。

就目前形势而言，整体均价在 3700 ~ 3900 元 / 平方米，年底上涨 300 元 / 平方米没有问题。而本项目现在已成标杆，如果竞争楼盘上涨幅度过低或者与本项目持平，将是本项目最大的损失，用最有效的宣传加快销售步伐。

（3）尾盘清盘宣传妙招

目前状况来看，只需要对精确客户进行再次通知处理即可，推广媒介主要为短信。短信投放分为两种：社区短信和直告短信。

1）社区短信

社区短信主要集中在项目附近的几个楼盘售楼部。时间选择为 12 月初和 11 月 24 日开盘前后 5 天投放。

诉求重点：告知楼盘“尾盘集中赢”活动。

目的：让进入楼盘售楼部的消费者都知道本项目，并都收到告知短信。

2）直告短信

直告短信主要集中于私营主以及有买房意向客户以及周边企业中。

诉求重点：告知楼盘“尾盘集中赢”活动。

（4）售楼部现场包装

将建筑主体面对的外墙做幕墙，以尾盘为主；面对主路的同样做幕墙，以形象宣传为主，为二期做铺垫。

（5）备选媒介

在以上宣传效果不佳情况下，做一次报版宣传，并将龙泉一成都公交车票换成本楼盘的直告宣传。

效验时间为 12 月 10 日，以房源销售 70 户为检验标准。

报版投放周六晚报，诉求重点：告知楼盘“尾盘集中赢”活动。

临时看板投放，设置指引牌。

公交车票投放 4 条线路，诉求重点：告知楼盘“尾盘集中赢”活动。

六、多项目尾盘集中推广突围揭密

一个公司可能在售的有很多盘，面对当前的市场，每个盘都可能存在尾盘滞销盘的问题。如果单打独斗各自为战，将不可避免地面临下列三个问题：

第一：成本增加，每个项目都需相当的推广费用，增加了促销的成本。

第二：整体效果不强，虽然每个项目都推广了，但是由于没有形成合力，推广的力度导致最终效果难以保证。

第三：各自为战将会大大增加开发商的时间和精力，导致隐形成本的增加。

基于以上三点，尤其是目前市场萧条的状况，该如何成功解套呢？我们知道，万科在国庆前将全国十几个楼盘打包降价，恒大地产将全国 18 盘整合促销，狂收 50 亿元。因此，对于那些大中型房地产开发企业，将区域尾盘滞销盘项目捆绑在一起实行整体推广，以大声势大规模发起促销战才是更为有利的武器。

贵阳某公司就是将多项目尾盘整合推广，从而成功突围。

1. 背景分析

目前，贵阳 ×× 房地产开发有限公司代理的三个项目：世纪园、长冲小区、玉田坝共计约 151 套住房和营业房处于长期滞闲状态。大部分是 120 平方米以上的大户型，单价和总价均较高。针对销售的有限营销费用，不能进行大量的、轰炸性的广告宣传，沉淀了开发商的目标利润，如何改变目前的状态，使这些楼房尽快销售出去，实现开发商的资金回笼，这就需要对三处进行重新调研，进一步市场定位细分，明确产品特性，把握住客层与产品的矛盾点，研究分析各方面的关系和状况，制定一套极具针对性的销售方案。

2. 现状分析

从对世纪园、长冲小区、玉田坝三处的实地考察和大量的资料分析研究，以较科学客观的角度找出三处的实际缺陷和存在问题的原因所在，下面一一进行分述，

（1）玉田坝

从其所处的交通地理条件来说，临近火车站，紧靠即将兴建的火车站南广场，周围有 5~6 个楼盘，部分住宅已竣工入住，这意味着相互之间的竞争局面较明显地存在，小

区虽有相关配套设施，但并不完善，物业管理相对不力，小区共有26套顶层跃式住房和12套营业房没有销售出去，纵观26套跃式住房，面积从109.65平方米~156.33平方米之间，很多消费者都认为面积过大，1680元/平方米的均价和实际相关的价值不相等。

其结构也很不合理，设计不恰当，消费者在销售人员粗略的介绍中无法感知房屋的可操作性设计更改。其经济实用的住房特性无法得以体现，销售方式的欠缺和宣传资料的不足以及户外告示广告的零出现，小区无较鲜明的宣传体现和无法明显竞争优势都成为玉田坝销售停滞的主要原因所在。

（2）长冲小区

长冲小区是贵阳市的第一个安居工程及经济适用住宅小区，位于贵阳市北郊沙河，处于市中心较远地区，交通独向性的特点使得进入相对不方便，物业管理的陈旧，配套设施的畸形布局且由于小区楼盘（沙河小区）的较早兴建，长时间的弱性，阶段性的宣传和销售，使得大多消费者在贵阳市接连不断的新兴楼盘铺天盖地宣传攻势中对其早已淡忘。小区长时间的闲置，使得整体楼盘的外观趋于陈旧，整体形象第一时间大大减弱，与给人以二手房的感觉和实际的不低于新房的价格产生明显反差。再有，对附近居住者的抽样询问得出的近10%的知晓率，无不明显地反映出长冲小区目前所处的尴尬状况。

（3）世纪园

世纪园经济适用住宅小区坐落于贵阳市宅吉路36号，东临春雷水库，南靠宅吉居住小区，西沿市贵乌化工厂，麻冲一带，北面靠山。世纪园周围众多的名楼盘如小石城，新馨园等构成的整个楼盘体系大环境和强势的配套设施，整体全面的物业管理和保安工作，环境规划以及先期进住居民的良好口碑都是世纪园有别于上述两处的较强优势体现。但是，销售方对这样好条件的尾盘的重视程度明显较轻：

从现场销售处来看，无资料、无效果图、无报价单、无广告宣传、无明显告示，销售人员对其所售楼盘的避重就轻原则的缺乏和销售技巧的忽视等等都导致了世纪园在本具有明显优势的情况下仍有销售不力的情况出现。

从客观来分析世纪园的尾盘，其实这很可能是开发商真正的纯利润部分，是前期已售物业抵掉开发成本后，沉积的一桶金，其可销售的较大可能性完全可以在经过认真分析和研究后得以重新挖掘。

3. 策略确立——总体销售构架模式：以梯度价格的诉求为中心，以现场立体销售方式为主

经过对上述三处的问题研究发现，只有以整合性的推广销售为前提和保证将三处尾盘集中进行有机的联系销售，节约资源，发挥整合宣传渠道的优势，再以个案差异性重新进行定位，以个体客户为个案，细化实地销售方式，主动出击，才能找寻到一种全新的视角和渠道，最终打出一条缺口，实现期望的良好销售业绩。

（1）确立降价前提

经过对三处不同的情况研究和分析认为，降低价格是尾盘销售不得不出的手段之一，价格无论对任何消费者来说都是选择产品的首要因素，作为以打出经济住房口号的三处楼盘更应该在价格上体现出这点来。

在项目楼盘之间的激烈竞争当中，全国的经济适用房都是行走在微利润的边缘。作为经济适用房，由于政府对其核价过程的严格控制，其均价一般都要低于其他商品房，开发商的资金市场压力与商品房比较来说要小得多。从宣传上来说经济适用房这一概念更应该在价格上得以体现，从三处来看，暂放开长冲小区的平层房来分析：世纪园和玉田坝所有跃层房都是1680元/平方米的固定价格，两者毫无差别。

但是，从上面不难发现，这两者具有明显的优势差别，无论从交通、环境、配套设施，总体规模，知名度，还是实际建造设计等等来说，玉田坝都明显差于世纪园，如果不调整两者之间的价格差，消费者很难花钱购买这样的楼房。

从消费者层面来说，明显的价格降低，并且针对的是尾房，消费者绝对会产生怀疑，这也肯定无法实现我们的初衷，这需要以隐性的降价进行，只有在这个大中心环节的确立之下才能具体实施上述的方案。

（2）确立集中性、个体性销售方式

由于三处都是贵阳××房地产开发有限公司代理的，在坚持最少资金和最大效果的原则下，只有将三者有机地联系在一起，以统一的渠道进行宣传，整合三者的优势资源，统一推广，节约成本，而且便于宣传卖点的营造以及不同需求消费者的较多选择。同时，针对消费者的不同要求，三处楼房的设计构造的多样性和朝向、楼层、布局的不合理性，需要对购买人群的具体讲解和诱导，为其设计和搭建一套合理的住房方案。最终影响消费者，促使其选择和购买楼房。

（3）确立以就近地理范围消费者为重点客户

针对三处消费者及来客心理的分析和研究，制定抓小放大的推广策略，即以项目周围，特别是长冲小区、玉田坝小区的长住居民为重点目标客户，将绝大部分介绍、追踪、谈判的精力投入到争取这部分客户的工作上来。原因有三：

第一，这些客户包括在三处楼盘入住的住户都很希望在离原居住地最近的地方购房置业，给孩子或老人准备。

第二，他们必定会选择价格便宜，销售速度最快，可以尽快入住，物业管理尽快到位的房子。以这些人为重点，营造销售气氛，就能赢得客户，获得成功。

第三，通过主题性的活动，增进开发商与其之间的交流，并且利用此机会全面地告知所剩楼房的大举销售的信息，通过口碑的传播，达到引诱促进销售的目的。

4. 具体方案制定

（1）周边性广告

××房地产开发有限公司组织20人的促销人员分别在长冲、玉田坝小区（世纪园小区除外）半径1～1.5公里内派发DM宣传折页，每一位促销员必须对目标消费者进行1～2分钟的宣传解说，“声”“图”并茂（主要内容为现在销售的楼盘是为了照顾那些在之前没有购房能力者，现售楼房在户型、环境、交通等方面都比前期完善，反而价格相对要低，楼房质量保证，真正让利消费者等信息）。

同时，在该小区的主要人流量较大地段（半径1公里以内）悬挂、设置告知牌（1m×10m，布条或泡沫板，充当临时户外广告牌）。让所售楼盘的形象深入人心，同时也增强口碑传播；促销员同时要注意目标消费者的信息反馈，以便售楼人员能及时地应对来电来访的意向客户。

（2）媒体公关

在有关媒体上及时发布楼房的销售进度和相关活动销售信息。如，无需观望，赶紧行动，你只有40％的机会了。

1）目的

目的1：产品告知

让目标消费者重新认识玉田坝小区、长冲小区、世纪园小区以及这些小区的尾房。

在广告表现上应避开尾房这一概念，最大限度地展示这些尾房的现实优势和潜在优势（如价格、环境、管理、升值潜力等）。文案和平面设计力求体现健康、经济、实用、融洽的广告诉求，引起目标消费者的好奇心及购买欲望。

目的2：活动告知

通过媒体告知目标消费者贵阳××房地产开发有限公司即将举办的有奖促销互动活动的时间、地点、内容等。在广告表现上应突出针对目标消费者的诱惑元素（如参加活动的意向客户可免费参观现房、购房享受免费专家装修设计方案、免一年的物管费等）。

目的3：政策告知

明确告诉目标消费者以上部分楼盘、户型等是开发商为了响应政府安居的号召而特意留存的，目的是为了中低收入者能轻松拥有一套属于自己的价廉物美的住房。

2）媒体选择

①贵阳晚报

覆盖面广（能覆盖本案所指的80%以上的目标消费者）。

②贵阳都市报

报纸广告表现宜针对当地状况做适当调整，主题“低投入，你也能在省会林城贵阳拥有一套真正属于自己的康居家园”。

（3）主题活动推广

1）活动目的

促进无物管、业主、媒体、策划代表、销售人员、装饰公司、政府、小区内及周边公共设施代表、银行、法律事务代表、小区住户表及其他相关单位、部门、代表之间的互动，充分让购房者全面了解相关情况，以解除他们的顾虑。

向意向客户解说××公司在玉田坝小区、长冲小区和世纪园小区推出的优惠服务项目。

2）活动内容

①多方座谈会（关于小区各种情况）；

②咨询会（关于购房贷款、产权等）；

③免费样房设计咨询；

④ 媒体访谈（得以较少资金实现较大媒体传播）；

⑤ 新老客户答谢会（告知销售信息，促进业主对楼盘的了解，诱使口碑传播）；

⑥ 参加 4 月 24 日的房车展。

3）优惠项目

按签约先后顺序分别给予优惠或其他方式实现（隐性降价实现）。

① 送一年物业管理费；

② 免费电信宽带接入；

③ 免费装修设计；

④ 购房贷款担保；

⑤ 其他。

（4）销售模式重组整合

1）售楼部

重新进行整体形象包装设计，以崭新的姿态出现。在楼盘及售楼部附近的必要路口、道路设置醒目标识，同时挂设彩色吊旗，给来访者宾至如归的感觉。

2）销售人员

① 对销售人员进行突击性的强化培训

② 加强销售人员组合

（5）组织策略

为保证本方案及本案所指之三个小区的尾房顺利销售，以实现销售预期目标，设立一个组织团队，以执行高效组织、管理、销售、协调、外联、公关等职能。

万科紫台售楼处

北京万科四季花城别样景观园林

2008年，万科启动广州、深圳、成都、上海等地降价销售策略以尽快回收资金的同时，北京的两个项目万科紫台和万科四季花城也同时在利用打折促销，进行捆绑式清除尾盘行动。四季花城在2009年春节前推出20套特价房，户型面积为95平方米和120平方米。一次性付款，最低优惠至7400元/平方米；银行按揭，则最低优惠至7600元/平方米，而该项目的销售均价为8300元/平方米。而万科紫台2-2号楼均价直降500元，即精装均价从16500元/平方米降至16000元/平方米。

第八章
CHAPTER EIGHT
商业尾盘的突围攻略

商业尾盘的突围攻略

本章使用指南

商业地产的繁荣和零售业的蓬勃发展，夹杂各方力量的推动，每年都被加封了“商业地产年”的口号，可是少有人提及商业地产的尾盘问题。大体量大规模开发、盲目拔高为购物中心定位、仓促分割销售妄图快速套现、实行各种名目繁多的产权式投资回报率返租等手段，导致剩余商业物业销售、招商和经营管理寸步难行，前期已销售商业投资回报率难以实现，已招商商业经营难以维持。本章不仅点出了商业尾盘产生的根源，并通过案例实证分析了尾盘的突围策略。

一、商业尾盘产生的根源

商业地产操盘的关键点有三个：定位、规划、预期。而这三个关键点，都是围绕一个词“商”。购铺和经营者，最为看重的就是“商业繁荣，物业升值”。这与住宅物业和写字楼物业均有本质区别。考察商业项目滞销的原因，经常会听到“市场不看好”或“经营不景气”的说法，深入分析，无外乎以上三个关键点。

1. 定位不合理

这包括两个方面，一是商业业态定位不合理，二是定位缺乏个性。业态定位是硬伤，个性定位是软肋。业态是基于市场的需要，即市场的消费对象是谁？这一群体能否支撑市场的繁荣？有了消费者，商家才敢进驻。但有消费者，如果没个性，市场就会缺乏竞争力，并且容易被模仿和超越。比如东方、太平洋、新天地、汇金等，都各具个性。个性定位，要与商业业态相适应，又要与区域相融的文化相适应，否则不伦不类。比如北京的王府井体现皇家气派、上海的南京路、淮海路带有海派文化特征、广州的上下九的骑楼，体现岭南商业的风格。好的商业地产项目一定是商景合一。这样才会有足够的吸引力，才会焕发生机。

2. 规划不科学

商业规划，最重要的是商业的风格规划和商业的交通规划。风格规划，包括整体形象、立面风格、景观设施等。商业通过这些，吸人、聚人。其次是交通规划，合理的交通组织，不仅便于人们游览购物，也便于营造人气。有些商业项目，定位尽管合理，规划不好，就会出问题。有一个临街商业项目，占地一万平方米，开发商为了多出面积，想当然地做成六个隔档并排的 E 字型布局，加上每一个隔档之间，没有通透的交通组织，结果，这种市场被生硬地分隔成互不相干的隔档，人流很快分散到每一个隔档内，市场永远显得冷冷清清。结果项目搁置四年，商家都无心进驻。

3. 预期不明朗

收益预期是商铺租售的关键。

定位、规划都是为市场打基础，最终还都是为了招商或商铺销售，招商与销售的目的在于描绘诱人预期。因为没有一个商家，到没有希望的市场里做生意。

这个预期，将通过业态定位，形象包装、宣传推广、现场解说等一系列环节完成。做这一工作之前，首先要搜集足够有力的数据和案例，以数据和案例服人。经营者和投资者，与购房居住的人群不一样，相比之下，他们有几个特征：第一，见多识广；第二，熟知市场；第三，商家关联性强。如果开发商对市场的预期不明朗，无法与商户达成共识，或说服客户，招商或售铺会有问题。

二、商业广场尾盘突围谋略

XM商业广场由于项目区域缺乏商业氛围，租金偏低，出现大量尾盘商铺库存状况，如何推广才能成功清盘呢？

商业广场出现尾盘滞销，大部分原因是经营的效益导致的。由于缺乏商业氛围，导致商户对入驻的前景抱有谨慎态度，这就很容易导致商铺难以出租或出售。面对这样的问题，开发商一般可以从以下三个方面寻找办法：

第一：研究目前已经入驻的商户的经营产品或经营模式，以寻求类似的潜在商户；

第二：采用大规模营销推广措施，提高商业广场的知名度和人气，为现有商户制造热销的氛围；

第三：认真调研，了解商户的顾虑，通过相应措施降低他们的入驻门槛。

XM商业广场作为一个安徽的二线城市曾经面临大量尾盘滞销的局面，它是如何解决的呢？

1. 项目症结：项目区域缺乏商业氛围，租金偏低

（1）项目周边环境

项目处于阜阳市颍东区向阳路西侧，地理位置优越，交通发达。与全国第五大火车站——阜阳站毗邻；项目周边商业氛围暂时尚未形成，居民较少；在建项目有两个：

向阳公寓和颍东安居小区，入住率均不高。

（2）项目周边商铺租、售情况简析

由于颍东区位于颍河的东侧，市中心通往颍东的三座桥（阜裕路大桥、北京路大桥、老颍河桥）其中有两座收取过桥费，另外一座桥太窄，车行较拥堵；市民到颍东的出行有一定的不便。

多年来，颍东的经济发展较缓慢，商业一直未形成规模，客流量不大；各类大型综合性商场、超市，精品店，时尚商业街都较为空缺；专业性市场集中在农资、农药、化肥等与农业相关的领域，租金难以提高。

以上等原因，造成颍东商铺的租金偏低。

从市场调查可以看出，周边的商铺租金普遍不高，幸福路由于人流量较大，人气较旺每间租金 800 ~ 1000 元 / 月，向阳路近火车站路段每间租金 700 ~ 900 元 / 月，颍河东路胡桥至烟厂路段每间租金 200 ~ 350 元 / 月，颍河东路东段（胡桥以东）每间租金仅 100 ~ 160 元 / 月。

从业态来分析，颍东区域经营种类比较杂乱，未形成专业规模，聚集不了人气，经营者生意平淡，租金自然不高。

项目周边商铺经营业态一览表

业态 \ 路名	幸福路	向阳路	颍河东路东段	胡桥附近至烟厂	统计	百分比（%）
饭店（家）	26	14	2	6	48	21.1
服装（家）	17	2	0	1	20	8.8
五金汽配（家）	7	9	3	16	35	15.3
美容美发（家）	2	1	0	5	8	3.5
超市商场（家）	5	2	2	7	16	7
文化用品（家）	1	1	0	3	5	2.2
其他（家）	39	21	19	17	96	42.1

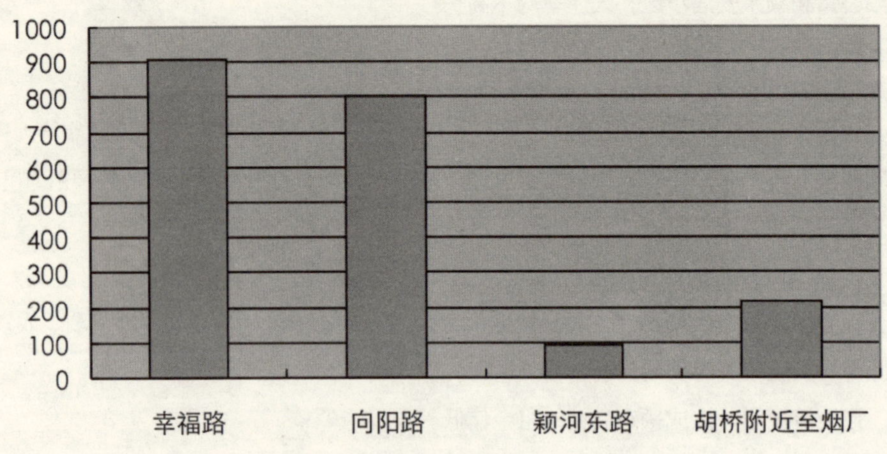

周边商铺租金状况表［单位：元/（月·间）］

2. 项目 SWOT 分析

（1）项目优势分析

1）距离阜阳火车站仅几百米，市场广阔；

2）紧靠向阳路，交通便利；

3）附近最大、成规模的商业地带；

4）现房发售，购买即可经营；

5）升值潜力较大。

（2）项目劣势分析

1）项目周边环境不是很好，老厂房有两个，破旧不堪，属于待开发状态；

2）阜城的总体规划是向西、向南发展，与本项目所处位置不合；

3）离京九线近，噪声较大；

4）人流量较少，特别是颍河东路东段，且颍河东路路况目前较差，影响人流及车流。

（3）项目机会点分析

1）项目周边两个项目（向阳公寓、颍东安居小区）的兴建及项目南侧空置多年的一栋建筑正在装饰成一座酒店，势必增加市场人气；

2）颍东区口孜镇勘测出大型煤矿，将长期持续拉动颍东经济，此将引起人们对颍东经济及本项目的心理预期看好。

（4）项目威胁点分析

1）向阳公寓、颍东安居小区的发售，对本项目的销售有一定的影响；

2）市场前期销售未明确市场定位，致使现阶段项目没有明确的经营定位，经营户零散，对整个市场培育形成障碍。

3. 目标客户群定位

根据项目实际情况及阜阳房地产销售的经验判断，本项目客户群如下：

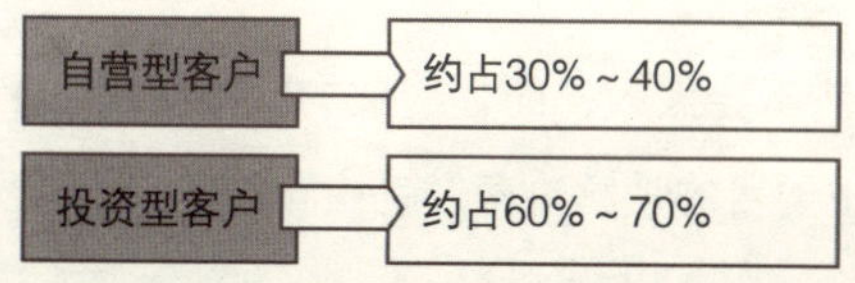

（1）自营型客户分析

1）餐饮类

民以为食为天的理念在阜城比较认同，餐饮业经营数量较多。

餐饮业经营业种分布图

① 第一板块是以大排档为主

② 第二板块由品牌店组成的美食一条街

③ 第三板块由烧烤菜、土家菜、野味菜组成的各特色菜饭店

④ 第四板块由各类小型饭店、小吃店组成

① 第一板块是以大排档为主

露天摆桌、经营本地烧炒菜，集中在文昌阁、金三角、阜王路口、烟厂门口、十五中、大隅口、大戏院、北三角等附近，目前在阜城较分散，约有十余处聚集地。

② 第二板块由品牌店组成的美食一条街

经营各色菜系、较好的服务质量，较好的经营环境；以金华联、金鼎鸡、洞天春、

和韵园、龙禧、大福肥牛、宏达御都、汉丰渔港、凯悦、毛家饭店、阿佤山寨、东爵、白金汉宫、国贸酒店为代表的知名店，聚集在清河路、人民路、西二环路。

③ 第三板块由烧烤菜、土家菜、野味菜组成的各特色菜饭店

目前日受阜阳市民的欢迎，这类饭店距离市区比较偏远，但前来饮食的客户络绎不绝，例如，飞机场的烧烤菜，阜南路的野味菜饭店，河滨路的土家菜等。

④ 第四板块由各类小型饭店、小吃店组成

此类饭店较多，广泛分布于阜城各大街小巷。

本案应以第二、第三板块为主客户群；此类客户近年发展势头良好，生意火暴，有较多经济积累，均有再投资、开分店的设想，本案所处地理位置，发展空间等因素，会成为他们所选目标之一；第四板块生意较好客户，也是重要的客户群，其有一部分客户也有可能会选择本项目进行投资开店。

2）零售类

这一部分的客户比例不会太大，而且购买均以单间为主，不是重点。他们大都认为租铺不如买铺，买铺主要目的是解决家人就业问题。

3）自营客户支付能力模拟分析

以单铺面积 50 平方米、均价 6000 元 / 平方米为例，铺位总价为 30 万元来推算：首期款 50%15 万元，余款 15 万元，20 年支付，每月约支付本息 1300 元；此支付额，较多客户可以接受。

（2）投资型客户分析

1）客户类型汇总分析

① 政府公务员、事业单位员工

该类人群一直是阜城商铺消化的重点客户，由于商铺的回报率较高，购置一间商铺相当于养老取款机，并可以为下代子女生活提供有效保障，这种投资是这类人群的首选。

② 有一定资金实力的地产专业人士

此类投资者一般是以短期投资为主，主要是看开盘前期与项目成熟后之间的升值空间，有看项目推广节奏的，也有部分投资型客户看好片区整体升值潜力。购买时一次

性会购买多间商铺。

③ 袁寨、正午、辛桥及项目周边有投资能力的乡镇居民

此类投资客户，一般是为了自己或子女有份不错生活保障来源，而做出的固定投资。

④ 个体经营户

此类客户考虑的是生意竞争愈演愈烈，投资商铺有一份稳定的收益。

2）投资心态简析

较为熟悉周边环境，看好片区整体升值潜力，认为项目房价不高，价有所值，并对本项目的前景看好；这些是投资型客户的投资心态。

4. 整体营销推广的理念

现行的点式、以街为市开发商铺的市场行为，尽管在目前仍拥有较好的市场前景，但是这种做法极易形成项目位置较差的尾盘难以销售。不容易将商铺做好，好铺做旺，对开发商而言存在着潜在的危机。从长远看，把商铺开发从独立商铺上升到整体经营，是市场发展的必然趋势。其不仅规避了发展商、投资者潜在的经营风险，也为发展商营造了一个非常可观的利润空间。

5. 销售推广具体策略

在常规营销手段基础上，运用符合阜阳市区域人文文化、消费习惯、购买行为等特点，圈定目标客户群体，采取概念营销、服务营销、信誉营销、目标营销等手法直击目标客户，同时还要充分考虑与后期经营接轨问题。

针对本案剩余的50多套商铺的销售，设计以下六种方式进行推广，以求尽快帮助开发商回收资金投入新开发项目。

（1）大量派单

重新设计印制3万份精美折页，针对颍东区域及袁寨、正午、辛桥三个乡镇进行大量派单，冠以“零风险投资，超额回报，安享生活”主题，半月一次，为期2个月大量派发宣传单面。据了解，此三乡镇人们经济比较富裕，有当城市人想法的较多；

1）优点：针对性较强，成本低，市场启动较快。

2）缺点：档次低，引不起哄动效果。

（2）流动字幕

在有线电视台黄金时段插流动字幕商铺销售广告，可以在多个电视频道套播，收看有线电视节目的市民基本上均能看到我们所发布的信息。

1）优点：传播面广，信息速度快，成本低。

2）缺点：针对性低，持久性短。

（3）短信群发

与信息商合作，借用他们的信息资料库，针对颍东区居民群发商铺销售信息。

1）优点：针对性相对较强，传播速度较快。

2）缺点：信息量较小，可信度不佳，影响性较小，持久性差。

（4）老客户带新客户

鼓励老客户带亲戚朋友购买商铺，老客户给予现金奖励，新客户给予额外优惠政策，这样能有效带动新老客户的积极性，并对以后的市场经营有一定益处。

1）优点：针对性强而有效，说服率高。

2）缺点：成本高。

（5）招商

帮业主租赁商铺，引进知名商家，例如商厦中新超市，华联超市或金华联等，树立品牌效应，形成人气，带动剩余商铺的销售；

1）优点：迅速树立市场发展信心，立杆见影。

2）缺点：难度大。

（6）文艺活动

与演艺合作在袁寨、正午、辛桥三个乡镇进行文艺活动，快速传播商铺销售信息。

1）优点：容易造成哄动效应。

2）缺点：成本略高，持久性不强。

本案的北区已销售一空，南区北部分也销售了大部分，未销售的商铺集中在向阳路南部及颍河东路东段。

现厦门商业广场已租赁、经营的铺面很少，可以以帮业主招商、老客户带动新客户两种手段为主，辅以颍东整个区域，袁寨、辛桥、正午等乡镇大量派单，并加以电视流动字幕持续宣传等活动，进一步让颍东及周边乡镇民众知道、了解并投资富特区厦门商业广场，以完成我们商铺尾盘快速销售的目的。

三、商业步行街尾盘突围模式

商业步行街是二三线城市普遍存在的一种商业物业形式，它的优点在于空间空旷，可以满足人们消费、旅游、娱乐、休闲购物一条龙的需求，所以深受城市消费者喜欢。但是，全国各地掀起的步行街建设潮，导致该类形态同质化严重，很多中西部的三四线城市都甚至出现了四五条同类步行街，竞争的白热化也带来了尾盘的大量滞销。

MZ 步行街都是处于一个中部城市的步行街，在面对大量尾盘的现实面前，它走了一条截然不同的路子，首先它定位自己的项目是一条主题步行街，而且是目前市场最为火热的女性步行街，然后所有的规划改造、招商、营销推广、广告策略都紧密围绕这一主题来进行，将“女人步行街”这一主题营造的声势浩当，特色突出。当消费者和经营商户在重新审视并关注这条步行街时，完全已经忘记了它以前是什么样子，完全忘记了它曾经留在大家心目中的印象。在这个案例中，最为关键点的是，它锁定女性这一主题之后，没有花费太多的钱，完全通过策划和创意，通过策略性的营销手段将“女人步行街”的知名度提高到一个极致，至于最后的快速清盘，那也就意料之中了。

1. 商业步行街尾盘滞销背景分析

湖南娄底开发了一条步行街，叫 MZ 步行街，由于以前没有进行过商业地产的开发，操作经验不够，出现了很多问题。MZ 将近 3 年时间，商铺只销售了 60%，而销量每月还在递减。

商铺的招商工作已经开展了半年，半年时间竟然连一个商家都没有招到。内忧外患的是，其他的开发商又开发了一条步行街。该开发商经验丰富，操作得当，2003 年 10 月 2 日开盘后出现了租售两旺的态势，给 MZ 造成了巨大的压力。

2. 困难重重，如何解开死结

策划公司对 MZ 步行街项目本身、消费者、商家、竞争对手、商业环境等几个方面展开初步市场调查。初步调查结果显示：项目面临四大困难。

四大困难，面临死结

困难1：项目存在先天不足

困难2：市场容量有限，营销环境恶劣

困难3：竞争对手强大，先发优势不再

困难4：商家和消费者信心严重不足

困难 1：项目存在三个先天不足

不足 1：地段是 MZ 的致命伤

MZ 步行街位于娄底市北部，距离火车站只有 80 米，但娄底传统商圈和居民区都在南边，离 MZ 步行街还有 700 米之遥。

娄底的消费者除了坐火车一般是不到火车站附近，也就是说，MZ 基本上没有自然人流。

新开的深圳某大型超市离 MZ 只有 360 米，但由于中间隔了一条公路，人流还是过不来。地段偏，没有人流量对商业地产可以说是致命的。

不足 2：项目定位模糊，知名度低

这个项目在娄底开发已有 3 年，但策划公司在调查中的一个感觉就是 MZ 的知名度很低。很多老百姓竟然没听说过 MZ，连很多的士司机都不知道它在哪里。

消费者关于 MZ 的叫法也特别多，有叫 MZ 步行街的，有叫 MZ 商业广场的，各不相同。可见，老百姓对 MZ 的定位认识非常模糊。

不足 3：前期遗留问题为后续工作带上了枷锁

策划公司开始市场调查时，该项目的工程建设基本完成，已进入最后扫尾阶段。调查发现，该项目的建筑规划不像步行街，街景单调，建筑粗糙压抑。功能上，没有考虑到步行街的休闲娱乐功能，缺少儿童游乐等配套设施。整条街看上去像个农贸批发市场，没有挖掘出步行街应有的文化价值。项目建设的过程中，由于关系协调不到位，还导致了一些不好的口碑。

前期工作的定型和诸多的遗留问题，为后期的营销带来了很多的阻碍，营销的弹性很小。可以说，后续的营销招商工作必须带着脚镣跳舞。

困难 2：市场容量有限，营销环境恶劣

娄底是位于湖南中部的一个地级市。经济缺乏支柱产业，全市经济水平在湖南地市中排在后列，2003 年 GDP210 个亿，商品零售总额 40 个亿左右。

娄底市区人口只有30万，消费水平不高。但就是这样一个经济不算发达的中小城市，竟然出现了 5 条步行街。

在很多大中城市都难于成活的步行街，在娄底竟然出现了 5 条之多，总营业面积在全部建成后将达到 20 万平方米。再加上原有商业卖场，娄底商业面积与市场容量极不协调。

可以想见，娄底商业地产竞争的无序和恶劣。

困难 3：竞对争手强大，先发优势不再

MZ 步行街是娄底第一条步行街，但由于市场缺乏引导和规划，随后又出现了几条步行街，而其中对 MZ 威胁最大的是八亿步行街（化名）。

该街的开发商有丰富的商业地产开发经验，曾在中南地区最大的服装批发地株洲，成功开发了某服装批发市场。

八亿步行街地理位置相对较好，位于娄底传统商圈边缘；在产品规划方面，明显强于 MZ；在广告宣传方面请来了奥运冠军做形象代言人；营销手段也较为丰富和成熟；加上该公司一些秘密的炒作手段，10 月 2 日开盘时，八亿步行街竟出现了排队抢购、抢租的火暴势头。

MZ 步行街很多的潜在客户都把目光转向了八亿。

本有先发优势的 MZ 由于自身原因，一再错过机会，反被后来者逼进了死角。

困难 4：商家和消费者信心严重不足

策划公司对商家进行调研时发现，90％以上的商家对 MZ 没有信心。认为 MZ 位置偏，人流少，生意估计难做起。

消费者也大多认为 MZ 位置太偏，表示如果里面卖的东西跟别的地方差不多的话，不会专程去购物。

3. 杀手锏——“MZ 女人街”新鲜出炉的内幕

摆在策划公司面前的第一个难题就是：项目到底该如何定位？

什么样的定位才能给 MZ 注入新机？什么样的定位才能得到认可？什么样的定位才能避开激烈和无序的竞争？以 MZ 现有的条件能否支撑一个好的定位呢？

项目小组随着市调的深入，反复组织讨论，提出了多种可能的方向。如百姓步行街、平价步行街、批发市场、批零商贸城、小吃娱乐街等，但权衡各种因素后都觉得不理想。策划公司根据自身经验发现：女性和儿童永远是商业的主力消费群。在操作其他项目时，女性主题的商业区往往销售、招商的效果都非常不错。

在一次头脑风暴会中，策划公司提出，MZ 是否可以往"女性主题街"这个方向来定位呢？把 MZ 做成中西部最大的女人街？

分析了各种因素以后，策划公司觉得这个方向可行。但有很多因素还不能确定，需要进一步深挖。如，到底什么样的街是女人街？她与步行街有什么区别？女性主题街到底有没有生命力？其他女人街的状况怎么样？女人街的布局和商业结构是怎样的？

带着这些问题，策划公司开始了各方面的调查和验证。并和开发商一道，先后考察了深圳女人世界，中国最大的女装批发地虎门，广州状元坊，杭州女装街，上海新天地以及其他中小城市的女人街。

考察回来，小组成员讨论了很长时间，最后决定将 MZ 步行街正式定位为女人街。MZ 女人街正式在这一背景下新鲜出炉。

4. 小钱办大事，组合拳迅速打开女人街知名度

定位明确后，怎样快速传播女人街成了摆在策划公司面前的最大难题。MZ 的知名度不高，传播基础差；传播费不到 10 万元；时间又非常紧迫。多方限制下，MZ 的传播难度是可想而知。怎样才能四两拨千斤，小钱办大事呢？

项目小组讨论后一致认为，常规的广告方式是很难完成目标的，必须另辟蹊径才行。

大家认为可以尝试通过一系列活动的方式打开知名度。

正好，娄底市 12 月 7 日要举行一次大型商品交易会，能否利用这次机会呢？

在开发商的争取下，MZ 顺利地成为了娄底交易会的第二展区。

怎样用好这次展销会呢？

经过激烈的头脑碰撞，一个大胆的设想浮出水面——展销会的同时，举办湖南首个空中婚礼，通过两个活动结合达到为女人街带来人气和传播定位的目的。

（1）举办“MZ 女人街，首届购物节”

展销会的招商工作随即展开，另一展区的展位被抢购一空，本项目却面临招不到商的困境，商家认为 MZ 位置偏，不愿意到 MZ 来参展。这也让策划公司看到了即将到来的正式招商工作的难度。项目小组分析了两个展区的优劣势后，采取了一系列措施：

措施 1：位置醒目

第一展区虽然地理位置好，但其展位是在马路上设棚，档次低，必须有针对性的将 MZ 展会定位为 “MZ 女人街•首届知名品牌购物节”与其区别开来。把目标消费群锁定为有一定知名度的品牌。

措施 2：广开招商渠道

招商渠道上，改组委会招商的单渠道模式为主动出击的多渠道模式。除在组委会设点外，还在自己售楼部设点，派出招商小组到株洲等批发市场设点招商，在湖南农博会，国际服饰展销会等互补性展会上定点招商等。

措施 3：猛药促销

推出前 50 名参展者特价，原价 1000 元的展费只收 100 元。

措施 4：推出贵宾企业制度吸引人气

吸引人气方面，推出贵宾企业制度，只要企业愿意在展会期间搞特价促销，愿意搞 1 ~ 2 场演出，就可免费得到一间展位，通过企业的促销和表演带来人气。

措施 5：改作省级媒体配合传真宣传

在媒体选择上，改作省级媒体，同时配合传真宣传，通过超市要到了供货商的名单，再通过传真邀请函的方式直接将信息传真给目标顾客。

措施 6：营销现场紧俏氛围

在现场，自己花钱把参展大户和企业的祝贺条幅挂出来，营造出火暴的气氛。同时，对展位的招商进展有策略地进行控制，营造出紧俏氛围。

一系列有效的措施后，无人问津的展位成了抢手货，最多的一天招了 80 多个商家，一个星期的时间，一楼展位就被抢订一空，展位价格也一度被炒高。

通过购物节，女人街漂亮地完成了第一次传播。

（2）空中婚礼再烧一把火

湖南首次空中婚礼把女人街的传播推上高潮。乘热气球，举办空中婚礼，在湖南还是第一次。

宣传中，策划公司又进一步炒作，推出了“她是谁？”，招募“湖南第一新娘”，“谁将成为湖南第一新娘？”等一系列悬疑性的宣传。

同时，还推出了“让爱飞翔•新婚创业计划”，入选新人将获得MZ女人街一间铺面3年的免费经营权及总价值几千元的奖品支持。

（3）趁热打铁，再办城市房地产交易会

“空中婚礼”活动结束后，12月26日，策划公司趁热打铁，抓住机会，在MZ承接了娄底市首届房地产交易会，让MZ再次引起各方关注。

活动后，策划公司紧跟着推出系列软文“娄底商业惊现MZ旋风”，以新闻访谈的形式进行后续炒作。

一个月做了三场大型活动，而且环环相连，相互促进，让很多以前根本没注意到MZ的人开始关注MZ。通过这些活动，MZ女人街的知名度在短时间内得到了空前的提升，女人街的定位得到了很好的传播。同时也为后续的招商工作打下了坚实的基础。

真正起到了花小钱办大事的效果。

5. 策略对头，招商局面终于打开

解决了传播问题后，招商工作摆在了眼前。面对着数百套空荡荡的商铺和准备引进的繁多的女性消费品项，该从什么地方寻找突破口呢？

想招商，先知商。因此，策划公司决定从了解商家下手。

根据以往在中小城市操作商业地产的经验，对目标客商进行了分析，发现商家做生意，租铺面有如下两个特征：

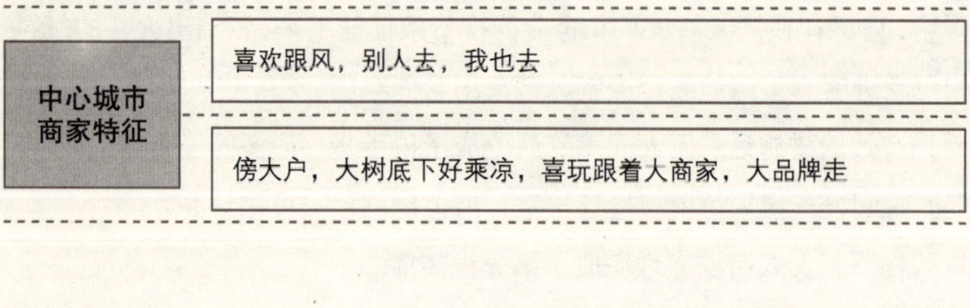

中心城市商家特征	
	喜欢跟风，别人去，我也去
	傍大户，大树底下好乘凉，喜玩跟着大商家，大品牌走

怎么利用这些特点制定合理的招商策略呢？经过讨论，最后确定了以下的招商策略。

（1）样板工程策略

商家喜欢跟风，而现在又招不到商家，怎么办？

快速消费品企业经常采用样板市场策略，能不能也来个样板工程呢？策划公司建议开发商拿出位置较差的中四栋整层，自己装修，将其全部打通，做成一个大卖场，同时自己做品牌，将其命名为安之秀·韩国饰品批发城，定位为湖南中西部地区最大的饰品批零市场。

（2）以点带面的策略

根据商家的特点，策划公司又确定了以点带面的策略。即不平均用力，把有限的营销资源，集中在某一点上，这一点动了，商家喜欢跟进，自然整个面也就带活了。

于是，策划公司把所有的营销资源都集中到安之秀·韩国饰品批发城身上。

采用的策划包括：精装修，降低准入门槛，招商员重点推荐，加大广告力度，制作了专门的折页广告，制作大量的楼盘现场广告等。

（3）疏通上游渠道策略

根据不少客户想投资做生意，但缺少经验的特点，策划公司制定了引导商家组织货源，为其疏通好上游渠道的策略。为此，策划公司推出了一系列举措：

1）联合广东虎门黄河时装城共同打造MZ虎门女装街，邀请广东的供货商来娄底，组织见面洽谈会；

2）组织采购团去广州、虎门、杭州、义乌等货源地集体采购；

3）免费为商家提供培训讲座。

这些策略确定后，一经执行和实施，马上取得了意想不到的效果。招商的局面终于打开了。

6. 整合营销，补足短板

营销是个系统工程，在具体操作中，不能出现明显的短板。策划公司在操作的过程中发现，哪怕一个很小的营销问题都有可能对整个进度造成不小的影响。逐一解决好各种营销问题，积小胜为大胜，才能最终成功。

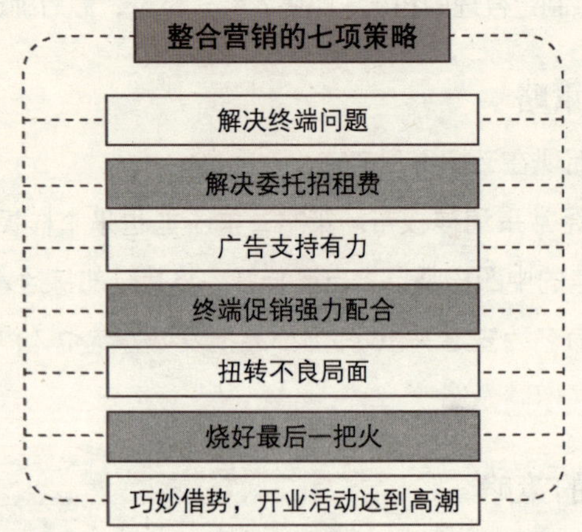

（1）解决终端问题

1）存在的问题

终端工作抓不好，所有的努力都将化为乌有。该项目终端存在的问题主要有：

① 招商人员工作没有积极性。

② 终端力量不足。只有三个招商员，时间紧，任务重，人员难以胜任。

③ 终端说辞不力，对客户提出的问题不能做出回答，招商员不但不能说服客户，反倒被客户给说服了，导致了大量客户的流失。

④ 终端气氛太冷清。来访客户少，又没有能衬托现场气氛的宣传物料，现场空空荡荡，愈加冷清。

2）解决对策

基于这些问题，策划公司拟定的对策是：

① 制订合理的激励制度，收入直接与工作业绩、工作表现和团队协作挂钩。每月对表现出色者给予物质奖励，对不能胜任工作的人员进行淘汰。

② 充实招商员队伍，挑选优秀人才加盟，招商员由以前的 3 个增加到 10 个。

③ 针对客户提出的常见问题制定了统一的说辞，同时加强了招商员的专业技能培训，派经验丰富的人员做现场指导，并为其当场解决问题。

④ 制作各种物料布置现场。在招商终端，制作了 4 块吊牌，在大门口摆放 6 个易拉宝。同时播放富有动感的音乐，整个现场营造出十分热烈的气氛，为促成交易打下了

良好的基础。

（2）解决委托招租费

到2月10日，招商全面展开已进行了一个星期，但签约的进展很慢。平时来的客户也不少，照理说签约的客户应该比较多。问题到底出在哪里呢？

问题就出在委托招租费用上。原来开发商跟很多业主签订了一份委托招租协议，收取商户前3年租金的20%作为委托招租费用，很多商户反映费用太高，而且开发商迟迟不肯明确表态，这成了阻碍成交的最大障碍。于是策划公司说服开发商降低委托招租费，降低为1个月的租金。解决委托招租问题的效果十分显著，当日即签约10份，是有史以来签约份数最多的一天。

（3）广告支持有力

为了吸引目标消费群体的关注，在广告宣传上以韩国饰品城为主，推出了“6000元做业主，10000元做老板”的广告语。

媒体选择上，针对中小城市的特点，策划公司抛弃了传统的电视、报纸媒体，选择了效果最明显的宣传车、宣传单页、车身广告等媒体。

由于宣传到位，许多本地客户甚至外地客户都被我们的宣传所吸引，招商部现场人满为患，工作人员忙得不可开交。招商十分火爆，甚至出现了五个人抢订一个门面的现象。

（4）终端促销强力配合

策划公司还推出了系列终端促销活动：

1）2月10日推出了“早点签约，早定品牌”活动，前50名签约的客户，可参加厂商见面洽谈会，优先选择代理品牌。

2）2月18日推出了浙江商务考察四日游活动，韩国饰品城前20名签约客户，只要交480元就可享受商务考察四日游活动。

3）2月26日推出了南下商务考察采购团，前20名，只需交480元就可享受赴广东商务考察四日游活动。

4）强力终端促销活动，极大地刺激了商户及早签订经营合同，加快了招商进度，至2月底，签约份数就一举突破了150户大关。

（5）扭转不良局面

3月5日，招商接近后期时，出现了进展明显减缓的现象。策划公司从上海出差回来发现情况很不妙：现场冷冷清清，终端广告摆放不到位，来访的客户很少，一周内签约客户不到10个，尤其是3月3日和4日，竟然没有签订一份招商合同。

为了扭转不良局面，策划公司一方面要求开发商派专人维护终端广告，营造现场气氛；另一方面火速推出夜市招商的新概念，希望通过夜市的招商带动其他商铺的招商。同时，制作了新的终端广告和宣传单。

此后的几天，来的人多了，签约的也逐渐多起来，招商部又重现火爆场面。

（6）烧好最后一把火

为了在现场营造开业前的热闹气氛，策划公司要求招商部安排专门人员，催促已签约客户尽快前来装修。只要有几十家同时装修，气氛就不一样了。

3月12日开始，越来越多的商户进入装修状态，步行街热火朝天的场面，增添了后来商户的信心，进一步刺激了他们入驻经营。

（7）巧妙借势，开业活动达到高潮

在开发商的努力下，与妇联达成合作，共同推出了MZ女人街·下岗女工再就业活动，3月28日女人街开业时，举行再就业基地授牌仪式。

妇联3月8日举行的全市腰鼓大赛，也被推到了女人街开业时在MZ现场举行。

开业时，众多的活动，加上巧借政府之力，把女人街的开业推上了高潮。

7. 收获成功的反思

正确的策划思路，团队的积极协作、强有力的执行，开发商的积极配合，3月22日，300多个商铺全部招满，所招商家的质量也得到了客户的认同。

3月28日，MZ开业活动更是空前轰动，开业当天，MZ女人街人山人海，很多商家当天的营业额超过了一万元。

经过四个多月时间的艰苦努力，通过传播、招商、开业活动的带动，MZ女人街走出困境，整体焕发出了新机。策划公司终于顺利地完成了开发商交给的艰巨任务。

此次营销策划活动，有四点值得广大开发商学习：

第一：中小城市商业地产与一级城市存在着较大的差异，必须因地制宜，有针对

地制定战略，战术才可能取得好的效果。

第二：营销是个系统工程，要想取得最终成功，一定要随时关注营销这个木桶中的每块木板，没有明显的短板，才可能多装水。

第三：行业不同营销方式也有差异，但学习其他行业的成功经验，将它们进行合理的嫁接，大胆创新，有时会起到意想不到的效果。

第四：好的策划方案离不开好的执行人员的配合，没有好的执行，再好的策划方案也只会是空中楼阁。

四、专业市场滞销尾盘有效解决方案

由顺德知名的房地产开发商开发的顺德 GJ 商业城，地处珠三角中心地带，顺德市中心的南大门，市客运汽车总站旁。总占地面积达 18 万平方米，总建筑面积达 22 万平方米，总投资达 5 亿多人民币。商业城内各种配套设施一应俱全，超前设计的停车场围绕整个商业城，汽车可直接开上 2 层商铺，上落车购物与首层商铺一样便利。商业城功能区分明确，地理位置优越，规模傲视群雄，为中国最大的商业城之一。

1. 尾盘症结问题分析

问题 1：销售策略

主要集中在以下方面，导致项目出现滞销状况，影响整体资金回笼及营销部署进程，项目总体形象及档次、项目优势未能充分体现，缺乏市场竞争优势。

1）定价策略

销售价格与市场价格脱节，定价方式单一，总体金额较高，投资层面狭小，未充分体现商铺位置、朝向、地段等优势，影响总体销售收益平衡。

2）销售部署

以全盘开放推售方式进行，70% 位置较优越的商铺被认购，造成北向及中间位置商铺大量积压，影响中期、后期销售进程。

3）付款方式

由于资金回笼原因，采用一次性及按揭付款方式，并要求在 7 天内付清首期或总金额，阻缓客户投资周期。

4）促销策略

未有形成极具投资吸引力的招商策略，各层面买家的投资积极性未能充分调动。

5）招商范围

以顺德市大良为主要招商区域，未进行广泛招商拓展，对品牌企业缺乏针对性的招商推广，主力市场投资积极性来充分发掘。

问题2：总体规划

1）经营规划

缺乏超前性及创新性，仍停留在传统单一的专业市场经营模式上，缺乏统一经营规划，服务配套设施未尽完善，影响经营前景及投资信心。

2）市场定位

未制定准确的市场定位，与专业市场性质雷同，缺乏竞争力及核心优势。

3）形象包装

项目形象及包装未充分体现项目优势，经营档次较低，影响项目价格提升及总体收益。

4）功能定位

未制定主力市场功能定位，发展前景模糊，缺乏投资吸引力。

根据对顺德GJ商业城前期推广的问题分析，对这样一个中途接手的项目所面临的问题，依照房地产营销策划的具体内涵，理所当然地按照策划、推广、广告这种楼盘市场推广的行为方式，来实现主动创造效益的营销目的。

2. 策划，营销的第一步

如何使顺德GJ商业城在众多的专业市场的竞争脱颖而出，扩大项目的知名度与影响力，全面提升项目档次和综合素质，针对目前专业市场的空白点分析并研究其经营档次、市场形象、包装等因素，项目功能重新定位一个永不落幕的名优产品展示交易会；项目形象重新定位：顺德之窗——顺德GJ商业城。

作为国际级的商业城，项目所具备的发展性与首创性必将形成以品牌产品展示及名优产品销售为主的多功能现代综合性商城。并在档次及形象功能等综合素质上全面提升，以吸引更广泛的投资层面，将招商经营范围拓展至海内外，项目的功能及形象定位便表现出它的市场价值。

由于顺德 GJ 商业城具有极大的规模及地段优势，奠定了项目良好的发展规划基础，这就应该在策划思路中具体反映出来。

五大策划思路
全面破解滞销症结

1. 以综合性产品进行经营规划，面向全国及海外市场
2. 项目发展前景广阔，投资价值更为显著
3. 营造浓厚的市场商业氛围
4. 吸纳大型百货超市进驻，增加人流及品牌效应
5. 经营与功能分区

（1）以综合性产品进行经营规划，面向全国及海外市场

以市场领导者地位及角度发展，站在竞争市场的制高点上，全面提升项目综合素质，增强市场凝聚力及竞争力，实现持续发展战略。

（2）项目发展前景广阔，投资价值更为显著

以会展经济形式吸纳品牌企业进驻经营，提供广阔的产品展示舞台及创建理想的经营环境及商机，投资吸引力及价值更为显著。

（3）营造浓厚的市场商业氛围

增强市场经济价值及市场凝聚力，形成强烈的投资氛围，全面促进销售及招商进程。具体运作如下：

1）强化专业市场投资前景以及传统商铺的经营规划，增强投资信心。

2）强化项目地块发展前景及新城区的发展前景。

3）借助品牌企业进驻项目后，在人流、经营回报、品牌效应、市场收益等因素的全面素质提升，强化项目优势及特性。

4）强化项目的价格升值空间，并以专业市场进行价格类比，突出项目发展优势。

（4）吸纳大型百货超市进驻，增加人流及品牌效应

带动中、小型商铺销售和租赁进程。而且顺德仍未出现大型超级市场，本项目可发挥其品牌效应及优势。以优惠的招商措施吸纳大型零售业进驻，借助其品牌效应及知名度，带动整体商场销售。

例如：天河城的吉之岛，中旅商业城的百佳超市，深圳的法国家乐福，东莞的美国沃尔玛。

（5）经营与功能分区

针对顺德 GJ 商业城经营规划的不完善与商铺首层、二层功能定位不明的现状，在策划思路中又拟定了经营与功能区分的建议，具体内容如下：

1）创建完善的经营规划——形成以品牌产品展示及名优产品销售为主的多功能综合性商业城

① 扩大经营招商范围，抢占市场空白份额。

② 合理规划各行业商铺使用面积及经营特性。

③ 提供完善仓储、货运、商务、市场资讯、饮食娱乐等服务配套设施。

④ 制定完善的开业后市场宣传推广计划。

⑤ 以会展经济形式，进行项目经营发展，为商户创造无限的商机。

⑥ 强化项目优势，增强凝聚力及投资信心。

⑦ 实现可持续发展战略。

2）首层、二层功能定位——以品牌产品展示和名优产品销售为主

在确定各区域功能规划时，将吸纳品牌企业进驻经营并发挥其品牌效应，同时考虑本地市场需求及本地品牌企业优势，快速回笼资金，降低投资成本风险，形成综合性功能规划，进行招商经营达至全城旺销。具体建议如下：

① 以家电、建材、涂料、汽车为主力市场面向全国市场，以日用百货、塑料、影音产品为辅助；

② 面向区域性市场，形成综合性商业城。

3）主力市场——以家电、涂料为龙头

① 家电、涂料

本地支持经济产业及品牌企业优势。

② 汽车

未来市场需求潜力巨大，目前大良汽车市场以零散经营为主，缺乏总体统一经营规划及服务配套设施，未形成强大的竞争优势，发展空间广阔。

③ 建材（装饰材料、厨卫洁具、灯饰）

顺德新城区的建设发展需求巨大，同时房地产开发量剧增，居民家居装饰需求增大，而且目前区域市场未有大规模的建材市场，处于空白市场阶段。

策划主要体现于房地产项目营销的前期工作，顺德 GJ 商业城策划思路和确定，为下一步的推广奠定了基调。

4）楼层功能规划——将以名优产品销售为主

首层，以名优产品销售为主。部分面积将规划成大型超级市场功能。

二层，以品牌企业产品展示推广为主，策划主要体现于房地产项目营销的前期工作，顺德 GJ 商业城策划思路的确定，为下一步的推广奠定了基础。

3. 推广，营销的第二步

顺德 GJ 商业城根据前期销售中出现的问题重新进行项目市场定位后，具体的推广工作便显得尤为重要，涉及到项目的招商及经营，项目的推广主要是通过销售推广以及广告宣传推广方式进行。

（1）困难点

由于项目当时的销售体系及销售价格都未有一个详细的制订标准，致使投资客户缺乏必要的信心，以至影响整体营销部及项目经营。

（2）扩大招商范围

针对顺德 GJ 商业城前期销售过程中所存在的问题，有必要先扩大招商范围。首先针对顺德几个镇区，然后再扩展到珠江三角地区及广东及至全国市场进行巡回展示推广活动，以吸引更多的目标投资群体。在招商过程中针对品牌企业专门制定优惠的招商经营促销策略，成立专门的销售部门，安排专人负责跟踪访谈，并辅以最直接有效的形式进行项目推广。

（3）制定灵活多样的促销策略

顺德 GJ 商业城在招商活动中同时配合以灵活的促销策略，激活投资群体，调动投资积极性，采取返租回报，先租后售，免管理费等一系列促销策略，降低置业投资门槛，以灵活多变的付款方式，充分挖掘小型投资客户前来投资。

（4）全面促进招商经营进程

重点加强经济层面较高的投资型客户先期进场，这类客户由于经济层面较高，能及时把握最新投资信息，商业城若有外来客户的先期进驻，必将带动各个层面的客户以形成强劲的投资认购热潮，加快全面招商的进程。

（5）灵活的价格策略

价格策略一直是项目推广过程中最为敏感的也是最难以控制的部分。为避免一期推广过程中将铺位一次性整体推出的诸多不利因素，顺德 GJ 商业城此阶段的推广采取分阶段推售商铺的策略，并辅以灵活的价格作为调控，以多样的付款方式和促销策略，全面迎合各层面买家的不同需求。

（6）建立完善的销售体系

销售是项目推广过程中至关重要的一个环节，促销策略的好坏，将直接体现于销售过程中。为了保证促销策略的成功实施，顺德 GJ 商业城根据促销策略的环节需要，建立了一套完善的销售体系，实行项目销售责任心负责制，向项目派驻项目经理及销售经理，统一销售部署、统一销售策略、统一销售目标，统一销售行为。销售体系见下图：

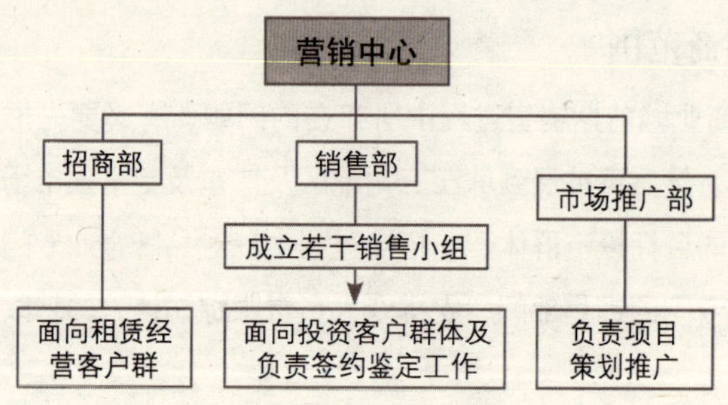

4. 广告，营销第三步

营销策划成功与否的关键，是如何将策划思想具体执行到位。广告，作为一种具体的执行形式，表现得好坏，将直接影响到销售成绩。

长期以来，策划和广告一直似乎是两个水火不相容的东西，做策划的人轻视广告的作用，做广告的人又认为策划不能包打一切，广告在策划思想贯彻落实的过程中具有不可替代的作用。这一点，其实就是我们所要阐明的观点，新世纪营销的核心价值在于将策划、推广、广告三位一体地执行到位。房地产策划师需要一专多能，具有统筹与执行整个项目营销推广的能力，销售经理则需要具体的销售经验及能力，广告作为一种营销传播，更侧重宣传表现所产生的效果。

（1）广告战略

顺德 GJ 商业城统一项目市场形象，统一项目市场定位，统一宣传推广部署作为项目广告宣传推广的策略，全面进行广告宣传。为创建顺德市明星商业城的品牌效应，强化项目发展前景及地段经营规模与规划优势，除在顺德市进行新闻炒作外，并同时在各大广告媒体进行炒作，以迅即把项目创建成顺德市的明星商业城，形成强劲的市场效应，达成广告宣传的目的。

除了一般的媒体广告，顺德 GJ 商业城还在珠江三角做针对性巡回招商推广，以化工、装饰材料、电器等不同行业为重点，进行招商推广，以扩大项目的知名度及影响力，广泛吸纳外围投资潜力，全面促进营销进程。

顺德 GJ 商业城根据所确定的销售目标："顺德之窗——一个国际级多功能综合商业城"；"顺德国际商业城——一个永不落幕的名优商品展示交易会"。

为项目形象与功能定位，以广告推广达到扩大项目知名度、提升项目形象、加大投资客户范围、制造投资吸引力，全面促进销售成功为目的。

（2）广告与其他促销组合出击

广告推广也需有策略，顺德 GJ 商业城广告推广策略通过举行现场公关活动、举办迎春花市等，积聚现场人气及浓厚的经营氛围，并配合销售部署进行电视、报纸平面广告，报纸夹报派送等广告形式，推广招商范围形成强烈投资热潮，激发投资欲望与积极性，同时在现场及新世纪商场、体育馆举行大型展销活动与客户联谊会，全面促进销售成功。

（3）加强广告卖点提炼

如何强化项目优势及投资前景，激发投资者的欲望与经营信心，是广告所要达到的目标。如此，必须找出顺德 GJ 商业城的广告卖点所在，以保证广告宣传的效果。

1）项目市场优势

顺德商用物业以专业市场为主，未有综合性商业城项目，而且专业市场以租赁经营为主（市区商铺以产权销售为主），而综合性商业城仅项目唯一拥有 50 年经营产权。

2）项目市场需求优势

据市调分析，顺德的中小型企业及品牌企业（家电、涂料、塑料等行业）希望拥有一个相对集中及较大规模、较高知名度的产品展示平台，面向全国、东南亚及欧美国家进行广泛的产品展示推广，扩大产品知名度及销售网络，同时也为振兴顺德制造业的经济及提升其档次形象。

项目的建立将提供一个完善的产品展示推广平台，同时迎合市场需求。

3）项目规模及规划优势

在经营规模、经营理念、产品功能类别，经营性质上都将是顺德及珠江三角地区仅有的项目，没有较直接的市场竞争对手，而且项目的发展是对提升整体社会经济及行业档次形象起积极促进作用的。将成立商业城统一经营推广机构及巨额宣传基金，为商城在开业前后进行广泛的社会传播及增强投资信心及拓展经营商机，共同获利。

4）项目地段及地块发展优势

地处 105 国道，位于新、旧城区的中心地带，并将形成以商业为主的发展前景，其经济及交通有绝对的优势。

5）项目投资前景优势

在上述各点的基础上，项目的经营规划、经营理念、发展趋势等都将成为投资的信心保证及投资前景优势，包括项目的功能规划以品牌家电、涂料及名优产品展示推广为主，将形成强大的市场效应。

6）客源优势

精明实在的顺德人对商铺投资情有独钟，而且顺德 12 个镇区的经济实力及人均收入较高，具有强大的市场承受力，而且较易受投资趋势及潮流影响，拥有广阔的市场潜力及挖掘空间，周边的东莞、番禺、中山、南海、佛山等城区的经济实力也相对强大。

7）产品市场优势

顺德已成为国内家电、涂料、家具主要的生产基地，产品销售网络面向全面及国外，具有较高社会知名度和市场需求空间。

项目将以上述类别的产品为主要的招商范围，并形成一个名优产品集中展示推广的交易平台，产品的品牌效应在商场经营上将起积极促进作用。

8）市场资讯优势

将定期举办各类型产品博览会，展示推广活动，并通过互联网络的电子商务形式向商户提供及时的市场资讯及供求信息，为商户提供无限商机。

9）投资回报获利优势

整个有投资回报获利的商业城，提供 8% 年返租回报，并以公证形式鉴定确立银行监控账号，确保投资者的回报获利收益及投资信心。

10）三大经济支柱，十大投资信心，100% 投资回报

① 以会展经济形式进行经营规划

商业城将各类品牌企业及名优产品的国际性交易会、博览会，广泛拓展扩大经商范围及销售网络，带动整体商户经营发展，提供无限商机。

② 形成口岸经济经营发展模式

作为 105 道上的国际商业城，南接容奇港，直达中山、珠海、澳门；北与顺德客运站相联，通向番禺、广州；东接顺德新城区；西向乐从，连接南海、佛山。交通及经济位置优势，同时也是品牌家电的生产基地，各类产品都在当地向外发送，顺德 GJ 商业城将在会展经济基础上发挥强大的品牌产品展示推广交易功能，成为新的经商口岸，形成以口岸经济形式进行商业城发展的模式，增加投资信心及投资前景。

③ 以振兴民族经济为项目发展目标

为更广泛传播顺德以制造业为主的社会经济地位，提升整体形象及档次，扩大知名度及销售网络，拓展全球商务贸易市场，不断辅助企业发展，以振兴民族经济为项目发展目标。

五、购物中心尾盘成功解套方案

购物中心已经成为城市商业物业的重要表现形式，而购物中心取代百货公司渗透到三四线城市的趋势也日趋明显。辽宁T广场就拥有这种背景，此购物中心开在一个不到20万人口的小城，建设了近四年时间，而此在建设过程中，不断地出现各种负面新闻，导致该项目及其开发商面临品牌危机，所以项目出现大量尾盘主要是开发商及项目品牌受损之后，商户及消费者的信心降到极点所致。相比其他案例不同的是，开发商需要花费大量的时间来进行舆论引导，树立自已的正面形象，让大家逐步地改变、关注、认同、接受这个项目。这就需要开发商采用多管齐下的应对策略：

第一，在硬件设备上，坚决树立自已是当地第一大购物中心、最豪华的购物中心这一观点，并将这种观点转变为消费者内心的骄傲；

第二，通过外立面和店内装修，树立自己时尚新理念；

第三，充分利用与外资先进购物中心管理集团这一优势，增强潜在商户的信心，让他们觉得不仅硬件一流，而且软件也一流，入驻这个购物中心能获得理想的收益预期。

以上举措的效果会如何呢？先来看看尾盘滞销的历史背景。

1. 项目情况简介

辽宁T广场是由大连一家公司投资开发，是辽宁省B市招商引资的龙头项目。B市市区人口虽然只有20万，但是市政府针对其独特的地缘优势和资源优势，确定在未来的几年内形成一个固定人口在30万左右的中等城市。T广场作为B市唯一的高标准、现代化的购物中心，有着不可替代的经营优势。

（1）地理位置优越

项目地理位置极为优越，三面临街，位于传统的商业发达中心区，占地面积3万余平方米，总建筑面积5万余平方米，主体建筑为四星级酒店及大型商场。酒店为地下一层地上六层，建筑面积为1.8万平方米，商场为地下一层地上三层，建筑面积为2.5万平方米。

（2）起点高

作为高档物业，设施完善，功能齐全，设有四大系统——即电脑物业管理系统、卫星地面站通信系统、防盗监视系统、消防报警系统。内设中央空调、进口扶梯、进口豪华电梯等，是一座集购物商住、餐饮娱乐、休闲健身、观光旅游为一体的大型商用建筑。

（3）享有该市绝无仅有的优惠政策

T广场作为B市招商引资的龙头项目，定位之初就享有市政府的特殊优惠政策，比如免交5年所有地方税收等，这也是项目未来经营的一大优势。

2. 项目困境

开发项目前景甚好，前期认购率就达30%，销售情况相当不错。但是后来由于项目资金无法到位，导致工程无法按时竣工，业主无法及时入伙。其后又经过几次事件和波折，开发商、项目在当地的声誉极为不好，造成不少尾盘。

3. 项目市场调查

为获得项目的详细情况和当地业界的有关信息，针对项目及项目所在地的具体特点，策划公司首先制定翔实周密的调查计划，展开多项科学的项目相关情况调查。

（1）工作目标

1）确定T广场2～3层东座商铺的经营业种业态；

2）确定T广场的2～3层东座商铺的平面布局及业种业态的分布规划；

3）确定T广场2～3层东座各商铺的单位售价及价格策略；

4）制定T广场2～3层东座商铺的整体营销推广计划及销售目标预测（销售时机、销售过程控制计划，开盘销售前的公关计划、广告计划、卖场装饰、销售人员培训计划、费用计划等）。

本计划考虑到时间和预算的限制，主要以定性调研为主，主要采用文案调查方式调查T广场的竞争环境，采用观察方法调查竞争产品，采用面访方式调查潜在投资者和T广场业主的投资态度。

（2）调研内容及方法设计

1）竞争环境调查

① 调研内容

A. B市经济总体发展状况；

B. B 市人口规模、人口结构、收入状况、消费水平、消费结构；

C. B 市商业经济发展情况（总量、规模、商服行业结构、主营品种 / 服务）；

D. B 市现有商业机构规模；

E. B 市未来 3 年内商业设施发展计划；

F. B 市未来 3 年商业物业发展规划和实施计划。

② 调查方法

文案调查。

③ 资源来源

统计信息局、商业局、规划局等。

2）竞争性物业调查

① 调查对象

营业面积在 500 平方米以上、独立经营专业商场（如家电商场等）、集中经营的商场（如百货商场等）。

② 调查方法

观察记录法。

3）投资者态度调查

T 广场业主访问、商铺投资者访问、开放式问卷深度访谈。访问对象包括已经购买了 T 广场的商铺 / 柜位的业主 10 ~ 15 名；曾在 D 市购买了商业铺位的人士 10 名。

4）商铺经营者调查

确定访问内容、确定样量、确定样本行业配额、配额方便抽样、开放式问卷深度访谈。访问对象包括年龄在 20 岁以上、商业门面 / 铺位 / 专柜的经营负责人、在 D 市 / 营业市经营零售业务 6 个月以上。

4. 项目具体分析

在各方面调查访问实施到位返回的大量有效数据资料和信息的基础上，策划公司对项目形成了详细的、准确的了解。

在消费者宠杂的意见中，策划公司发现了真正有价值的地方，对项目的症结与优势进行详细分析。

（1）项目症结分析

通过一系列严密的市场调查，策划公司发现该项目尾盘滞销的症结所在，并做了以下分析：

1）项目工期拖延太长

本项目历经几起几落，中途修修停停，到目前尚未完全竣工，既错失了销售高峰的良机，给已经交付购买款项的业主造成极大损失，也大大打击了消费者的购买热情和信心。

2）4 年来营销策略缺乏连贯性

本项目换过多任销售负责人，产品策略、价格策略，促销策略均只考虑阶段性，缺乏整体性，销售的产品与施工的物业未完全对接，这是营销工作的一大忌讳；各阶段销售后引起的经济法律问题及项目经营管理等方面存在许多难题。

3）开发商的声誉已经基本消失

据初步了解，4 年来，经历了多次反反复复之后，八成以上的市民对 T 公司的许诺不再相信，只相信亲眼看到的现实。因而，让任何商家都担心的事情——信誉的消失殆尽发生在发展商身上。

4）原有产品（铺位）单位价高、面积大

总价高项目原售物业面积每间大多在 46 平方米以上，三楼的价格比本市同类物业一楼的价格还高，造成总价过高，抬高了置业门槛，一定程度上影响了销售速度。

5）总体消费力不足

部分沿街商铺租不出去 B 市区人口只有不到 20 万，本身的消费容量就有限，而近两三年市区房屋竣工面积成数倍的速度发展，商业物业供应过剩的苗头已开始出现：出租物业租金下跌；出售物业价格下降；部分物业没有人租买。

6）严冬即将到来，对聚集人气、搞促销活动不利

11 月中旬前后天气将大幅降温，由于多方原因，销售的前提条件及准备工作尚需一段时间，天气寒冷，外出人将大为减少，对销售很不利。

7）马来西亚某商业集团与日本某物业管理公司未进驻之前，难以让市民相信

调查未来，惟一让市民再次信任发展商的事情是马来西亚商场真的进驻。

8）大量沿街商铺推向市场销售，分散了客流

每年批准开发的商品用地在50万～60万平方米，其中1/3的土地所建物业一楼为商场，可见每年供应量之大。

因此，开发商当前面临的最根本也是最关键的问题是，如何在当前局面极为不利的情况下，重塑公司的形象，恢复公司声誉，重建投资者信心，吸引投资者的注意力，摆脱困境。

（2）项目优势分析

虽然，该项目已陷入困境，存在着一些问题，但T广场却有自己独特的优势。

1）规模宏大

本项目为B市第一个大型商业综合物业，规模大、设备先进、功能齐全，为本市的标志性物业，代表着最新潮流。

2）位置优越

项目位于繁荣街西端，很久以前已是商业旺区，人流量较大，是城区西部人群进入闹市中心的主入口，地理位置独一无二。

3）设计新颖

该物业采取欧陆风格设计，满足了人们求异、求新、崇洋的心理；室内大跨度空间、共享中庭、自动扶梯、室外大型瀑布、景观及灯光夜景设计等都成为B市的典范。

4）购买门槛低

该项目将采用化整为零的方法，降低置业门槛，让更多市民买得起、用得起，减少投资与经营风险，销售也容易成功。

5）投资方式多样化

该项目有租、售、先租后买、以租代售分期付款等多种投资方式及精品店、柜台等多种产品组合，供投资者选择。

6）投资商、经营商、管理商强强联合

开发商与马来西亚某商业集团、日本某物业管理形成强强联合形势，具有较强的震慑力。

7）经营理念创新

B 市现代市场经营观念尚处于初级阶段，本项目采用国际流行的现代营销理念进行经营管理，将给 B 市带来一股新风尚，征服 B 市市民。

8）B 市没有同类同级别竞争物业

有如此大规模、已经竣工、设计精良、统一管理、集中经营的大商场在 B 市是第一家，只要经营得当，投资者将趋之若鹜。

9）B 市民有一定潜在购买力

据配额抽样调查得知：B 市 43% 的家庭收入在 1500 元以上，38% 的人从事或拥有个体、私营企业，潜在购买力较大，只要能看到实实在在有保障、风险较小的、马上可实现的商业机会，大部分商家愿意投资。

如何发挥项目的优势，克服劣势，在众多的竞争楼盘中创造良好的销售业绩，也是营销策划必须解决的一个主要问题。

5. 项目解决方案

通过装修招标，选择有实力的装修公司施工，重新搞好楼盘卖场包装，用一系列改善产品与服务的具体措施和运动，让消费者感觉到 T 广场真的动起来了，从而重新产生购买欲望；当 7000 平方米商铺销售近尾声且商场即将开业时，采取本地及外地联动招商活动，造成轰动效应，短期内全部招满，最终实现带租约售完商场部分。

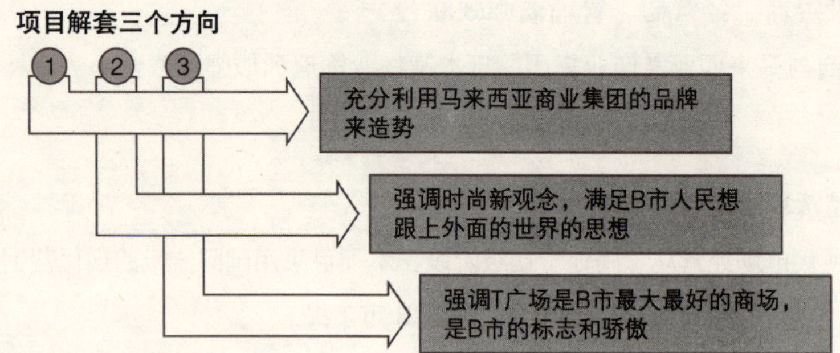

（1）重新拟定经营目标

在认真研究、分析该项目优劣势的基础上，通过诊断，策划公司确定了步步为营，稳扎稳打，循序渐进的营销策略，拟订出以下经营目标：

1）改善公司形象

通过精心策划实施系列活动和多项改善产品措施，让 B 市民众对 T 广场有亲和感，增强信任感，让公众重新认识 T 广场和发展商。

2）回笼资金

提出有针对性的解决方案，最终实现物业全部出售，实现资金早日回笼，盘活公司资产，启动商场。

3）理想销售额：全部售完约 7000 平方米 × 5500 元 / 平方米 =3850 万元

实现该目标应具备的条件：

① 马来西亚商场开业；

② 营销推广费达到销售额的 3%；

③ 解决部分已售物业的经济纠纷问题；

④ 促销策略和销售制度遵守既定计划；

⑤ 40 天启动预热期，90 天强势销售期。

4）可能的销售额：1316 万元

一楼售 80%：742 万元；二楼售 45%：396 万元；三楼售 30%：178 万元；合计：1316 万元。

实现该目标应具备的条件：

① 每天至少有人在现场装修商场；

② 营销费用 80 万元；

③ 售楼促销人员 18 人（含临时辅助推广人员）；

④ 预热试销 25 天，正式销售期 90 天；

⑤ 政府优惠政策继续生效；

⑥ 以往遗留问题解决完毕；

⑦ 医药公司旧楼拆除；

⑧ 向业主发放入伙通知，交付使用；

⑨ 办理银行按揭手续；

⑩ 允许部分大买家 1 ~ 2 年分期付款；

⑪ 投资购店达 5 万元者解决 1 人城镇户口；

⑫ 一次付款 9 折；

⑬ 举办系列公关活动、展销会等。

（2）目标客户定位

1）B 市个体和私营业主及其他投资阶层；

2）想在市区发展的城镇居民及先富起来的农民；

3）B 市周边城市个体和私营业主及其他投资商。

（3）产品定位策略

1）商铺规格与档次

所有商铺分割方案先在图纸上反映，并不实际施工。在预热期、试销期推出各类产品分割方案，根据市场的反映情况再行确定主力铺位面积、规格，各类铺位比例。

① 精品店、专卖店与柜台面积规格

包括精品店、专卖店单位和柜台单位三个部分的平面布局与分割及其组合。

② 装修

铺位装修提供标准，业主自行装修。

2）产品组合

① 二层铺位规划与分布；

② 一层、二层、三层不同规格铺位组合；

③ 提供出售型产品、带租约购买两种选择，同时推出。

3）业态划分

① 二楼为女儿国、男人街、老人世界购物中心，面积 2393.28 平方米；

② 三楼为儿童用品、儿童游乐、运动休闲、购物、娱乐、美食相结合，面积为 2370.78 平方米。

4）商铺装饰设计建议

① 整体设计风格

设计概念以城市生活时尚空间理念为指导思想，以现代时尚为题材，营造主题空间，摆脱传统死板的整体陈列和通道方式，创造出一种有利于产品阵列的自由环境，对内部空间的安装，着重于商品的精华之处，利用色彩、灯光，更强调商品展示专业化的空间。

② 商铺设计规范建议

包括地面、货架、展示台、墙、柱、收银台、试衣室、灯光、色彩、布局等项目及整体效果。

（4）价格定位策略

1）定位目标

快速回笼资金，实现全部售完。

2）价格定位

高档物业，中档价格（超值物业）。

3）价格策略

① 分级定价：将楼层高、位置差、面积小的店面采取超低价拍卖，造成轰动效应；

② 阶段定价：随销售进度逐步减少折扣，逐步涨价；

③ 平民策略：划小面积，总价低，买得起的人多，销售回笼资金快。

4）付款方式

适当分期付款，减轻购买压力，降低购买风险。

（5）销售进度控制

1）重新启动（预热）期

做好试销期前的各项准备工作，启动市场。

2）试销期

试推专卖店、精品店、柜台，试探市场反应，争取有少量成交，做好潜在消费者（来访、来电咨询者）调查表。

3）强销期

确定主打产品的户型与比例，强势推出一楼临内街店及二、三楼（品牌专卖店即原个体加盟店7000平方米）商铺。

4）持续销售期

推出A商场一、二、三楼商铺15000平方米，给予消费者固定租金回报，带租约出售。

5）清盘销售期

降价处理尾盘，满足客户所提合理要求。

（6）进入市场的时机与方式

1）时机

① 尽量在寒冬到来前启动销售；

② 让客户能跟上圣诞、元旦、春节、元宵等几大购物高潮。

2）姿态

① 高姿态、下大决心改善T广场形象；

② 让利给客户，回报B市人民；

③ 实实在在改善产品与环境；

④ 为B市人民做实事。

（7）促销推广计划

在促销推广过程，时刻把握所做的一切必须给公众以实实在在的形象，痛改以往拖沓、无信誉的不好印象，让公众真正感到“这次T广场是动真格的了”。

1）重新启动期（预热期）

为试销前做准备工作，扫除销售工作的障碍。主要工作内容包括拟订工作目标、项目现场的布置安排、现场形象包装、项目广告宣传、促销以及制定本阶段的费用估算。

2）试销期

适当加大广告投入力度；继续预热期末结束的促销工作；强势售楼预演、人员之间相互磨合；彻底清除一切销售障碍；全部完成强销期所需的一切准备工作。这个阶段的工作比预热期的相关工作更为深入、细致，所运用的方法也相应有所改变，要特别加重广告宣传、促销等公关活动力度。

3）强销期

举办大型竣工入伙仪式，同时公布T广场八大盛事：

① T广场全面竣工入伙暨商场装修倒计时誓师大会；

② T广场仪仗队升旗仪式暨商场保安部纪律与承诺、理念宣誓；

③ T广场有限公司成立；

④ 马来西亚商业集团加盟T广场，两者强强联合伙伴关系建立；

⑤ 日本物业管理公司进驻T广场；

⑥ 聘请策划公司进行全程商场经营管理顾问；

⑦ T广场奖学金、助学金基金会成立；

⑧ “人人可拥有T广场的商铺”新户型正式推出。与此同时，对项目通过不同的传播渠道展开地毯式全方位宣传攻势，继续加强相关促销活动的开展，以引起公众广泛、持续关注，扩大项目影响力。

4）持续销售期

延续强销期的广告势头，结合商场装修临近开业的热烈气氛，推出T广场A商场部分面积，提出“把利润留给您；有风险留给我”、“T广场与您共发展”的口号。发展商随时公布已进场品牌商家信息，随时更新销售业绩形势图。在各媒体继续报道系列活动业绩的同时，开始周边城市报纸、电视、传单广告投放。定期跟踪客户，告知进展最新形势，促进交易。举行商场开业仪式，推出B市招商投资洽谈会暨商场招商活动。

5）清盘期

充分利用商场开业及春节浓厚购物气氛，塑造商场旺盛的人气和强大的投资前景，吸引客户，通过适当的价格策略，将尾盘销售完毕。

6. 解决方案实施效果

开发商采取务实的做法，在整个过程中稳扎稳打，以解决实际问题、为业主办实事为出发点。经过重新包装和大力推广，制定的营销及推广目标开始逐步实现。从推广反馈信息我们看到，开发商的公众形象逐步提升，公众对项目的信心也回升了。而且，通过大面积、高强度的广告媒介宣传，项目在当地引起第二次轰动，项目的销售稳步上升。事实证明，当初对项目的诊断是完全正确的，提出的解决对策也适应项目具体情况。

六、办公楼尾盘成功解套模式

住宅是生活的必须品，相对这一特性，办公楼物业则是国家或区域经济运营体系的“上层建筑”。因此，它的尾盘滞销原因与住宅虽有相似地方，但却有本质区别。住宅项目首要注重的因素是对生活品质的影响，而办公楼则注重区域形象对项目的支撑；住宅项目注重环境对心灵的愉悦，而办公楼则更注重车辆停靠空间、交通便利性等。

通过对大量滞销办公楼物业的考察，分析出办公楼物业产生尾盘的根源在于以下几个方面：

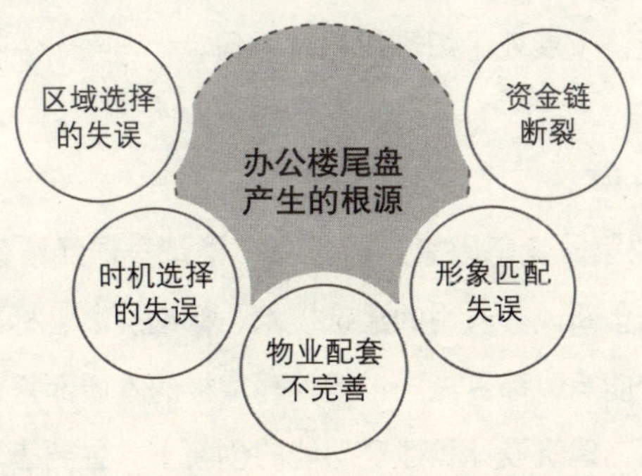

1. 区域选择的失误

写字楼是高度经济化的产物，区域选择一定与一个国家或地区的经济文明发展程度高度相关。如果一个区域，缺少该类物业，并不代表这一区域具备这一商机。突然有许多高档办公楼出现的区域，往往表明这一区域的商机存在。这是办公类物业性质所决定的。所以在选择投资区域时，用惯性的房产项目思维，容易出现失误，即住宅市场繁荣的区域，并不一定办公类物业市场就好。因此此类失误的楼盘，以建筑综合体（办公、商业、酒店、住宅混合类项目）为多。

从城市内的小的区域来讲，地段对办公物业的影响很大。办公物业的功能特性要求写字楼必须或最好位于商业活动和社会活动的中心区域，以适应这些活动的密切联系性和时效性。

2. 时机选择的失误

这是由写字楼物业性质所决定的第二大因素。写字楼因为是经济运营体系的“上层建筑”，因此，它对一个国家或地区的经济波动非常敏感。其投资的最好商机，是该区域经济发展曲线牌复苏之后的上升阶段。将经济发展分为“繁荣——调整——衰退——复苏”四个除段，调整期，大家对经济前景产生顾虑，各种投资谨慎，企来经济出现动荡，办公物业需求减弱；衰退时期，经济萧条，企业大量倒闭，办公物品需求锐减；复苏阶段，企业经济复苏，办公物业需求上升，但前其主要以消化空置物业为主；繁荣时期，经济发展迅速，大量企业、公司出现，办公物业繁荣。但后期将会出现饱和。因此，办公物业开发的最佳时机，应选择在复苏的中后期，到繁荣时期的前一阶段。空置项目中，以繁荣时期的后期即经济发展处于炽热状态时为多。

3. 物业配套不完善

这是实操中出现的第一竞争因素。因为写字楼是全球经济运营的神经元，追求的硬件，更多的是科技与创新。其所用的建筑技术、标准层高、标准承重、弱电系统、新风系统，以及电梯、智能等，都更先进。但就写字楼的本质而言，硬件设施的最大追求应该是创新，主要体现在建筑设计和建筑功能的创新上。主要表现：科持创新不够，交通不便，停车位过少，办公区安保、服务、清洁、休闲等物业配套管理跟不上。此类楼盘以临街单体楼为数众多。由于地块狭小，停车等基础配套存在硬伤，加上拿地成本高，租金或售卖价格又居高不下，空置率较高。

4. 形象匹配失误

办公楼物业，既然是经济发运营体的“上层建筑”，它就应该是“上层建筑”的身份名片。住宅项目注重的是“生活文化”，而写字楼更注重与世界接轨的“建筑文化”。因此，全世界最漂亮的建筑，最有现代感的建筑，都是办公类物业。开发这类物业，首要考虑的并不是物业的成本，而是科技含量、项目形象。形象的匹配，还有就是与区域概念相匹配。写字楼物业的投资周期较长，在建成之后通常以出租的方式经营。在这段时期内，市场状况可能会发生很大的变化，与原来的预测发生很大的偏离。因此，良好的物业形象和物业管理，十分重要。

5. 资金链断裂

以上几大元素：区域或地段的高标准要求、物业形象的高配套、与世界接轨的“建筑文化”、投资回收周期等，都需要开发商的财力支持和世界眼光，许多写字楼烂尾，不是因为时机，而是因为资金链的问题。这是需要开发商特别注意的。

实战案例01 Combat case JX商务中心尾盘营销执行方案

一、产品状况分析

JX商务中心的尾盘问题相当突出，尾盘的比例超过50%，无论出租还是出售，尾盘的消化都没有找到切实的措施，情况相当复杂。

1. 项目分析

JX商务中心产品销售状况表

7号楼	总面积	已售面积（平方米）	未售面积（平方米）	单价（元/平方米）	租金[元/（平方米·月）]	备注
库房	520.27	0	520.27	2588	15	交定的客户2位
门面	529.09	93.86	未租赁面积：435.23	9888	58	以租赁为主
写字楼	3223.26	1251.57	3～5层1511.89	2888	—	
			6楼401.8	4688	—	交定三层一写字间客户一位
合计	4272.62	1345.43	2433.96	—	剩余租赁月租金25243.34	—
可销售面积共计	2665.66			可销售金额共计	7596435.4	

交定客户分析：租赁库房的客户两位，需求面积为170平方米与88平方米；

写字间意向购买客户一位，需求面积58平方米；

意向客户分析：老客户预购整层库房，心理价位为2350元，以及物业管理配合解决下货问题，需要进一步跟进。

2. 市场环境分析（市场变化因素）

1）永江厂铺面、仓库租赁期到期，药业批发商需要寻找新的仓储地点，对仓库的需求量增加。

2）富源药业物流中心专业的规划设计及物流通道，影响了投资者特别是药业物流企业投资者对本项目的关注。

3）目前正处于地产销售的旺季，但前期销售准备工作不充分，错过了部分销售时机；再过一个月将是大部分药业经营商支付大量货款的时机。

4）项目写字楼的物业管理水平及收费标准受到客户质疑。

5）园林路改造，市政配套设施的加强。一定程度上影响了投资者的投资方向。

6）项目营销周期过长，造成市场疲软，销售积极性不高；如何突破老客户口碑，造成热销局面，需要加强营销手段及现场销售技巧。

项目现在所处的市场环境及可售销售总额所带来的营销阻碍不容乐观，大环境与小环境均对本项目的销售造成很大的影响，劣势大于优势。需要对销售的姿态进行调整。

3. 市场反映的四个问题

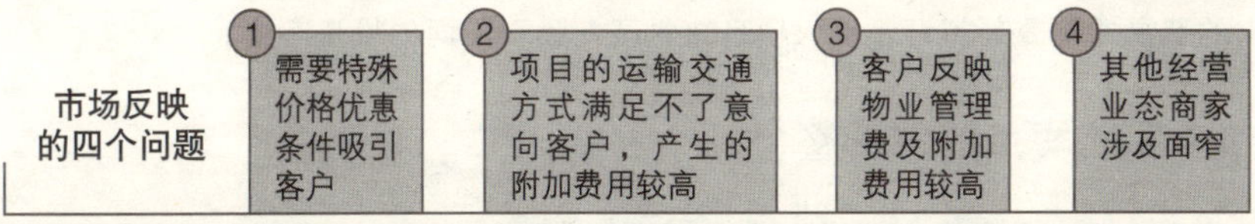

(1) 需要特殊价格优惠条件吸引客户

需要对特殊客户（购买整层客户、购买面积较大客户）设计特殊的优惠政策。

(2) 项目的运输交通方式满足不了意向客户，产生的附加费用较高

经营药业商家对产品仓储的功能性要求较高，项目所提供的搬运路线要增加一定的搬运费用，同时附加的分摊小区内部水电费及来往车辆的停车费，让客户望而却步。

(3) 客户反映物业管理费及附加费用较高

除附加的停车费、分摊小区公用水电费以外，客户还需要交纳的2元物业管理费和电梯用电分摊费。对意向客户（特别是租赁客户）而言费用过高，难以承受。

(4) 其他经营业态商家涉及面窄

项目要获得短期销售成功的策略，一方面需要继续按照项目营销定位吸引药业经销商；另一方面需要吸引部分投资客户。对直销后客户梳理工作提出了较高要求。

4. 销售现状及通路

(1) 销售管理无序状态

销售管理、销售流程、销售方式等内容需要重新梳理，使销售人员明确自身的职责及工作内容。

(2) 销售技巧需要加强培训

针对客户咨询价格的回答、如何留住客户、如何进行直销等工作需要加强培训。

(3) 直销工作取得了一定的进展

通过销售人员辛苦的直销工作，现场的到访量及电话咨询人数有明显的增加。但直销地点的选择需要重新拟订，扩大项目知名度，吸引不同的投资客户。

(4) 销售卖点的重新整合

在原商务中心销售卖点分析的基础上，完成商务中心划分后每一类写字楼的特点进行卖点的再次梳理。

(5) 需要充分利用老客户资料

对原咨询客户进行再次电话回访，并采用上门服务递送商业推介书的方式。

二、营销策略

1. 定位环境、强化商机

目前形成滞销的症结在于——主要优势没有充分挖掘放大，商业氛围营造不够，销售招商卖点含糊。因此根据周边商业环境及流通优势对其区位进行明确的定位，并借势放大投资前景。

2. 营销政策：招商销售两手抓，多种手法齐头并进

招商范围

① 招商目的

形成一定的商业氛围，突出写字楼的功能，增强投资者的信心。

② 招商对象

根据项目成交客户和到访客户未来经营的业态来看，项目基本形成了药业物流中心的环境氛围；但比较局限在底楼层，进行药业经营者的招商是必须的。同时，增加以下类别企业的招商工作：

A. 中药医院、骨科医院、眼科医院企业；

B. 康体、美容、健身中心；

C. 医疗器械、药品原材料、药业公司；

D. 网吧、装饰公司、IT 企业；

E. 药业经营大户。

③ 招商方式

A. 进行有效的直销工作。对招商对象进行上门服务。强调招商工作的质量和过程的管理。

B. 对原 17 个客户中租赁的客户进行上门一对一的行销策略。

C. 通过直邮广告（DM）到各精选的招商企业——地址通过网络、电话等方式查询。

④ 招商组织

A. 成立招商小组：调整目前的人员组成，专职增加招商人员。

B. 招商工作要求：主要行销策略为“走出去，请进来”。

⑤ 招商价格

采取高报价低折扣租金策略（由低至高递增），此策略可避免投资客商因为回报低而放弃投资，同时低折扣有利于实际招商工作中对客户谈判的把控。本项目的租金水平是在实行返租的前提下提出的（但是目前未实行该策略），租金水平相对较高；同时从到访客户信息反馈情况来看，绝大部分客户因为租金原因而放弃了本项目；有必要对部分铺

位与写字间进行实收租金价格调整：

招商价格调整表

价格楼层	租金（元/平方米·月）针对租赁客户
地下室	10
首层	58
三~五层	20
六层	28
原超市铺面	65

3. 租赁优惠：低姿态入市策略，多种租金收取方式，以带动物业租赁和销售

免租金（物管费）适用于因一定原因而给予商家的一种优惠。如9月份政府市政施工将对7号楼业主经营带来一定的影响。因此在市政修路期间，可减免一定的租金，或减免一年的物管费。

三、销售政策

1. 营造商业氛围，促进项目销售

争取一定量的客户先入住7号楼。利用一定的优惠政策（如赠送装修方案、按期完成装修进场给以装修奖励等）尽早让购买客户进场装修，让物业运作起来以及本身的商业潜在价值展现出来，营造良好的投资环境。让潜在投资者看到物业将来的投资回报，从而带动后期的销售，而不是被动地等待客户来购买物业。

2. 锁定重要消费群体

针对项目周边药材批发商、经销商仍以临街门面经营为主的市场松散格局，而这部分的药品公司仍是项目可针对的重要消费群体。突出宣传商务写字楼与临街门面的优势。

以成本费用核算对比的方式进行分析。

3. 租金抵房款

为实现存量的快速销售，起用租金抵房款策略，即在客户租期结束时，若想购买所租物业，给予一定优惠，即前期的物业租金转为购房款。

4. 带租约销售

针对出租在先的物业采取此策略，以尽快实现资金回收。

四、营销推广策略

1. 卖点的重新梳理

① 成型的商圈：药业企业的创富基地——多家药业企业入住的成熟药业物流商圈。

② 最优的价格：买到就是赚到——全市超低价购买的高品质写字楼。住宅的价格购买写字楼，超高型写字楼买一层赚一层。

③ 最适中的面积：经营空间量体裁衣，自由分割。

④ 便捷交通：便捷交通，彰显高铺高价值。

⑤ 黄金区位：比邻黄金旱码头，区位优势显至尊。

2. 推广策略及节奏

本项目由于规模和费用问题，只能采取做事为主的行销手法，在媒体销售的策略上主要以小众传播为主。

宣传推广计划表

营销周期	时间安排	投放内容/行动方式	备注
前期筹备期	方案提交1周内完成	队伍的组建：4～5人的招商队伍，2人负责现场接待，2～3人负责上门招商	人员到位后立即进行业务培训

续表

营销周期	时间安排	投放内容/行动方式	备注
前期推广期	方案提交10天内完成	现场包装： 1．现场售楼处：建议外部和内部的包装，突出项目的商业氛围。内包装，加大对现在的售楼部进行包装的力度。通过展板、喷绘营造氛围和展示项目高回报率的特点。外包装，更换原售楼部上广告牌内容及画面，直接进行利益点的诉求。 2．项目现场包装：对项目前旧、乱、脏的小房子的墙面通过喷绘进行包装或者设置广告牌（形象包装与信息的发布）。 3．对原美特嘉超市的门头进行包装。 4．现有入户大堂内流水牌的运用 将已经购买并在装修中的药业企业的公司名称登在流水牌上，营造项目热销的氛围。 5．楼体广告喷绘 为了营造商业氛围，将目前已购买铺面和写字楼准备入住的商家进行宣传；对已经购买的客户赠送广告牌的方式营造现场气氛，贴于7号楼楼体上	第5点可以作为吸引客户经营和装修的手段，弥补现场人气不足的缺点
正式销售期	招商人员到位、现场包装完成后开展	有效的直销(DM)——不仅针对药业企业也要放开对其他类型的公司——抓住一切可能的客户，通过上门一对一派发和邮寄的方式进行信息的传递，同时可利用9月份的房展会组织人员派发	
持续销售期	项目招商工作进行到一定的量的情况下	电台广告：以“租金抵房款，购买更优惠”专为成长型企业量身打造的写字楼主要的推广主题，在达到一定的签租量后进行带租约销售的信息发布。 车体：选择10路、26路为主要的载体，进行项目的信息传递	车体广告：费用预算允许的情况下投放
项目销售中后期	待项目的租赁情况或者购买客户进驻本项目后	适当地做两期报版广告： 1.“租金抵房款，购买更优惠”信息发布 2. 带租约销售的信息发布（体现高额的投资回报率）	

第九章
CHAPTER NINE
烂尾楼复活术
实战解密

烂尾楼复活术实战解密

本章使用指南

烂尾楼不仅成为很多城市丑陋形象的一个缩影，它如一把尖刀深深刺痛城市管理者、开发商和市民的心。所以，烂尾楼复活成为众多利益方的一个美好心愿。而随着城市土地的日趋紧张，城市管理者对烂尾楼复活的支持，我们看到很多曾经惨不忍堵的项目旧貌换新颜，依然取得巨大成功。烂尾楼复活不仅仅只是找当地政府要政策，也并不是只有钱才能搞定一切，烂尾楼形成根源以及对其对症下药才是让其复活的关键。本章正式通过真实案例还原烂尾楼复活的全过程。

一、烂尾楼形成的原因

烂尾楼指项目开工建设后投资额已超过 25% 或已完成 2/3 工程量，但由于开发商后续资金不继或法律诉讼等其他原因而不能继续进行建设的房地产项目，包括已经建成但由于水电交通等配套设施不齐全的房地产项目。

此外，还有因为政府对房地产项目审批缺乏实际审核而项目资金缺乏没能完工的房地产项目。工程质量不合格等原因而停工的项目，也算做烂尾楼。造成烂尾楼现象的原因很多，但总而观之，主要原因有以下五个。

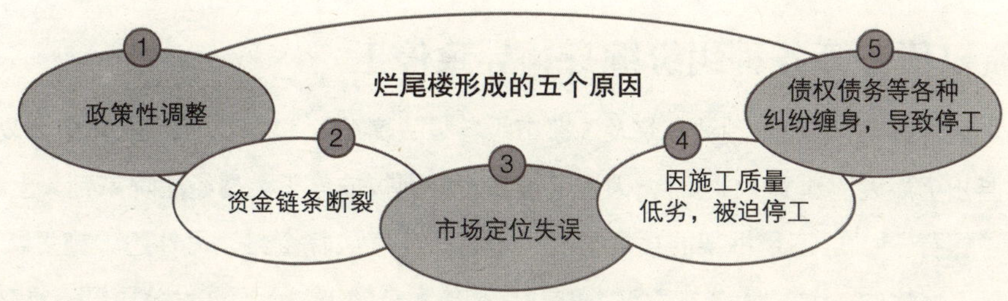

1. 政策性调整

在前几年的房地产开发过程中，为规范金融和市场秩序，国家规定：金融机构、政府部门不能参与房地产开发，由此导致一些挂靠的开发企业断了资金来源。此外，局部地区房地产过热，宏观调控以后，信贷资金收缩，工程后续资金跟不上，只好下马。例如，海南、北海等地的大部分烂尾楼就是 1993 年局部地区出现房地产过热现象的后遗症。当时房地产投资额增长率远远高于销售额增长率，其中占很大比重是盲目投资和大肆炒地皮、炒项目的结果。

2. 资金链条断裂

几年前，由于市场不规范，房地产开发准入门槛不高，且以协议方式获取土地的手续过于简单。因此造成一些开发商仅投入很少的资金就动工开发，当银行银根紧缩、后续贷款不能跟进时，便陷入绝境，无法继续施工。

同时，由于国际经济环境激烈变化，断了资金来源，被迫停工。例如上海的烂尾楼就大多是在 1997 年东南亚金融风暴时形成的。

3. 市场定位失误

市场定位不准、黯淡的销售前景，迫使投资者要改弦易辙，停工求变。例如位于南京市闹市区新街口的某烂尾楼，10 年内盖了又停，停了又盖，一个重要原因就是在投资决策时对产品的定位和市场风险认识不足。

4. 因施工质量低劣，被迫停工

温州市某烂尾楼，地处寸土寸金的城市中心，建了 8 年多，始终无法竣工。由于存在严重的质量问题，只好爆破拆除。

5. 债权债务等各种纠纷缠身，导致停工

如温州金石大厦，分别被高院及 5 家市级各级法院查封 137 次，债务关系极为复杂。又如温州金海大厦建到 11 层时，因资金链条断裂而被迫停工。后经法院审判，土地被判给了银行，11 层还是框架的楼层被省、市、区多家法院查封，另外还欠施工队 300 多万元工程款，7 个债权人分布武汉、北京、广州等多个城市。而原开发公司已不复存在，无法找到责任人，后不得不以拍卖手段促使其复工。

二、烂尾楼的危害

由于房地产是资金密集型行业，因此，烂尾楼往往占用了大量的资金，包括大量借贷资金。因此，银行往往是最大的债权人，也是最大的直接受损者。银行不但损失利息收入，还很有可能损失本金，是银行的不良资产。

烂尾楼还有破坏城市形象，浪费土地资源，以致破坏投资者信心等危害。

三、复活烂尾楼的潜在价值

烂尾楼并非一块鸡肋，将其包装为成功的产品重新上市并大获成功的例子举不胜举。其不利因素大家都很清楚，但也不乏可利用的、有价值的因素。

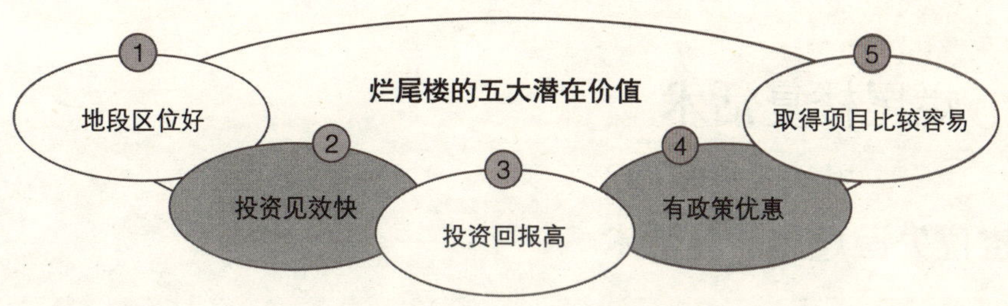

1. 地段区位好

烂尾楼项目大多形成于20世纪90年代中后期，大部分位于市中心办公商业区，具有较高的投资价值。

2. 投资见效快

复活烂尾楼不用经过报建、打地基等前期阶段，项目启动快，周期短。一个正常楼盘从开发到上市起码要两三年，长的甚至要四五年，而盘活烂尾楼通常只要一年左右，大大提高了资金利用率。

3. 投资回报高

有专家分析，烂尾楼转让价格相对比较低，一个烂尾楼项目的开发一般只需半年时间和数千万元资金，而其回报率却有可能高达150%~200%。

4. 有政策优惠

如北海市规定，复活烂尾楼除享受国家规定的税收优惠外，还可享受经营服务性收费减半、行政事业性收费全免的优惠。1998年12月31日前停工的房地产烂尾楼项目，在2004年12月31日前转让销售，可免征营业税、契税；房地产开发经营企业购买烂尾楼续建后，在此日期前销售的享受同样待遇。

5. 取得项目比较容易

在目前宏观调控、严格控制土地供应总量的形势下，开发商取得土地较难，周期短、回收快的烂尾楼复活项目必然受到青睐。

当然，烂尾楼也存在许多复杂情况，使接盘投资者不得不慎重权衡。

四、烂尾楼复活术

1. 定位失误烂尾的复活术

（1）产品差是烂尾根源

说起 DCRJ 的立地条件，有必要提到其前身黎明花园，由于原开发商管理不善被迫停工，当时已卖出 202 户，同时拖欠施工单位 1000 多万元。业主已有 100 户住进去，小区乌烟瘴气，居民的配套设施极不完善，无水、无电，蚊蝇滋生。为此，已入住的业主多次到区里、市里静坐，上访，此地块一度成为上海市各级政府部门的一块心病。上海市市委责成七宝镇具体解决，成立专门处理小组。为切实解决问题，七宝镇镇政府曾找了多家开发商，最终均因该地块社会影响太差，众多开发商无人敢承担如此风险。

另一方面就是户型问题。二房中 70％以上为 60 ～ 70 平方米，三房全部 84 平方米左右，主流房型与当前市场消费水准尚有差距，一梯四户、暗厅暗卫、朝北客厅等设计也属滞后，环境方面，原规划无甚特色，也无大面积集中绿地，而紧临基地的蒲汇塘污染严重，脏、乱、差一目了然。离市区无明显交通优势，加上区域内中低档楼盘众多，除 WKCS 花园一直保持高品质楼盘形象外，整个七宝都处于低水平竞争，无法成为市场热点。

但是，越专业的眼光越善于发现隐藏的机遇，越专业的团队越懂得将表面的劣势转为制胜的优势。DCRJ 原地块并非一无是处。最关键的质量方面，万兆公司先后四次请来全国的专家、八次请来上海的专家，充分听取大家的意见，不断优化方案。同时他们还请来国家专业质监部门检验已封顶的楼体，检验一切合格让万兆公司很是兴奋，尤其是经过一年考验，全部楼体的沉降均为稳定，工程质量已无大碍。房型虽然面积不大，但功能齐全，而且浅进深符合现代生活需要，是一大优势。原地块环境尚未启动，正利于专业公司全新布局规划，最能在白纸上描绘最美的图画。在市场方面，七宝楼市的冷清局面主要是由于缺乏专业水平的运作造成的，因此，高层次的专业运作必定能抢占市场空白，逆市而赢。

（2）以策划激活市场作为制胜之道

好的产品是销售成功的基础，而精准切实的广告企划更是不可忽视的制胜之道。上海房地产业发展至今，新盘层出不穷，广告投放量更是铺天盖地。成功的广告企划已远非广而告之那么简单。在开盘前长达数月的案前准备过程中，通过细致的市场调查、客源分析，万兆公司提炼出了 DCRJ 的客源定位和企划精神，使项目一公开就以鲜明的形象和精准的诉求，在楼市中脱颖而出，引发抢购热潮。

1）客源分析

通过研展人员对个案周边区域客源构成地毯式调研，通过对九星商贸城、漕宝路沿线企业、七莘路沿线企业周边小区居民居住现状、购房意愿等多项指标的综合细分，从中提炼出 DCRJ 的客源。

身份：小型工商业者，企事业中低层白领，工厂技术管理人员；

年龄：30 岁左右；

家庭结构：青年夫妇／三口之家；

教育程度：高中以上；

收入水平：家庭年收入 6 万～ 8 万元；

支付能力：首付 7 万～ 12 万元，月供 2500 元以下；

购买模式：90％以上按揭；

车辆状况：目前 20％～ 30％拥有率；

客源构成：区域客为主（65％），外区域为辅（35％）；

购买动机：自用为主（70％），投资为辅（30％）；消费应以成家型为主。值得重视的是七宝地区已然形成换屋族的消费倾向。

2）地块分析

① 优势

生活配套方面：生活配套设施健全是七宝的优势，随着旧区改造力度加大以及虹桥机场航班的极大减少，七宝地区的居住环境得到加速改善。

交通建设方面：沪杭线入城段正在加紧建设。

远景规划方面：地铁 2 号线延伸至虹桥机场，起于七宝北部的地铁 7 号线经淮海西路直达金桥。七宝地区房地产开发的起点比较高，在万科城市花园和大上海国际花园等品牌型社区的带动下，整个区域给人以相对较好的档次感。近两年以来，地铁沿线房产开始向纵深发展，龙柏航华地区的土地资源几近枯竭，一度没落的七宝房市有望重新崛起。

② 劣势

距离和交通是七宝房市发展的不利因素，尤其地铁 1 号线开通后，这种相对劣势显得非常突出，这种状况在目前甚至近年内仍得不到有效的改善。由于各开发商的良莠不齐，七宝地区一直没有形成联动效应。

3）企划核心

根据市场发展现状和客源定位，定出了一个中心，三个突出点的企划核心。

① 一个中心：塑造个案物超所值的形象

万兆地产坚持以高品质小区的标准来再造 DCRJ，凸显 DCRJ 的超值形象。

② 三个突出 ：形成精准的企化定位

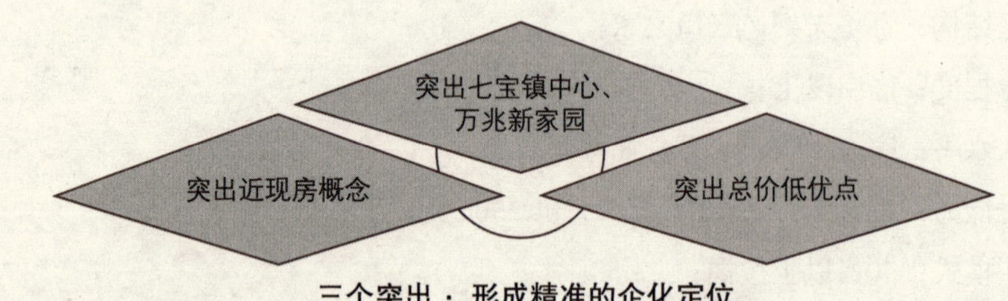

三个突出 ：形成精准的企化定位

A. 突出七宝镇中心、万兆新家园

在广告实践中，着重用于报纸、户外等媒体，突出项目区域中心大规模花园社区的形象，赢得客户普遍认同。

B. 突出近现房概念

打破用效果图做广告的陈规，坚持在所有广告表现中运用实景照片，用成熟、美丽 、真实、安全等一系列近现房诉求打动客源。

C. 突出总价低优点

提出好房子不是有钱人的专利主张，不仅赢得购房人的心，更在楼市引发大众住宅的思考。

好的开始就是成功的一半。DCRJ 公开发售后的销售统计显示，推出方案前的客源描述与实际销售情况十分吻合，而一个中心，三个突出点的企划定位也犹如一声春雷打破了七宝楼市的寂静，引起了市场的广泛关注。精准的企划定位使得个案营销真正做到、了有的放矢。

4）差异化竞争策略

首先，成本不是项目的优势，从万兆所具有的资源出发，不可能采取成本领导策略，而且七宝地区房地产的发展趋势也证明了成本领导下的低价策略的生存空间太小；同时由于万兆的开发量体相当大，集中化策略风险太大，而且也不符合公司的经营目标和品牌定位，项目的产品只能是市场的主流产品。差异化策略是万科成功的经验所在，也是项目目前的最好选择。但是在主流产品这个大前提之下，如何来创造差异化是研究竞争策略需要解决的核心问题。

剩余房源汇总表

		万科城市花园	东兰兴城	新时代花园	东苑半岛花园
本项目	优势	价格和地段（飞机噪声和离七莘路的距离）	社区环境、物业管理和营销力度	周边生活配套、社区环境和物业管理	周边生活配套和物业管理
	劣势	社区成熟度和品牌形象	地段和交通	离市中心的距离和板块效应	离市中心的距离和板块效应

（3）执行策略

1）整体改造

虽然是续建的项目，在策划公司的建议下，万兆决心用规划设计超前的用心对DCRJ 进行高起点的再创造，保证小面积与多功能、经济性与舒适性统一于一体。房型布局和细部设计充分满足新世纪居家生活的机能要求，做到面积不大功能全，室内厅房使用面积该大则大，绝不浪费。为此，万兆派出了高层主管人员专程赴深圳及日本、澳大利亚等地考察，从这些现代都市的生活方式与住宅发展趋势中挖掘灵感，赋予 DCRJ 更多的亮点。同时，重金聘请境外专家分别担纲小区外观和环境景观设计。一系列的大胆改造和精心创作使这块基地脱胎换骨，焕发出高尚花园住宅的神采。

2）房型改造

所有单元改成为市场接受的一梯二户，将朝南的卧室之一改为客厅，从而做出南北双厅布局，保证了客厅与餐厅的通透，光线充足，原先的滞后布局一举变为超前设计，南厅南卧，独立玄关和餐厅、分离式卫生间，充足的壁柜储藏空间以及固定式空调机位等，无一不体现出设计者对业主居家舒适与便利的体贴用心。D型房首创厨、卫S型隔墙，在有限的建筑面积条件下做出独立的冰箱、洗衣机位。解决了小面积房型功能不足的问题，在60～80平方米的面积里做到功能布局合理，这一设计不仅受到客户的追捧，而且还被上海以及全国的房产权威誉为经典创意，屡受专家好评。小细节方面，采用了在别墅中才使用的弧形分隔梁，在功能上将客厅与餐厅自然分割，保证大采光的低窗台大开窗等新颖设计，同样受到消费者和同行的赞赏。

3）形象改造

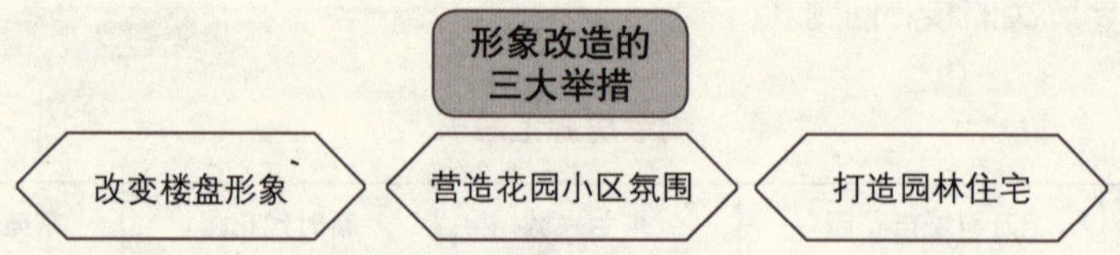

① 改变楼盘形象

万兆公司请来国际建筑设计大师、香港特区区旗和区徽设计者何弢先生对住宅外立面进行设计，融入现代艺术审美观，用丰富的色彩和图画来凸显艺术和个性之美。借鉴荷兰现代美术大师蒙德里安的绘画意境，取风和黎明为主题，打破方盒子建筑的单调感，以柔和起伏的曲线和圆形构图描绘出一幅风拂海浪、光抚沙滩的立体长卷，创造出崭新悦目的艺术住宅形象，更在26幢住宅分别以26个英语字母点缀其上，增强了单体住宅的识别性与趣味性，给业主以一种艺术享受。整个楼市使人眼前为之一亮。此一设计立即引起上海和全国房地产业界的普遍关注，同时也得到了购房一族的普遍青睐。

② 营造花园小区氛围

万兆公司聘请美国泛亚易道公司进行景观设计，率先实现小区环境从单纯绿化率到环境艺术的转变，开楼市风气之先：绿化景观商业步行街，天然质朴林荫小径，亲水主题河滨花园加上小区最大的集中绿地构成四条不同主题的绿化景观带。小区四大主题景观带种植了数十种花卉果木，形成了各具特色的花园和果园，并做到四季常绿终年花开，成为名副其实的叠彩花园。为了让DCRJ在七宝镇最主要的景观道上做出形象，将小区主入口从次要道路联明路移至主干道七莘路上，万兆公司斥巨资多批了3000多平方米地做入口花园，并在开盘前率先做好了一个围合的立面和景观，项目一开盘就以接近现房的示范品质打动无数客户。

③ 打造园林住宅

万兆公司推倒两栋楼做出6000平方米的流水中庭，小桥流水，游鱼碎石，藕荷飘香，如今这已成了小区业主消闲娱乐最常去也最爱去的地方，在销售时为销售增色许多。为了改善周边环境，在万兆公司努力下，先后更投入1000多万元，从工程和生物两方面对蒲汇塘进行整治。塑造出河景社区的高尚形象。

4）装修示范

装修示范坚持为客户真实生活提供参考和引导，摒弃市场流行的豪华风格，不仅设计简洁易做，所有装饰材料也都采用本地选材，力图达到客户只要喜欢就一定做得到的效果。事实上，装修示范单位交屋装修时，大量的业主都带着自己的装修公司来示范单位考察取经，可见真正起到了真实可信的示范作用，对促进销售起到了实质性的作用。

随着成交逐渐放大，知名度、美誉度不断提升，DCRJ进一步在全市范围内赢得声誉，徐汇、长宁等市区客户不断增加。在年度全市商品房预售排行榜上，DCRJ以仅6个月的销售量跻身全市当年排名第39位。

2. 资金断裂烂尾的复活术

（1）昔日烂尾的原因

ST大厦项目其早期的开发商是一家东北地区的房产开发公司，当初整个项目规划设计共3幢楼宇，其中一幢为商住两用楼，就是现在的ST大厦。另外两幢为住宅楼，其中一幢早已建成，并已售出，业主都已入住。当时因为资金的原因，成为烂尾项目。从此遗留下来尚未竣工的楼宇和住宅楼入住业主的产权证等待办理等问题。

（2）处理烂尾楼的三大步骤

ST大厦处理烂尾楼的三大步骤

第一步：理清债务
第二步：包装销售
第三步：做适合市场的办公楼

第一步：理清债务

普陀区的知名房地产开发商 ST 房地产开发公司开始接手这个项目，在易兴置业投资咨询有限公司的积极参与下，通过规范的法律程序，增加土地出让金，把产权买断。之后他们所面临的问题首先是理清债务。烂尾楼的债权债务关系一般都比较复杂，在这个项目中，就既有和原来开发商的关系，和已经入住的另一幢住宅楼的小业主的关系，也有和这幢楼当初的买家光大银行的关系，这些关系一一理清之后，开发商和代理商面临的就是如何包装销售的问题。

第二步：包装销售

以前对烂尾楼的处置方式一般都是改成酒店式公寓或者是小户型公寓，但从市场上的反应来看，改成小户型或者酒店式公寓的缺点已经逐步暴露出来，比如户型的问题，缺乏采光通风的问题，已经有人称小户型造就了新一代的“七十二家”房客。

另一个不能回避的问题是产权年限的问题，一般来说，商场的使用年限是 40 年，酒店是 50 年，而住宅是 70 年，将烂尾楼改成酒店式公寓就产生该物业的使用年限究竟是 50 年还是 70 年的问题。这不论是对业主还是开发商都是一个隐患。

由于 ST 大厦这幢楼原来定位是商住两用楼，但从市场的反应来看，商住两用却成了对“商”对“住”都不宜的物业类型。因为既有办公又有住宅，势必会造成人员的庞杂，从而使商、住的业主都不会满意。做了如上思考之后，易兴置业确立了将其改建为纯办公楼的方向。

第三步：做适合市场的办公楼

办公楼所在地段不同，本身档次不同，也有很多不同的做法。代理公司对 ST 大厦所在地段进行了全方位的考察：长寿路是市里规划的“三横三纵”主干道之一，拓宽之后，它的档次相应提高。ST大厦对面不远处的燎原电影院计划改建成一处五星级宾馆。针对这些，代理商把ST大厦办公楼确立为“可自由分割的小户型”办公楼。

从最小单元50平方米到整层上千平方米的面积都可以自由分割，这一方面便于业主拿到相应的产证，在大业主融资时也可以进行部分抵押。

在市场推广上，为了抹去该烂尾楼在人们心目中的不好印象，将其更名为“ST大厦”，因为ST作为一家在普陀区有着良好口碑的房地产开发公司还是具有相当号召力的。同时，也对原项目进行了相当大程度的改造。如将后面已入住那幢住宅楼的外立面全部敲掉，换成稳重大气的紫红色外立面。

（3）合适的产品赢得市场的欢迎

ST大厦从1月14号取得预售许可开始销售到3月16日两个月的时间内，420个单元全部销售一空。在购房人群中，温州客的比例并不是很高，相反倒是有相当数量的上海本地投资者看好这个项目，像上房、荒岛及开发商ST地产都整层购买。

而一些人性化的设计细节，也赢得了相当部分中小投资者的认可。比如中央空调装有独立计表系统，就便于业主自己控制经营成本。

3. 概念营销盘活烂尾楼实例分析

（1）营销背景分析

TD公寓主体产品牌房型较老、规模较小、周边配套短缺、竞争压力大，这种大耗资金的项目成为一笔烂资产着实让开发商头疼。此时，要盘活此项目，制定一个准确的策略让本案顺利销售，并且使一个较小规模的开发商通过这个项目为自己的品牌累积一定的基础，是对策划者的一项严峻的考验。

在遇到此类房产项目的情况下，可以运用差异化企划和独特性企划策略，规避产品本身缺点，夸大产品的优势，跳出传统的包装手法，以创新的策略引导市场和特殊的广告手法包装产品，这样才能够使产品打赢一场营销之战。

本案策划采取了“概念性”营销策划方式。具体策划采取的是差异化策略，独特性策略，短、平、快策略这三大营销策略。

（2）产品分析

上海浦东金桥地区的住宅多以20世纪80年代末由于当时市政动迁原因建造的多层

动迁安置住宅为主，虽然生活配套设施已日趋成熟，但由于区内人口密集，新兴住宅需求量激增，因而本案周边正在新建大批新兴住宅。

TD公寓（后来在市场的推广名被定义为“星期五公社”），项目位于上海浦东金桥地区，社区仅仅2幢24层的高层，由浦房开发建造到10层就因资金短缺问题搁置。此房产产品相较竞争个案，在地理位置上是不占优势的，离区域繁华中心又远，从小环境来讲还是很偏僻，周边配套还是很短缺的，加之房型较老、规模较小、竞争压力大，开发商又希望这个案子能迅速地在市场有反响。在面对众多竞争对手的情况下，要把这几年前遗留下的烂尾楼——TD公寓推向市场无疑是在打一场艰难的突围战。

1）大环境让人欣慰

项目位置位于金桥、金场新村的延伸段。东面、北面、西面即是金桥进出口加工区、外高桥加工区及陆家嘴金融贸易区，处在三大高能力消费区之中，有充足的客源基础。金桥新村作为浦东广大市民极为熟悉的老式公房区域，其存在已有十几年的历史，在商业配套设施方面已相当完善，足可以满足本区域居民的一般生活需求。对于本案来讲，虽不及区域内其他同质个案便利，但步行10分钟左右，即可共享金桥的配套设施，而本案周边，目前上市销售的个案，也会增加一不定期量体的商业用房，另外，杨高北路、巨峰路即将兴建易初莲花大型超市，使本案住户生活更为便利。而杨高北路、浦兴路两条交通主干道近在咫尺，众多公交路线和即将兴建的轻轨（L4线）使本区域的交通出入畅通无阻。

2）小环境不占优势

本产品与周边房产各案相比较，在社区规划、规模、配套上都不具备优势，尤其是长岛路上的生活设施配套还未跟上，与老金桥地区存在一定差距。

3）产品得过“烂尾炎”

本项目是烂尾房改造，所在这区域停工多年，在周边居民心中有一定的负面影响。况且本案又是比较老的一梯八户式的蝶型建筑，有些户型在通风采光上会受到影响。这两栋24层高层建筑容积率较高、得房率较低、物业管理费较高，社区规模又小得可怜，底下紧靠杨高北路的局部楼层会受到一定的噪声影响。这些都导致了购房者心理认同上的障碍。

4）遭遇“十面埋伏”

金桥区域住宅需求量的增加又使众多房产公司瞄准了这块风水宝地。2002年，周边市场供应量2500个住宅单元，共计25万平方米左右，整个市场销售率在50%出头，有效供应量在12万平方米左右。

本案推案时周边市场上供应量将近8万平方米。

5）客源情况复杂

本地的、外地的、老年人、青年人一个不能少。针对本区域当时情形考虑，本案的客源主要由三大部分为主：

① 周边居民

金桥新村以及其他新村居民人口的扩张、居住环境的改善，但又受经济支付能力的限制，对所购房子的总价极其看重，本案的出现，对这部分客源是极大的冲击。这部分客源也是本案最初冲击销售率的得力支撑。

② 市政拆迁户

上海整个城市的大规模改造，必能吸引大量的拆迁户入场。

③ 外来工作者

上海作为人才高地，已成为中国人理想的就业创业基地，而本区域的发展潜力，对这批客源将有极大的吸引力。

综上所述，虽然本案的大环境良好，但小环境的不利因素，加上项目自身先天不足之处，客源定位的过于广泛，且周边竞争个案源源推出，都为本案的销售带来了一定程度上的抗性。通过对整体市场、产品情况的分析和对客源情况的预估，针对本策划案的关键突破点进行判断。

（3）优劣势分析

TD公寓的缺陷是显而易见的，烂尾房、房型老、规模小、配套少，和周边众多新兴多层建筑相比较，它根本是一个普通得不能再普通的房产项目。

1）优势

① 良好的金桥大环境给了它有力的支撑，交通便捷无疑也是一大吸引力。

② 从产品本身来看，亮丽的建筑立面、独一无二的钢结构大堂、面面俱到的会所以及寻找区域面积空白，将面积放到最经济、最实惠的低总价的策略，都和周边项目有

得一拼。

2）劣势

本案和其他个案相比，一个最明显的区别就是本案的客源层次分布广泛。不同性别、不同年龄、不同行业、不同地区甚至是不同买房目的的客源都是本项目力求争取的对象。诉求客源的广泛造成了诉求中心点的不确定性，使得做策划时无法做到有的放矢，这是房产策划的一个致命点：客源模糊。

（4）操作思路——烂尾楼也可做大众情人

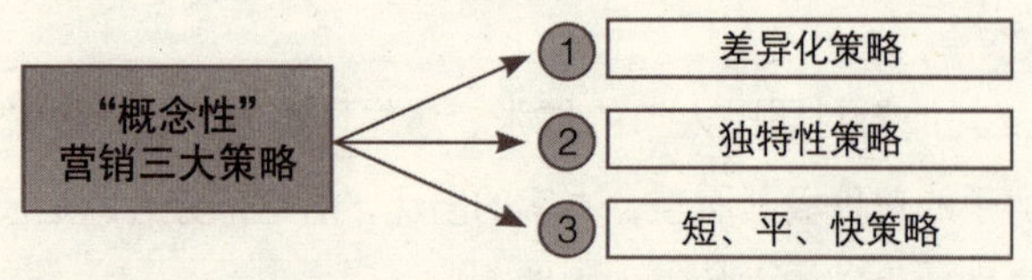

1）差异化策略

从产品本身开始着手。既然要使本案与竞争产品形成一定距离上的差异，那么必然要设法找到产品本身与众不同的亮点。专案组在原先烂尾的产品格局上，利用周边个案的面积、功能和格局的空白，采用新的切割方法将产品进行了新的面积分割和更合理的功能划分，并且在建筑的外立面上一改烂尾楼过去的老式传统手法，变得更为亮丽和新颖、现代，从而也就让本案产品相较周边竞争个案有相当的面积和总价优势，新颖的外立面上给客户一个全新的楼宇概念外，弘扬产品优点是毋庸置疑的，关键在于怎样去规避产品的缺点。

2）独特性策略

① 理念新

从情感层面上着手提出一个新的概念。想要成为大众情人，除了产品的新鲜性，还需要在生活理念上从情感上真正感动消费者，了解他们最渴望的生活状态，触动他们内心深处最柔软的地方。

② 媒体新

如何使用最低广告费用，不定期达成最高销售目标是媒体策略的基本原则之一。本案案量小，如果投入大量广告经费，即使达到预期效果也会造成公司销售成本的增加。

所以，用不同于以往媒体策略，以达到减少公司销售成本，提高公司利润的目的。大胆放弃报纸媒体，主打户外媒体和现场派发销售，是本案的一大亮点。

③ 广告包装手法新

首创成人漫画作为本案广告表现符号。不同年龄、性别的人在对童年的回忆里找到了共同的契合点，那就是心中不泯的童真。基于此，想到了成人漫画。几米的漫画之所以广受欢迎，是因为它能勾起人们对美好生活的向往与憧憬。成人漫画的吸引力由此可见一斑。因此，决定用成人漫画作为“星期五公社”的设计符号，把各个类型的客源用漫画的形式分别量身定制地表述出来。

3）短、平、快策略

制定短、平、快的销售策略，以迅雷之势推销“大众情人”。在众多周边产品的强力围攻下，价格应该与周边产品拉开一定距离。这样才能吸引到潜在购房对象，所以，根据产品的格局和面积特性，为星期五公社定下了面向市场的价格策略。

结合本区域市场情形以及以往操作的个案判断，以短、平、快的销售策略，经过 1 ～ 2 个月的前期准备，在正式公开 3 ～ 4 个月之后，销售率将达到 70% ～ 80%。

（5）具体实施

1）制定企划周期

企划周期：企划是一项有计划的策划，因此在做任何企划个案以前都必须先有一个周期的计划，在这个计划的指导下实施策划案。

企划部着手执行策划案后，制订了一个企划周期，并根据企划周期的具体内容做了广告预算。

2）制作广告预算

广告预算：所谓“四两拨千金”，只有做好广告预算才好当家。依据以最低的费用来达到最高效益的原则，做如下广告预算：

总销金额 9000 万元；

广告投放比例 1.5%；

广告成本 9000 万元 ×1.5% ≈ 135 万元。

3）分阶段具体实施方案

① 引导期具体实施方案

引导期具体实施方案

主要任务		这一时期为开案做前期准备，并做一些楼盘预告的相关信息和形象引导
战略战术	阻隔战略	本案在推出时机确定之后，具有引导及阻隔作用的户外看板计划，即先行付诸实施，建立大型围墙看板，预告案子即将推出，劝阻客户，暂不进行购房，期待这座后集体宅邸的诞生
	短兵相接战略	现场布置有亲切接待中心、精美图表、气派的户外广告、吸引路过目标群体，并使参观客产生深刻的感召力
具体实施		在这个时候，为开盘做一些必要的工作，销售文件准备，销售道具准备，如楼书、销平、销海、户外看板、引导旗、横幅、现场布置等。此一时期的广告表现以工地看板、现场围板、横幅、旗帜等户外据点为主来造势。售楼处门口一块长达33.5米的户外看板以“上海首座后集体生活宅邸”和“总价15万元起，欢迎移民星期五公社”的诉求吸引大量周边人流，形成未卖先热的局面，为正式公开发售积累充分的客源

② 公开期具体实施方案

公开期具体实施方案

主要任务		聚集人气，为销售造势
战略战术	全面攻击战略	利用户外媒体及公交车身广告对市民广为宣传，酝酿耳语传播，制造声势，塑造产品独特形象
具体实施		这一时期主要在于引导目标群体，使之认识产品的特质，产生购买欲，直接造成销售，同时配合开盘活动，用客户口碑好的媒体。务必使产品信息正确地渗透至各个角落。公交车身广告在这时登场，配合售楼处现场的POP广告、DM、销售海报以及售楼人员的现场解说把这个“后集体宅邸”的概念进一步向来访者阐述，引起他们对新的生活理念的兴趣，从而产生购买欲望

③ 强销期具体实施方案

强销期具体实施方案

主要任务		延续公开期的气势，为销售高潮服务
战略战术	重点突破战略	由于本案的特殊性地域关系和初衷，采用DM派发方式，针对区域内和一期客户特定对象，派发精美、具有说明力的印刷品，直接送达客户手上，激发其好奇心和购买欲望或是做口碑行销的媒介载体介绍其他客户，吸引客户到小区参观
具体实施		继续运用大型户外看板，印刷精美的DM，配合现场行销活动交叉攻击，以期达到迅速去化，不断地刺激目标群体，尽快采取行动，创造销售高潮

④ 持续清盘期具体实施方案

持续清盘期具体实施方案

主要任务		维持形象，颐和园销售，去化余房
战略战术	强化攻击战略	采取海报派发方式，对本地区内的居民进行地毯搜索式派发，深度挖掘潜在客户
	促销性战略	为使消费者对本案有特殊深刻印象，并催促消费者能立刻抵达现场参观，必须在适当的时机进行SP活动，吸引大量人潮，以期创造销售高峰
具体实施		这一时期应提醒目标群体购买时机不容错过，保持产品区域性的独有特点，沿用DM、销海派发、维持公交车身的出现率，此时配合行销活动，达到去化余房的销售目的

（6）市场反响与效果

由于找准了策划方向，星期五公社一推出就受到市场的青睐，售楼处来人来电络绎不绝，开盘不到一个月就已销售告罄，就这一情况，本案没有采用报纸广告这种传统媒体策略，只是利用户外媒体和现场派发等方法。这种手法在房产项目的销售中是很少见，也是本策划案的特点之一，仅利用户外看板、公交广告等户外媒体和现场销售就顺利完成任务，有效地节约了公司的销售成本。

尊敬的读者：

感谢您选购我社图书！建工版图书按图书销售分类在卖场上架，共设22个一级分类及43个二级分类，根据图书销售分类选购建筑类图书会节省您的大量时间。现将建工版图书销售分类及与我社联系方式介绍给您，欢迎随时与我们联系。

★建工版图书销售分类表（见下表）。

★欢迎登陆中国建筑工业出版社网站www.cabp.com.cn，本网站为您提供建工版图书信息查询，网上留言、购书服务，并邀请您加入网上读者俱乐部。

★中国建筑工业出版社总编室　电　话：010—58934845　传　真：010—68321361

★中国建筑工业出版社发行部　电　话：010—58933865　传　真：010—68325420

E-mail：hbw@cabp.com.cn

建工版图书销售分类表

一级分类名称（代码）	二级分类名称（代码）
建筑学（A）	建筑历史与理论（A10）
	建筑设计（A20）
	建筑技术（A30）
	建筑表现·建筑制图（A40）
	建筑艺术（A50）
建筑设备·建筑材料（F）	暖通空调（F10）
	建筑给水排水（F20）
	建筑电气与建筑智能化技术（F30）
	建筑节能·建筑防火（F40）
	建筑材料（F50）
城市规划·城市设计（P）	城市史与城市规划理论（P10）
	城市规划与城市设计（P20）
室内设计·装饰装修（D）	室内设计与表现（D10）
	家具与装饰（D20）
	装修材料与施工（D30）
建筑工程经济与管理（M）	施工管理（M10）
	工程管理（M20）
	工程监理（M30）
	工程经济与造价（M40）
艺术·设计（K）	艺术（K10）
	工业设计（K20）
	平面设计（K30）
执业资格考试用书（R）	
高校教材（V）	
高职高专教材（X）	
中职中专教材（W）	

一级分类名称（代码）	二级分类名称（代码）
园林景观（G）	园林史与园林景观理论（G10）
	园林景观规划与设计（G20）
	环境艺术设计（G30）
	园林景观施工（G40）
	园林植物与应用（G50）
城乡建设·市政工程·环境工程（B）	城镇与乡（村）建设（B10）
	道路桥梁工程（B20）
	市政给水排水工程（B30）
	市政供热、供燃气工程（B40）
	环境工程（B50）
建筑结构与岩土工程（S）	建筑结构（S10）
	岩土工程（S20）
建筑施工·设备安装技术（C）	施工技术（C10）
	设备安装技术（C20）
	工程质量与安全（C30）
房地产开发管理（E）	房地产开发与经营（E10）
	物业管理（E20）
辞典·连续出版物（Z）	辞典（Z10）
	连续出版物（Z20）
旅游·其他（Q）	旅游（Q10）
	其他（Q20）
土木建筑计算机应用系列（J）	
法律法规与标准规范单行本（T）	
法律法规与标准规范汇编/大全（U）	
培训教材（Y）	
电子出版物（H）	

注：建工版图书销售分类已标注于图书封底。

读者回执单

www.vanfang.com

只要您填写以下内容，回传给我们，三大礼包免费赠送。

您的姓名：________________

您的公司名称：________________

您的公司地址：________________

您的电话：________ 手机：________

您的EMAIL：________________

您的及时通讯：QQ ________ MSN ________

是否需要向您的朋友介绍我们的图书

您朋友的姓名：________________

您朋友的公司名称：________________

您朋友的公司地址：________________

您朋友的电话：________ 手机：________

您朋友的EMAIL：________________

您朋友的及时通讯：QQ ________ MSN ________

礼包❶ 即刻加入万房书友会

礼包❷ 尾盘滞销盘经典案例

礼包❸ 房地产10个核心档案

联系人：夏先生
电话：020-85572464　15818116727
传真：020-85572464
客服QQ：987312256